陕西省社会科学基金项目"完善突发公共卫生事件预防性立法制度研究"
（立项号：2021E016）的研究成果

风险预防视角下我国重大传染病治理效能提升的推进策略与法治化规范路径研究

王 阳 著

中国财经出版传媒集团
中国财政经济出版社
·北京·

图书在版编目（CIP）数据

风险预防视角下我国重大传染病治理效能提升的推进策略与法治化规范路径研究／王阳著．--北京：中国财政经济出版社，2025.3．-- ISBN 978-7-5223-3884-2

Ⅰ．R183

中国国家版本馆 CIP 数据核字第 20255E1B52 号

责任编辑：彭　波　　　　　责任校对：徐艳丽
责任印制：史大鹏

风险预防视角下我国重大传染病治理效能提升的推进策略与法治化规范路径研究
FENGXIAN YUFANG SHIJIAOXIA WOGUO ZHONGDA CHUANRANBING ZHILI XIAONENG
TISHENG DE TUIJIN CELÜE YU FAZHIHUA GUIFAN LUJING YANJIU

中国财政经济出版社 出版

URL：http://www.cfeph.cn

E-mail：cfeph@cfeph.cn

（版权所有　翻印必究）

社址：北京市海淀区阜成路甲 28 号　邮政编码：100142
营销中心电话：010-88191522
天猫网店：中国财政经济出版社旗舰店
网址：https://zgczjjcbs.tmall.com
涿州汇美亿浓印刷有限公司印刷　各地新华书店经销
成品尺寸：170mm×240mm　16 开　15.5 印张　221 000 字
2025 年 3 月第 1 版　2025 年 3 月河北第 1 次印刷
定价：88.00 元
ISBN 978-7-5223-3884-2
（图书出现印装问题，本社负责调换，电话：010-88190548）
本社图书质量投诉电话：010-88190744
打击盗版举报热线：010-88191661　QQ：2242791300

本书为陕西省社会科学基金项目"完善突发公共卫生事件预防性立法制度研究"(立项号:2021E016)的研究成果

前　言

预防是主动应对风险的积极行动，是现代社会风险治理的重要理念和方法，是中国式现代化治国理政思想的重要内容。习近平总书记在防范化解重大风险的一系列重要讲话中多次强调预防治理观的重要意义并提出"有效防范化解各类风险挑战，确保社会主义现代化事业顺利推进"的科学论断。治理的本质是合作，推进国家治理体系和治理能力现代化背景下，提升风险治理效能进一步强调坚持以人民为中心，加强预防型治理的制度建设，促进风险预防体制机制朝着系统化、规范化、法治化的方向不断完善。党的二十大报告提出"健全公共卫生体系，提高重大疫情早发现能力。"党的二十届三中全会进一步提出"健全公共卫生体系，促进社会共治，强化监测预警、风险评估等能力。"立足预防的理念和当前我国公共卫生治理体制机制不断完善的实践，研究依法规范高效预防重大传染病的中国方案，具有十分重要的理论意义和现实意义。

坚持预防为主是我国卫生与健康工作的重要方针之一。习近平总书记强调，要坚定不移贯彻预防为主的方针，推动卫生健康工作理念、服务方式从"以治病为中心"转变为"以人民健康为中心"，关口前移。较之普通传染病，重大传染病的传播规模更大，影响范围更广，社会危害性更严重。如何用制度的确定性、稳定性应对重大传染病的不确定性、多变性，既对高效有序开展防控提出挑战，又是法治中国、健康中国建设需要解答的重大理论与实践问题。预防为主，防治结合提升传染病治理效能体现了公共卫生领域全生命周期健康权保护与风险预防协同共治理论建构与实践推进的多元互动。较之被动应对，加强传染病风险预防有利于最大限度减少疫情发生的概率，减轻疫情造成的各种损失。提升重大传染病风险预防效能是公共卫生领域维护国家安全、社会秩序稳定和保障人民健康发展的重点和难点。我国重大传染病风险预防治理体制机制应面向科学、精细、高效的目标不断完善，积极主动做好日常预防并促进日常预防与应急准备的紧密衔接，提升对未知风险的预测预警能力和对已知风险的及时防控能力，构建规范化和科学化的公共卫生风险预防制度体系。

研究立足实现重大传染病风险预防的高效治理，围绕推动公共卫生领域治理体系和治理能力现代化，探讨作为治理工具的制度机制如何充分发挥对重大传染病风险预防的规范指导作用。首先，厘定重大传染风险预防治理的内涵要义及实践逻辑；其次，提炼具有中国特色的重大传染病风险预防治理应遵循的指导思想；再次，梳理我国重大传染病风险预防制度体系的现状；最后，分析总结提升我国重大传染病风险预防治理效能的系统方案，并从促进政府统筹施策和互动、协同和推进基层群防群控规范高效两个层面，提出具体完善的建议。

第一，明确重大传染病风险预防治理的法理内涵及我国重大传染病风险预防体制机制建设的基本要求和特点。重大传染病风险预防主要包括常态预防和非常态预防两个层面，两者各有侧重又紧密衔接。根据公共卫生传染病防控理论和风险评估、决策以及沟通的内在联系，预防作为传染病风险防控的基本原则和首要环节，其科学高效开展需要政府统筹主导、专业力量充分介入以及公众积极参与。重大传染病具有较强的不确定性，用预防原则规制伴随不确定性而来的风险既具必要性也有挑战性，既要防止预防不及时对生命安全和健康造成的损害，也应避免预防过度而引发其他社会风险。重大传染病风险预防的根本目的是保障人民健康，国家、社会和个人均负有健康权保障的义务。

第二，立足我国国情，紧紧围绕我国公共卫生治理全生命周期健康权保障的基本价值和伦理要求，提炼出符合我国国家治理体系和治理能力现代化需求的重大传染病风险预防的指导思想。首先，应当以总体国家安全观理论为指导，明确重大传染病风险预防的价值基础是维护人民安全，促进人民健康；其次，应根据科学高效的传染病防控工作格局要求，促进日常预防和应急管理更好衔接、完善精准防控机制建设和技术赋能；再次，应当将党的群众路线中服务群众，依靠群众的工作理念和方法与重大传染病风险预防有机结合，加强基层公共卫生风险群防群控、源头治理，完善村（居）民委员会及其下设公共卫生委员会、社区工作者队伍、业主委员会、社会组织等在城乡社区公共卫生治理的合作共治体制机制，提升基层社会自我管理、自我服务的能力，促进基层社会公共卫生群防群控高效有序；最后，应当面向全球，加强公共卫生国际合作，为重大传染病防控提供中国智慧，同时也为我国公共卫生治理预防工作的开展营造良好的外部环境。

第三，梳理当前我国在卫生健康、突发公共卫生事件防控以及传染病防治等领域的疾病预防法律和相关制度规范，可以发现，我国重大传染病风险预防规范治理的框架体系已经形成。宪法、法律、行政法规、部门规章、地方性法规等搭建起我国重大传染病风险预防体制机制的基本架构。首先，我国《宪法》《基本医疗卫生与健康促进法》明确了我国健康权保障和疾病预防工作中的基本要求和基本格局；其次，传染病防治及突发公共卫生事件应对相关法律中对传染病预警、监测、风险评估、应急准备的权责配置和权利保障进行了专门规定，并通过部门规章和地方立法予以细化。

第四,通过对当前我国重大传染病风险预防体制机制建设和运行的分析梳理,进一步规划提升我国重大传染病风险预防治理效能的总体策略,对未来需要完善的总体方向予以明确。首先,从重大传染病风险预防组织管理机制来看,可从提升科层制行政决策的效能、提升条块结合的政策执行效能两个层面予以完善;其次,从重大传染病风险预防权力运行机制来看,可从加强风险预防的权力规制、完善风险预防的评估研判机制、促进风险预防与应急准备高效衔接三个方面予以完善;最后,从重大传染病风险群防群控机制来看,可从统一基层群众性自治组织保障的规范,进一步明确基层政府、村(居)民委员会以及其他自治组织在基层群防群控中的功能定位,规范其开展群防群控的参与机制,激发基层自治的优势,提升城乡社区基层风险治理效能三个层面予以完善。

第五,提升我国重大传染病风险预防政府治理效能的规范进路。政府承担管理和服务双重职责,是重大传染病风险预防的组织者、领导者,政策措施的制定者、执行者,在及时预防的前提下,应依法严格规范实施预防措施。以加强权利保障、坚持职权法定、促进政社协同为基本思路,从组织管理、权力运行和权力监督三个方面提出完善建议。首先,从行政组织管理来看,应当完善央地负责高效互动、决策执行贯通的条块协同以及涉及行政决策人事管理方面的体制机制建设,提升央地间、部门间、决策与执行间的行政管理效能;其次,从行政权力运行来看,对重大传染病风险研判、风险筛查、阻却传播行为以及行政奖励等预防治理措施进行学理分析,以精准高效、严格规范、科学公正为目的,完善重大传染病风险预防的行政许可、行政强制、行政处罚以及行政指导的相关实体性和程序性规范;最后,从权力监督来看,需要实现纪检监察、行政监督、群众监督等监督制度的联动。

第六,提升我国重大传染病风险群防群控治理效能的规范进路。

群防群控是我国基层社会治理的特色，在重大传染病风险预防领域坚持群防群控，是公共卫生领域贯彻以"人民为中心"思想的具体表现，体现了依靠人民、服务人民、最大限度激发人民群众积极性和创造性的中国之治的生命力。基层群众自治应是党委领导和政府指导下的自治，单单依靠政府或完全依赖群众自发组织，都易导致形式主义或陷入无序化。首先，应完善社区合作共治的体制机制。需要从加强基层党组织的领导、完善村（居）民委员会的协助、加强社区工作者队伍建设以及推动业主委员会建设等方面，完善社区合作共治组织体制建设；还需要从软法硬法相结合、完善公共卫生服务和健全社会组织参与机制等方面，完善社区合作共治运行机制的规范体系。其次，应加强公共卫生委员会的建设。当前，公共卫生委员会作为下设于村（居）民委员会，专责公共卫生事务的群众性自治组织的功能未被充分激发，未来可进一步围绕专业化、规范化，对政府支持公共卫生委员会建设的规范予以完善。最后，应完善基层协商民主制度供给，基层协商民主是我国全过程人民民主的重要内容，是群众事群众议的制度保障，需要完善群众在重大传染病防控过程中真实需求表达的途径和协商沟通的程序。

目　　录

绪论 ·· 1

第一章　基于预防的重大传染病风险治理的内在机理 ············· 21

　　第一节　基于预防的重大传染病风险治理的学理分析 ············· 22
　　第二节　能动适用预防手段加强对不确定风险的规制 ············· 31
　　第三节　将保障人民的健康作为风险预防的逻辑起点 ············· 37

第二章　预防为主提升我国重大传染病风险治理效能的价值图景 ············ 47

　　第一节　以人为本加强全生命周期健康权保障 ··················· 47
　　第二节　科学高效完善风险预测评估机制 ······················· 52
　　第三节　协同共治推动构建群防群控的风险治理新格局 ··········· 62
　　第四节　坚持人类命运共同体积极参与风险预防全球治理 ········· 69

第三章　我国重大传染病风险预防治理的三维架构 ··············· 73

　　第一节　我国重大传染病风险预防治理的规范体系 ··············· 73
　　第二节　我国重大传染病风险预防治理的体制机制 ··············· 81
　　第三节　我国重大传染病风险预防治理的内容及形式补齐 ········· 89

第四章 提升我国重大传染病风险预防治理效能的总体策略 ………… 100

第一节 完善重大传染病风险预防组织管理机制 …………………… 101
第二节 完善重大传染病风险预防权力运行机制 …………………… 106
第三节 完善重大传染病风险群防群控机制 ………………………… 109

第五章 提升我国重大传染病风险预防政府治理效能的规范进路 ……… 119

第一节 提升重大传染病风险预防政府治理效能的法理逻辑 ……… 120
第二节 完善政府重大传染病风险预防组织管理机制 ……………… 130
第三节 完善政府重大传染病风险预防权力运行机制 ……………… 143
第四节 完善政府重大传染病风险预防权力监督机制 ……………… 159

第六章 提升我国重大传染病风险群防群控治理效能的规范进路 ……… 167

第一节 完善社区风险预防合作共治机制 …………………………… 168
第二节 加强公共卫生委员会的建设 ………………………………… 191
第三节 完善基层群众协商民主的制度供给 ………………………… 204

参考文献 ……………………………………………………………………… 210
后记 …………………………………………………………………………… 231

绪　　论

"凡事预则立，不预则废"。"预防是最经济最有效的健康策略"。[①]2019年7月发布的《国务院关于实施健康中国行动的意见》指出："坚持预防为主，把预防摆在更加突出的位置，积极有效应对当前突出健康问题，必须关口前移，采取有效干预措施"。重大传染病的预防是在传染病未发生或有很大发生可能性时，积极采取措施防止风险实害化的先期行动。较之治疗，预防更有利于保障群体健康与生命安全。党的二十大报告提出"健全公共卫生体系，提高重大疫情早发现能力，加强重大疫情防控救治体系和应急能力建设，有效遏制重大传染性疾病传播"。《中华人民共和国国民经济和社会发展第十四个五年规划和2035年远景目标纲要》针对推进健康中国建设、构建强大的公共卫生体系要求坚持预防为主的方针。重大传染病不仅严重影响人的健康，而且给国家安全和社会稳定造成较大风险，防控不力容易引发系统性风险，进而产生其他社会问题。传统重治疗轻预防的格局在重大传染病面前略显被动和吃力，预防原则和以风险预防为核心的制度建构应得到更多的关注。近年来，根据党中央关于强化公共卫生法治保障、提升公共卫生领域重大风险的防范和应对能力有关决策部署，《传染病防治法》（修法）、《突发公共卫生事件应对法》（立法）等与公共卫生治理密切相关的法律在全国人大常委会的年度立法计划中均被列入。

[①] 中共中央党史和文献研究院编：《习近平关于防范风险挑战、应对突发事件论述摘编》，中央文献出版社2020年版，第159页。

重大传染病难消灭但可预防，立足预防的理念和当前我国突发公共卫生事件立法修法的实践，研究依法、规范、高效预防重大传染病①的中国方案，具有十分重要的理论意义和现实意义。然而，当面对重大传染病风险不确定性高、可预测性低、防控要求紧迫性强而带来的治理难题时，还有许多理论问题和实践问题亟待明晰。因此，需要结合我国的实际情况厘清概念、分析现状、提出解决方案：首先，重大传染病风险预防治理的内涵机理及实践逻辑是什么，以及面对风险的不确定性，预防原则应如何适用；其次，构建具有中国特色、符合中国实践需求的重大传染病风险预防治理体制机制应当遵循哪些指导思想；再次，我国重大传染病风险预防治理的现状是什么；最后，提出当前我国重大传染病风险预防治理的总体完善思路及提升治理效能具体方案。

综上所述，本书的研究建立在重大传染病风险预防规范高效治理是健康中国建设和法治中国建设的连接点这一逻辑之上，围绕"预防为主，防治结合"防范化解重大传染病风险的理论基础和制度实践，对依法科学高效的重大传染病风险预防规范体系进行系统研究，以期形成对当前我国重大传染病风险预防体制机制完善和相关立法修法实践的关切和回应。

一、研究背景与研究意义

（一）研究背景

预防能够提升重大传染病风险防控的效能。提升我国重大传染病风险预防治理效能是我国贯彻预防为主、防治结合、依法防范化解公共卫生风险的重要举措，也是全球化时代我国作为负责任的大国积极推动传染病防控国际合作的重要体现。

首先，全面贯彻预防为主的方针，是我国公共卫生事业迈向新阶段的

---

① 《突发公共卫生事件应急条例》第二条："本条例所称突发公共卫生事件，是指突然发生，造成或者可能造成社会公众健康严重损害的重大传染病疫情、群体性不明原因疾病、重大食物和职业中毒以及其他严重影响公众健康的事件。"

重要任务，其为我国传染病防控体制机制的完善指明了方向。党的十八大以来，以习近平同志为核心的党中央立足"以人民为中心"，围绕"提供全生命周期的卫生与健康服务"对新时代公共卫生工作作出了全面的规划和部署，在《"健康中国2030"规划纲要》《"十四五"国民健康规划》等重要文件中均明确提出要加强预防，推动公共卫生服务从以治病为中心向以人民健康为中心发展。[①] 高度重视新发传染病依法防控，坚持运用法治思维和法治方式全面履职，在法治轨道上推进重大传染病风险治理依法有序高效规范，是我国公共卫生治理的基本要求。

其次，全球化时代，各国都难以在重大传染病对生命健康和社会发展造成的系统性不利影响中独善其身。近年来，国际性重大传染病的频发给全球公共卫生治理乃至全球发展带来了巨大挑战。现代风险社会互联互通使人、物在时空上的流动性更大，疾病传播的速度大大加快所带来的防治困难将成为未来疾病救治的主题之一。[②] 人类社会当前处于一种人员的流动性大，国家间、地区间政治经济文化交往频繁的时代，致使疫情传播的时间成本和空间限制大大降低，局部的、地方性的疫情较易扩散成为一种区域性甚至全球性的风险，进而产生社会危机。这不仅造成人们对疫情风险的认知和预测变得越来越困难，并且防范不及时还会致使各类风险累积叠加，这对于国家风险治理能力来说无疑是一种新的挑战。我国作为负责任的大国，围绕保障国家安全、保障人民健康发展和幸福生活、积极推动公共卫生治理全球合作，不断总结自身成功经验、反思短板不足，从加强风险源头治理完善预防体制机制建设的角度着手，研究重大传染病

[①] 中共中央、国务院印发《"健康中国2030"规划纲要》第一章指导思想："认真落实党中央、国务院决策部署，坚持以人民为中心的发展思想，牢固树立和贯彻落实新发展理念，坚持正确的卫生与健康工作方针，以提高人民健康水平为核心……把健康融入所有政策，加快转变健康领域发展方式，全方位、全周期维护和保障人民健康。"国务院办公厅印发《"十四五"国民健康规划的通知国办发》〔2022〕11号，指导思想："坚持以习近平新时代中国特色社会主义思想为指导……立足新发展阶段，完整、准确、全面贯彻新发展理念，构建新发展格局，把人民群众生命安全和身体健康放在第一位，贯彻新时代党的卫生健康工作方针，全面推进健康中国建设，持续推动发展方式从以治病为中心转变为以人民健康为中心，为群众提供全方位全周期健康服务，不断提高人民健康水平。"

[②] 参见［美］约翰·艾伯斯（Jonh Aberth）：《瘟疫：历史上的传染病大流行》，徐依儿译，中国工人出版社2021年版，第246页。

风险预防科学、高效的"中国方案",探索重大传染病风险预防规范、有序的"中国制度",这不仅是保持自身发展的客观要求,也是积极促进公共卫生地区交往、国际合作充分开展的重要表现。

最后,坚持常备不懈,立足科学高效,加强重大传染病风险源头治理,具有十分迫切的现实需求。及时高效防范化解重大传染病风险,需要坚持问题导向和目标导向相结合。那么在当下我国推进国家治理体系和治理能力现代化、全面推进依法治国的时代背景下,从国家安全和人民健康发展的战略高度来认识提升重大传染病风险预防治理的意义,还需要及时总结其中展现出的科学高效预防、依法规范治理的原理,从制度的内容设计和实施效果方面对当前重大传染病风险预防治理的体制机制建设和实践效果进行分析,从完善实体规范和程序规范、贯通政府治理和基层群防群控的角度,探讨提升我国重大传染病风险预防治理效能的最优路径。

(二) 研究意义

重大传染病风险预防是公共卫生风险治理的重要内容,在推动国家治理体系和治理能力现代化背景下,科学高效的重大传染病风险预防制度能够为重大传染病风险预防实践高效有序提供理性、规范的系统指引。风险社会使预防的重要性更加凸显,我国确立了坚持预防为主、防治结合的重大传染病防控基本原则,以此为逻辑起点,本书围绕提升重大传染病风险治理效能的理论基础和实践逻辑,系统研究了我国重大传染病风险预防体制机制建构和运行的规范体系,其理论意义和实践意义分别体现为以下几个方面:

1. 理论意义

基于预防的重大传染病风险治理研究涉及公共卫生治理理论中的传染病防治、风险社会风险治理理论的风险预防、国家安全法治中的人民安全和非传统安全,相关理论是本书的研究基础,本书的研究也使相关理论研究的成果更加丰满。(1) 将现代公共卫生治理理论的一般原理与重大传染病风险预防的运行机制进行衔接,弥补了公共卫生治理中传染病防治制度的理论研究不足;(2) 对重大传染病风险预防能力适用风险治理理论资源的内在逻辑进行分析，厘清了传染病防控中预防理念、预防原则、预防手段嵌入治理实践、指导实践的基本机理，完善了风险预防的理论；（3）体现了我国总体国家安全观中人民安全为宗旨以及非传统安全中的社会安全对健康权保障的指导作用，是总体国家安全观理论在防范化解突发公共卫生风险领域充分发挥指导作用的具体表现。

2. 实践意义

本书形成了对重大传染病风险预防法律规范完善的意见建议，拟为我国正在修订、起草的突发公共卫生领域相关立法提供参考。（1）从组织管理、权力运行和监督、权利保障和救济、基层群防群控等角度梳理分析宪法、法律、行政法规、地方性法规中的具体规定，检视当前我国重大传染病风险预防治理体制机制建设的现状，明确未来我国重大传染病风险预防治理应重点完善的方向，促进制度更好地发挥对实践的指导作用；（2）从立法修改、法律实施和制度建设三个层面探讨提升重大传染病风险预防治理效能的规范体系，提出完善我国重大传染病风险预防体制机制的系统方案，促进健康中国全生命周期健康权保障目标的更好实现；（3）将我国传染病防控的中国智慧进行总结提炼，形成对开展重大传染病风险治理实践的指导思想，使重大传染病风险预防制度更好匹配我国国情和现实需要，对实践形成有针对性的指导。

二、研究现状

（一）国内研究现状

在重大传染病风险预防领域，从时间到空间、从理念到实践都有相应的研究成果，涉及古代中医经典、近现代防疫动员、当代传染病防控体制机制构建等，反映了学界对预防的理念和治理活动的研究与总结。当前，预防作为防范化解风险的重要手段，围绕传染病防治，学者们对我国风险治理、公共卫生治理的思想、理论进行了系统研究，对传染病预防的理论与实践问题进行深入的探讨，使传染病预防制度的轮廓更加清晰。

1. 我国预防为主防疫理念和制度发展研究

第一，我国自古以来就秉承"治未病"，强调预防为主的防疫理念。我国古代对疫病较早形成了"治未病"的健康养生观念，确立了疫病可防可治的医学观，并从养生和防治两个方面开展传染病预防的相关实践。《黄帝内经》作为我国最早的医学典籍，数千年来在保健养生、防病治病方面为疾病防治的实践提供指导。《瘟疫论》是中国第一部系统研究传染病的医学书籍，总结了疫情发生和流行的规律，并记载了很多防治疫病的经验，是中国传统医学在预防医学思想上的一次重大突破。①《睡虎地秦墓竹简》中关于"疠迁所"（麻风病隔离病院）的记载，是世界上有记载的最早的麻风病隔离场所。此外，秦简中还记录了关于主动预防、及时报告、确立诊断标准、谨慎诊断、设立专门机构和强制隔离等多个方面的传染病防控内容，这说明秦汉时期国家层面的传染病防控体系已建立雏形。②宋代的医书中记载了接种天花疫苗的防治方法，接种后，受到病毒感染的病人，就会产生对天花的免疫力。③

第二，中国共产党在防疫领域继续传承并发展预防为主的防治理念，始终将"预防为主"作为公共卫生工作的基本方针，将公共卫生预防工作与群众路线相结合，促进健康共建、健康共享。中华苏维埃中央临时政府组建各层次卫生防疫机构，建立"预防为主，最为上策"的卫生防疫机制，把广大群众动员起来参与防疫工作，收到了切实的成效，也为新中国"面向工农兵，预防为主，团结中西医，卫生工作与群众运动相结合"的卫生工作方针奠定了基础。④改革开放以来，我国从卫生防疫、地方病控制、妇幼保健、国境卫生检验检疫等多项公共卫生体系建设着手加强传染病防治，传染病总体保持低发状态。公共卫生治理确立了市场主导的治理理念和人人享有卫生保健的治理目标，并积极采取预防为主和防治结合的

---

① 参见范春、赵冉等：《公共卫生史》，厦门大学出版社2021年版，第63-67页。
② 参见王宇、杨功焕：《中国公共卫生》（理论卷），中国协和医科大学出版社2013年版，第116页。
③ 参见郭之文：《抗疫简史》，上海科学文献出版社2020年版，第5页。
④ 参见田刚、陈莹：《20世界30年代苏区卫生防疫研究》，中国财富出版社2017年版，第10页。

工作方针，人人享有卫生保健治理目标的确立，是政府以人民基本卫生保健需求为出发点和重视健康对经济发展的支撑作用的体现，重点加强县、乡、村三级医疗预防保健网建设。① 1991年，第七届全国人民代表大会第四次会议审议通过的《中华人民共和国国民经济和社会发展十年规划和第八个五年计划纲要》提出了新时期的卫生工作方针："预防为主，依靠科技进步，动员全社会参与，中西医并重，为人民健康服务"，这对今后的卫生工作产生了重大的影响。自此以后，1997年，在《中共中央、国务院关于卫生改革与发展的决定》中，明确提出新时期的卫生工作方针是"以农村为重点，预防为主，中西医并重，依靠科技与教育，动员全社会参与，为人民健康服务，为社会主义现代化建设服务"。② 在2003年经历"非典"后、又先后经历禽流感、甲型H1N1流感等重大传染病，我国进入了公共卫生体系完善的新阶段，着重加强了政府投入、公共卫生立法、信息报告、监测预警等方面的防疫建设。③ 进入新时代，我国深入推进积极的疾病预防观，将健康放在优先发展的地位，以"大健康"理念为核心，强调健康中国建设需要从"以治病为中心"转向"以健康为中心"。④

2. 风险预防理论在我国国家治理相关领域的适用研究

第一，预防性治理的理论逻辑。黄文艺（2024）提出预防型法治理论，明确了预防治理规范主义的内涵及其建构路径，提出预防型法治与应对型法治不是相互取代、相互排斥的关系，而是长期共存、相互交融、相互促进的关系。在当代中国，预防型法治植根于本土源远流长的预防性治理传统，是本土传统和风险社会、科技革命交互作用的产物。预防型法治大规模扩展了法律权力圈、法律义务圈、法律责任圈、违法犯罪圈，重构重塑了法律规制的版图，推动了法律功能定位、法益保护方式、法律规范类型的历史性变革。为防范滥用预防、过度预防等风险，应加强对预防性

---

① 参见王昉、杨炬明：《改革开放以来公共卫生治理的现代化路径：范式转变与思想发展》，载《财经研究》2024年第6期，第55页。
② 傅华、李枫：《现代健康促进理论与实践》，复旦大学出版社2003年版，第15页。
③ 参见崔钧：《改革开放以来的卫生事业》，北京人民出版社2019年版，第65—74页。
④ 参见《"健康中国2030"规划纲要》《中华人民共和国国民经济和社会发展第十四个五年规划和2035年远景目标纲要》。

规制的规制、对预防性权力的制约、对预防性义务的公平合理设置，构建起预防型法治的反省、评估、监控机制。① 刘军（2021）提出，预防性法律制度是在法治的框架下，基于审慎的要求，对法益侵害或危险进行预先防范处置的制度化规定。无论是矛盾的化解还是对不法侵犯的防卫，基于预防的预先处置措施和手段要符合适当性、必要性及比例性原则，按照阶梯式递进逐步增强预防的力度。② 季卫东（2022）认为，疫情防控的事先预防机制要围绕促进法制与社会之间的良性互动展开，对日常经济秩序和社会秩序的维持、医疗资源的合理分配、抑制传染病传播规模和速度方案等要给予更多的关注，相关防控措施应当必要适当、精细精准，防止激化社会矛盾。③

第二，预防理念嵌入风险治理的应用领域研究。当前，学者聚焦健康权保障、食品安全、环境保护、犯罪等众多具体领域，开展了对风险预防相关制度完善的研究。申卫星（2022）认为，风险治理原则是从公众利益出发，将威胁健康的风险降到最低，在法律授权下，多元治理主体主动参与风险的决策、执行、监督与评估的过程。④ 王贵松（2021）认为，风险预防措施是面向未来、针对不确定性风险的积极预防。我国食品安全、生态与环境保护以及生物安全领域的立法中都明确引入了风险预防的概念，证明了风险行政理论研究已广泛适用了预防原则。⑤ 行政管理中的预防制度集中于食品安全、环境保护领域。沈岿（2018）认为，预防理念指引下的食品安全管理应当改变注重事后惩罚而轻视事前监管的格局，更加关注对技术标准和安全性的事先评估。尤其是在对食品添加剂准入的裁量上，《食品安全法》应当对生产者注入食品添加剂的技术标准采取严格的风险评估，将是否安全可靠作为唯一的标准，实现监管者、消费者以及生产经

---

① 参见黄文艺：《预防型法治》，载《法学研究》2024 年第 2 期，第 20 页。
② 参见刘军：《预防性法律制度的理论阐释与体系构建》，载《法学论坛》2021 年第 6 期，第 95 页。
③ 参见季卫东：《法的跨界——规范、事实以及学科的交叉》，法律出版社 2022 年版，第 211 - 215 页。
④ 申卫星主编：《卫生法学原论》，人民出版社 2022 年版，第 405 页。
⑤ 参见王贵松：《风险行政的预防原则》，载《比较法研究》2021 年第 1 期，第 51 - 53 页。

营者在事前预防的共赢,提升消费者对食品安全的信心。① 任颖(2019)认为,环境健康风险治理制度将环境规制的阶段提前到了科学可不确定的下的风险的预防,探寻环境健康风险治理的中国理解,要推动形成"以人民为中心"的环境健康风险治理能力提升,健全和完善环境健康风险治理法律制度设计。② 刘明全(2022)提出,我国《环境保护法》的预防原则存在象征性立法,需要完善对环境影响评价、环境标准、环境规划等方面的规定。③ 预防性刑法一直是刑法学研究的重点之一,张永强(2020)提出,预防性刑法规范的科学构造要完善预防性犯罪立法化评估,对预防性规范的适用进行合理限缩。④ 房慧颖(2021)认为,风险社会背景下的预防性刑法具有天然的价值偏向,即注重保障社会却忽略保护权利。预防性刑法要想维持其发展的正当性、科学性、审慎性,必须批判式地继承传统刑法的合理因素,并摒弃自身发展过程中的非理性化因素。⑤

3. 我国传染病防控体制机制建设研究

第一,传染病防控法律制度是公共卫生法治的组成部分。既有研究成果在对卫生法学、公共卫生法治等相关理论和体系进行了较为系统研究的基础上,进一步明晰了传染病法律制度的基本内容。申卫星(2022)提出,健康权是卫生法的核心,保障健康权是传染病法律制度的逻辑起点,从卫生法体系建构看,健康权的规范构造呈现社会权、公法权、司法权的复杂结构。⑥ 谢志勇(2019)认为,公共卫生法是应急原则的主要存在领域,当突发重大传染病疫情对大众生命健康、社会秩序乃至国家安全造成严重威胁时,采取的相应的应急措施,即在没有法律规定或与法律相抵触时,也应视为有效。⑦ 陈云良(2019)提出,传染病防控法律制度不仅要将对公民基本

---

① 参见沈岿:《食品安全风险治理与行政法》,北京大学出版社2018年版,第73-77页。
② 参见任颖:《环境健康风险治理研究:法理基础、类型分析与制度建设》,人民出版社2019年版,第2页。
③ 参见刘明全:《中国环境法预防原则的实质阐释》,载《清华法学》2022年第5期,第169页。
④ 参见张永强:《预防性犯罪化及其限度研究》,中国社会科学出版社2020年版,第29-33页。
⑤ 参见房慧颖:《预防性刑法的具象考察与理念进路》,载《法学论坛》2021年第6期,第82页。
⑥ 参见申卫星:《卫生法学原论》,人民出版社2022年版,第21页。
⑦ 参见谢志勇:《公共卫生法学通论》,中国政法大学出版社2019年版,第229页。

权利的保护贯穿于传染病防治的各项制度中,还要关注对公民知情权等新型权利的保护。① 王晨光(2020)提出,传染病防控要立足现代公共卫生对疾病预防、健康保护、健康促进"三位一体"的全面治理不断完善。②

第二,传染病预防治理规制研究。当前我国对传染病防控规制的研究多集中在法学理论、行政法领域,并且对政府治理、应急管理的关注较多,研究成果主要涉及应急行政的基本原则、运行机制、完善路径等内容。戚建刚(2010)认为,从世界许多国家宪法和法律的规定中可以看出,应急状态下行政权力将延伸至公民自治领域,所导致的公民权利和自由缩减的结果符合应急法治的精神,但前提是必须符合行政法比例原则的要求。③ 赵宏(2020)提出,疫情防控在内的任何紧急状态下的权力扩张,因公益需要缩减和限制权利的行政行为不能触及作为人的权利内核的人性尊严。④ 林鸿潮(2021)提出,传统的应急管理存在"轻事前、重事后"的误区,《突发事件应对法》的完善需要引入风险管理的概念,提升对风险识别、风险评估以及风险等级划分等规定的科学性。⑤ 王旭(2020)提出,重大传染病危机应对的组织法教义学应对中央政府与地方政府、政府与社会相关规范作出体系化构建作出最佳解释。⑥ 张博源(2015)认为,公共卫生政策应公开、审慎、可靠、合法,多元参与的政策制定法制化和循证决策与评估机制的法定化是卫生政策法律规制的重要内容。⑦ 韦衫、王鹏等(2024)提出,从政府与市场互动视角来看,政府与企业需要建立常态化"生产—储备"合作机制,发挥企业"生产—供给链条"优势,实现应急冗余。从政府与社会互动视角看,政府与各类社会团体应建立"行政—专识"的资源互补机制,化解政府有限理性的困境,提升系统性治理效能。

---

① 参见陈云良:《卫生法学》,高等教育出版社2019年版,第69页。
② 参见王晨光:《健康法治的基石:健康权的源流、理论与制度》,北京大学出版社2020年版,第116页。
③ 参见戚建刚:《中国行政应急法律制度研究》,北京大学出版社2010年版,第101页。
④ 参见赵宏:《疫情防控下个人的权利限缩与边界》,载《比较法研究》2020年第2期,第24页。
⑤ 参见林鸿潮:《〈突发事件应对法〉修订研究》,中国法制出版社2021年版,第78页。
⑥ 参见王旭:《重大传染病危机应对的行政组织法调控》,载《法学》2020年第3期,第77页。
⑦ 参见张博源:《卫生公共政策与法治的衔接》,北京大学出版社2015年版,第71—77页。

总的来说，治理结构维度强调通过政府与市场、社会各主体建立良性合作，形成可以互相弥补的力量替代，来实现从"碎片化无序"走向"整体性有序"的秩序重构，从"竞争博弈"走向"优势均衡"的结构重组，从"被动治理"走向"理性自主"的治理联结。①

第三，传染病风险防控的手段和措施研究。传染病是一项系统工程，基于防控实施的各类措施应当最大限度兼顾效率和公平，我国学者聚焦传染病防控空间治理，积极关注提升传染病防控效能的手段，主要探讨了以下几个方面的问题。公共卫生行政规制：预防接种、疫苗损害补偿②。社会治理领域：研究提升社区公共卫生风险治理韧性的研究，识别社区领域内具有内在积极奉献，外在响应政策，促进协同治理的社区、物业、居民管理者作为"先锋"，强化其对社区多元行动治理主体的促发影响和学习模仿作用。例如，通过建立社区兼合式党组织打破地域、行业和单位限制，以"在职党员"为纽带，根据"一方隶属、多方管理"原则，以党组织中心辐射带动不同社区精英与精英组织。其构建出一种"党员中心 + 韧性外围"的同心圆组织架构，既能充分激活小区所在地的治理资源，又能极大发挥多元协同的合力优势，从而最大化推动社区资源优化整合与结构重塑。③ 全球公共卫生合作共治：要将国内公共卫生治理与全球公共卫生治理相对接，形成良性互动。理顺国家与市场、社会之间的关系，建立健全权责明晰、运转有序的公共卫生体制机制，激发市场活力，提高社会参与，实现国家公共卫生应急管理体系现代化所要呈现的多元主体协同的良好局面；推动国内法治化进程，充分发挥公共卫生国内法在国家公共卫生风险与应急管理进程中的能动性作用，为促进国内法与国际法的衔接互动，更

---

① 韦衫、王鹏：《突发公共卫生事件整体性韧性应急治理的建构机理与实现路径》，载《中国卫生事业管理》2024 年第 8 期，第 843 页。
② 参见宋华琳、邹志：《突发公共卫生事件防控中全民预防接种的法治完善之道》，载《医学与法学》2020 年第 4 期，第 12 - 17 页；宋华琳、赵伟勋：《关于美国疫苗损害补偿制度的研究及启示》，载《中国食品与药品监管》2021 年第 8 期，第 40 - 51 页。
③ 黄心如、王昕等：《突发公共卫生事件视阈下基层社区多元协同韧性治理研究》，载《中国卫生事业管理》2024 年第 7 期，第 753 页。

好地参与全球公共卫生合作奠定良好基础。①

(二) 国外研究现状

在现代化、全球化、智能化时代背景下，重大传染病防控是风险社会的治理难题之一，也是公共卫生领域的重要现实问题。围绕风险治理和风险预防，国外也从多学科、多视角研究传染病及其预防、控制、检测与监测、隔离与治疗等措施的完善，并从理念和应对层面进行了探讨。

1. 传染病防控的应对机制

国外对传染病防控的研究也多围绕其作为公共卫生的重要议题之一，从政策、法律的科学设计和完善层面，对基本医疗卫生与健康服务领域有关传染病预防、救治、权利保障、效能评价机制等方面的内容进行了研究。通过文献梳理，发现欧美、亚洲等主要国家在对其国内及国际大流行的传染病防控经验总结和研究的基础上，也形成了传染病防控应当坚持预防为主的基本理念，并就传染病防控应加强初级医疗救治能力建设达成了基本共识。进而，从法律层面要求传染病依法防控应对权力行使、权利保障与救济予以更多的关注。可以看到国外相关传染病预防的实践与我国政策和立法所秉承的基本精神具有高度的内在一致性。

第一，传染病防控的公共卫生政策。制定公共卫生政策必须以典型实践环境中具有代表性的人群需求为依据，提供公共卫生服务，需要围绕中央和地方两个层面的组织、筹资和分配，来填补医学研究和公共卫生研究之间的鸿沟②。通过构建基于预防的健康决定因素模型以推进健康促进原则的实施，该模型将健康决定因素分为五个层级：第一层为个体层面，包括年龄、性别和基因等；第二层为行为和生活方式，如吸烟；第三层为社会和社区影响；第四层为结构性因素，包括工作环境、教育、水和卫生设施等；第

---

① 宫倩、刘雪莲:《从"脆弱性"到"韧性"：全球公共卫生合作治理的风险与应对》，载《人文杂志》2023 年第 8 期，第 139 页。

② See Mays GP, Halverson PK, Scutchfield FD, *Behind the curve? What we know and need to learn from public health systems research*, Public Health Manage Pract, Vol. 9, 2003, pp. 179–182.

五层为宏观层面的社会经济、文化与环境因素。内环因素受外环因素的影响,这种分层有助于设计和选择预防干预策略,针对不同层级的健康决定因素采取相应的预防措施,形成四级策略框架。① 充分的社区参与和足够的社区信任,对于促进早期的疫情准备和应对具有十分重要的意义。② 制定有关卫生教育活动、疾病监测和流行病调查、社区卫生计划和社区动员及其他促进人群健康的卫生法律法规是重要的内容。③ 为尽量降低突发公共卫生事件防控措施引起的相关生活限制给公众日常生活习惯造成的不利影响,政府面对公众开展了关于防控政策的社会调查,调查内容包括:防控措施是否及时、是否有明确的沟通互动、是否合理、政府行动是否存在混乱等。④

第二,传染病预防的理念和措施。首先,预防对于传染病防控的重要性内生于人与自然和谐共生的紧密联系。人与自然相互依赖,坚持"一个健康"理念,重视完善自然保护、环境保护、生物安全方面法律制度,为人类社会营造良好的生态环境,对有效应对新发传染病威胁发挥着重要的作用。⑤ 政府通过船舶检疫、旅客出入检查、隔离感染者、收集情报、监测措施以及许可证制度对传染病的预防实施积极干预,防止因传染病导致社会失序。⑥ 其次,预防原则应用于新发传染病时,应当更加科学精细。不当预防和过度预防不仅未对预防所提倡的促进公众参与、减少公众分歧等作出贡献,反而给社会经济发展造成较大负担。对于规划预防政策(如

---

① Dahlgren Göran & Margaret Whitehead, *Policies and Strategies to Promote Social Equity in Health*, Working Paper, vol. 14, 2007, p. 11.

② See Ernest Tambo, et al., *Early stage risk communication and community engagement (RCCE) strategies and measures against the coronavirus disease 2019 (COVID-19) pandemic crisis*, Global Health Journal, Vol. 5, 2021, pp. 44–50.

③ 参见[美]詹姆斯·郝圣格:《当代美国公共卫生:原理、实践与政策》,赵莉、石超明译,社会科学文献出版社2015年版,第155页。

④ See Giulia Motta Zanin, et al., *A Preliminary Evaluation of the Public Risk Perception Related to the COVID-19 Health Emergency in Italy*, International Journal of Environmental Research and Public Health, Vol. 17, 2020, pp. 2–20.

⑤ See J Zinsstag, E Schelling, K Wyss, MB Mahamat, *Potential of Cooperation Between Human and Animal Health to Strengthen Health Systems*, Lancet, Vol. 266, 2005, pp. 2142–2145.

⑥ 参见[英]约翰·科根、基思·赛雷特、A. M. 维安:《公共卫生法:伦理、治理与规制》,宋华琳等译,译林出版社2021年版,第70页。

疫苗接种）的实施，应当先获得相关疾病的最可靠信息，包括卫生当局、学术界、研究人员以及官方和科学媒体的判断。① 信息系统在优化决策和应对卫生紧急情况方面发挥着关键作用。② 最后，加强基层基础建设是提升传染病预防能力的重要内容手段。通过政府有效的资源分配，加强对初级保健单位（公立、私立）和工作人员的能力建设的支持，改善初级医疗保健单位提供公共卫生服务的能力。③

第三，新发传染病风险防控的规制及其挑战。首先，研究危机应对中权力扩张与权利保障的平衡。传染病防控必须坚持法律至上，尤其是对权力限制的规定必须审慎。针对流行病危机紧急应对中的权力扩张，必须从程序要件上加强约束和限制。为保障紧急情况下政府及其有关部门能够迅速处置有效行动，需要简化决策程序、放松制衡，但必须由立法机构针对危机的情况制定超越现有法律的紧急性法律。④ 英国《2020年冠状病毒法案》规定了对自由的限制必须符合必要性和相称性，对一些可能构成剥夺公民人身自由的限制性规定，要有严格的程序规定，以充分保障权利自由不受侵犯，如加强日常审查以及在实施上做出更多对期限的设定。⑤ 其次，传染病防控中人工智能的广泛赋能，引起了法律对于新科技手段运用在风险治理的关注，尤其是对科技应用的监管。在人工智能广泛应用之下，追求传染病防控的效率的同时，也要对其潜在的风险进行规制。将人工智能运用于传染病检测治疗以及流行病调查几乎是各国在疫情防控中最统一的做法，如以色列推出用户靠近潜在感染者时，系统立马发出警报的应用程

---

① See Coker R. J., Hunter B. M., Rudge J. W., Liverani m., Hanvoravongchai P., *Emerging infections diseases in southeast Asia: Regional Challenges to Control*, lancet, Vol. 377, 2011, pp. 599–609.

② See Arush Lal et al., *Optimizing Pandemic Preparedness and Response Through Health Information Systems: Lessons Learned From Ebola to COVID–19*, Disaster Medicine and Public Health Preparedness, Vol. 16, 2020, pp. 333–340.

③ See N. Klinjun et al., *Health promotion and disease prevention services before and during the COVID–19 pandemic: A nationwide survey from Thailand*, heliyon, Vol. 8, 2022, pp. 2–9.

④ See Cahn. A. f., Veiszlemlein J., *COVID–19 tracking data and surveillance risk are more dangerous than their rewards*//NBC News. 19 March 2020. URL：https://www.nbcnews.com/think/opinion/covid–19–tracking–data–surveilance–risks–are–more–dangerous–their–ncnal. 访问时间：2022年7月3日。

⑤ See Coronavirus Act 2020 (UK): Article3.

序；韩国通过银行卡交易和使用情况等，将异常人员的资料上传至卫生行政部门；新加坡开发"全民追踪"（Track Together）软件，通过蓝牙接收数据，分析手机感染者及密切接触者感染轨迹，这种方式能够提升传染病防控的效率，也被认为是阻却和及时控制疫情扩散的最高效的方法，但也易引发对隐私的侵犯。① 最后，法律规范的统一性、协调性不足，导致对于指导疫情防控各方采取统一行动的效果不理想。许多国家在疫情防控中出现了中央和地方做法不一致的情形，其中原因之一是地方面对疫情作出的反应受中央或联邦权力的牵制，导致实施疫情管控的法律常常被以政府的行政权以及《国际卫生条例》（IHR）等为代表的软法所取代。② 这种混乱提醒我们，应对新发传染病的"全球法律"方案中，主权国家仍然是负责监管和防控疫情的核心组织。③

2. 风险治理中的传染病预防应对历程

第一，人类防控传染病的历史也是人类的社会发展史。人类对健康和疾病的体验，可以被看作是一部与社会、经济和政治制度如何构建人类健康或不健康生活方式的历史，以及为个体和社群促进自身健康及避免疾病的历史。④ 从人类历史上对大流行传染病的防控经验中看，无论是过去还是可预见的未来，在对重大传染病的斗争中，尤其是对新发、未知传染病的应对，医学的能力依然是很有限的。例如，通过对黑死病的研究表明，黑死病为中世纪社会的诸多领域带来了"转型"，包括由此形成了以资本为核心的经济体制、发明，甚至带来了文艺复兴和宗教改革。⑤

第二，人类与疾病之间的斗争进入了新阶段，表现出新疾病环境接触更多，以及疾病在全球大量人口当中更容易传播、传播速度也更快。行之

---

① 参见张海滨：《全球化时代的公共卫生法治》，法律出版社2022年版，第14-16页。

② See Katz R., Kornblet S., *Comparative Analysis of National Legislation in Support of the Revised International Health Regulation: Potential Models for Implememtation in the united states*, Public Health, Vol. 100, 2010, pp. 2347-2353.

③ See Davies S. E., *What Contribution can International Rlations make to the Evoling Global Health agenda?* Int Aff, Vol. 86, 2010, pp. 1167-1190.

④ 参见［美］乔治·罗森：《公共卫生史》，黄沛译，译林出版社2021年版，第31页。

⑤ 参见［美］约翰·艾伯斯（Jonh Aberth）：《瘟疫：历史上的传染病大流行》，徐依儿译，中国工人出版社2021年版，第17页。

有效的隔离能够有效控制大规模流行病，推动国家间在传染病防控中的合作，促进国家之间的信息共享。① 政府风险规制的思路从降低风险（概率、强度、动能）转变为"降低脆弱性"。② 社会脆弱性取决于社会环境。③ 获得资源、权力机会、受教育程度、城市化和人口结构分配不均等被引入作为衡量空间脆弱性的因素。④ 政府对社会脆弱点的这些因素采取相应的反应以及促成的风险治理韧性程度，可以被量化并作为评价地方风险反应能力的新指标。⑤

3. 国外风险预防及其适用的理论资源

第一，风险社会学理论。乌尔里希·贝克（2018）对风险与预防之间的内在逻辑关联以及风险预防行动的合法前提进行了说明论证。其认为，风险既是反思机制，更是建构机制。风险反思和警惕着现代性自身无法克服的短板，同时也在建构着人类的知识结构和国家的治理结构。风险是对未来潜在可能性的预兆，其本质上同预测有关的，风险虽然具有非真实性，但却与预防行动保持实际的关联。激发未来行动的先兆是风险的重要内涵，即通过对未来潜在风险进行预估，形成一种对未来危机的事先预防，并在此基础上组织预防风险的行动。正当化是风险预防的前提，要求需要被采取预防行动的风险已经是取得社会普遍认可的风险，即人类对于某种风险会造成的大规模破坏具有普遍认知。现代社会风险对知识具有依赖性，现代化导致许多脱离普通社会成员直接感知能力的风险产生，由具有相应资质的专家来确认这些风险存在的客观性是政府风险预防行为正当性的前

---

① See Tom Quinn, *Flu: A social History of Influenza*, New Holland Publishers, 2008, pp. 173–177.

② See Daniel Lückerath, et al., *The Resin Climate Change Adaptation Project and its Simple Modeling Approach for Risk-Oriented Vulnerability Assessment*, Simulation Notes Europe, Vol. 28, 2018, pp. 49–54.

③ See D. Sarewitz, R. Pielke, M. Keykhah, *Vulnerability and Risk: Some Thoughts from a Political and Policy Perspective*, Risk analysis, Vol. 23, 2003, pp. 805–810.

④ See N. Nirupama, *Risk and Vulnerability Assessment: A Comprehensive Approach*, International Journal of Disaster Resilience in the Built Environment, Vol. 3, 2012, pp. 103–114.

⑤ See E. Belcore, et al., *A Methodology for the Vulnerability Analysis of the Climate Change in the Oromia Region, Ethiopia*, Cambridge International Science Publishing: Great Abingdon, 2017, pp. 73–102.

提。① 卢曼（2020）基于系统论从"二阶观察"的角度研究了风险预防的策略。预防是对未来不确定性的一种事先准备，是一种使风险进程可控的风险分配策略。预防的结果既包括降低损害发生的可能性，也包括降低损害的程度。② 一阶观察关注从客观事实中看到了什么风险，即观察者如何观察风险问题（风险研究取向）；二阶观察则研究一阶观察者如何进行风险评估，并且发现主观立场和心智模式对于风险评估具有较大的影响，组织风险预防行动的前提是对某种风险存在的普遍认同。③

第二，风险治理的经济学分析。波斯纳（1992）认为将"成本—收益"最大化的效率优先，兼顾公平原理作为评判风险规制的正义、合法的标准，能够有效提升公共政策的理性。④ 托马斯·谢林（2015）运用博弈论对风险决策进行策略分析，提出策略分析通常是关于处境（而不是个人），其要处理的是一方在应对风险的处境之下判断对方会做出什么样的决策。策略分析是一种理性的判断。典型的策略分析要包括几个数量有限的互动决策单元，几个具有"共同预期"的决策主体相互配合，通过信息交换和沟通，作出科学评判。通过策略分析得以保持"理性"的关键主要包括两步：第一步是主体就自身处境和可预期的价值，根据事物发展的基本规律预测对方下一步的进展；第二步是换位思考评判，如果自身处在对方立场上会做出何种反应，从而有目标、有秩序地制定应对方案。⑤

第三，政治学管理学的风险防控理论。为了保障实现更好的治理效果，希克斯从结果导向性治理和功能导向性治理对政府整体治理和部门功能治理进行比较分析，提出用结果导向的整体治理取代功能治理是更佳的选择。其认为，整体政府具有科层制自上而下统一领导关系维系下的组织互动自

---

① 参见［德］乌尔里希·贝克著：《风险社会：新的现代性之路》，张文杰、何博闻译，译林出版社2018年版，第14页、第23－24页。
② 参见［德］尼克拉斯·卢曼：《风险社会学》，孙一洲译，广西人民出版社2020年版，第38－40页。
③ 参见彭飞荣：《风险与法律的互动：卢曼系统论的视角》，法律出版社2018年版，第34页。
④ 参见［美］理查德·波斯纳：《法律的经济分析》，蒋兆康译，中国大百科全书出版社1992年版，第27页。
⑤ 参见［美］托马斯·C.谢林：《选择与后果》，田峰、杨光译，机械工业出版社2015年版，第165－167页。

觉，整体性治理关注风险治理的结果，能够克服功能主义之下易出现的部门各自为战合作不足和责任推卸。即，整体治理是应建立在结果导向式组织模式下的政府治理活动，通过围绕结果而非围绕功能来定义组织和进行组织设计，能够有效克服功能性治理易导致的组织间各自为战。[①] 功能性治理更加关注部门职能的侧重，从而较好开展对专业性较强领域的服务和管理，但会存在"碎片化"治理的缺陷，表现为缺乏沟通、重复性管理导致资源浪费并使被服务者感到沮丧，在对社会问题做出反应时各自为政，导致公众无法得到优质的服务。[②] 可以看到，整体理治理有利于日常的管理和突发事件时的协同，功能性治理强调部门负责，重视事权的专门化和精细化，更好地满足了重大传染病对专业化的较高需求。

综上所述，现有的国内外研究成果进一步明确了传染病预防、公共卫生法治、风险治理、应急管理等理论和知识体系对于依法高效开展传染病防控意义重大。现有研究成果从法学、政治学、社会学、管理学、经济学等视角探讨了传染病防控体制机制建设的传统问题，同时也对新兴科技应用于传染病防控而来的风险及其法律挑战等新问题都进行了研究，对本书的研究具有重要的指导和启发意义。这也进一步说明传染病的预防不仅不是新问题，而且是与社会发展和时代变迁具有紧密联系的重大现实问题，任何时代都需要面对传染病风险的挑战，但每个时代面临的挑战又各有不同，总体上看需要考虑的因素越来越多，对法治的要求越来越高。

但是，既有研究更多地关注公共卫生治理和传染病防控两项与重大传染病风险预防联系紧密但又有所区别的理论和现实问题，以预防为视角，专门研究提升重大传染病风险预防治理效能的成果十分有限。首先，从我国的研究成果看，法学、社会学、管理学等领域虽然逐渐增加了对风险预防的研究，但目前以风险预防为核心研究治理体制机制建构的成果，主要集中于风险社会治理、犯罪预防、食品安全预防、生态环境保护等领域。

[①] 参见何文胜、王炎：《超越碎片化：整体绩效观的源起、意涵和实现路径》，载《学海》2021年第6期，第42页。

[②] 参见谭海波、蔡立辉：《论"碎片化"政府管理模式及其改革路径——"整体型政府"的分析视角》，载《社会科学》2010年第8期，第15页。

对于我国当下正处于突发公共卫生事件立法修法这一时期而言，现有成果难以为我国预防为主、防治结合的传染病防控法治建设提供系统化且具有针对性的指引。其次，从国外的研究成果看，无论是对于风险治理的理论研究，还是各国关于传染病防控制度建设的研究，更多地从侧面反映了传染病防控是一项全球性公共卫生治理问题，各国防控也都围绕本国实际问题和需要展开，形成的研究成果对我国而言不具有普遍适用性。

三、研究难点创新点

（一）研究难点

较之一般传染病，重大传染病因涉及面广、危害性强，对其预防难度也更大，科学规划预防、高效组织预防、依法规范预防，是重大传染病风险治理的基本要求。应当兼顾权力行使的力度与温度、平衡权利的克减与救济、提升预防的效率与效果，关注风险治理体系和治理能力现代化的要求，实现科学高效治理。

第一，面对传染病风险的不确定性和预防原则适用的复杂性所带来的挑战，提出能够提升风险预防能力的制度化、系统化，具有较强可操作性的规范体系。因为从风险治理的阶段看，预防属于源头治理，强调主动性。由于预防是对"尚未发生的风险"以及"风险尚未实害化"时的提前反应，是一种对"不确定性"进行风险规制的行动，如何依法合理适用预防原则是本书面对的难点之一。

第二，基于重大传染病风险预防基本原理的总结归纳，提炼、呈现重大传染病风险预防高效开展的中国方案。重大传染病防控既是全球性的普遍问题，又是我国公共卫生治理中的具体问题，研究过程需要兼顾共性和特性研究，既要运用治理理论进行学理分析，又要对相关体制机制完善路径予以现实关照，这是本书面对的难点之二。

（二）研究创新点

本书聚焦预防这一风险治理的重要阶段，以重大传染病的预防为核心研究当前我国加强全周期健康权保障，提升重大传染病预防治理效能，构建重大传染病风险主动应对的整体方案。在充分运用法学、行政管理、社会治理等相关学科的原理并汲取现有学术研究成果的基础之上，本书的创新性主要体现为以下几个方面：

第一，类型化的研究方法。（1）基于传染病防控科学规范高效的具体要求，本书将重大传染病风险预防划分为日常状态下（重大传染病未发生）和应急准备状态下（重大传染病即将发生或有很大发生可能性时）两类。（2）本书从政府治理和基层社会治理两个层面对重大传染病风险预防的组织体制和运行机制进行了现状梳理和完善路径分析。宏观微观相结合，研究政府负责、统筹组织防控和群众积极配合、充分参与防控的总体完善方略及其相应的具体完善方案，形成的对策建议比较有针对性和可操作性。研究逻辑清晰、层次分明地回应了精细化、精准化防控如何在预防阶段具体开展。

第二，研究内容具有新颖性和观点具有实用性。与现有研究相比，本书的研究在一些方面取得了进展：（1）对重大传染病风险的内涵要义、治理逻辑、预防原则的适用标准、重大传染病风险预防阶段的划分、科学高效规范的重大传染病风险预防体制机制应遵循的指导思想等基本问题进行了学理分析和理论提炼，对符合我国国情的重大传染病高效预防问题进行了有针对性和系统性的研究。（2）对重大传染病风险预防法律制度及其存在问题的梳理和归纳，以《突发公共卫生事件应对法》（草案）、《传染病防治法》（修订草案二次审议稿）以及2020年至今中央和地方相继修改出台的公共卫生法律规范为研究对象，得出的结论均是在对较新资料的分析提炼基础上形成的，契合当前立法修法的实际需求。

第一章

基于预防的重大传染病风险治理的内在机理

坚持预防为主是我国公共卫生风险治理的基本要义。中共中央、国务院印发《"健康中国2030"规划纲要》第一章指导思想："认真落实党中央、国务院决策部署，坚持以人民为中心的发展思想，牢固树立和贯彻落实新发展理念，坚持正确的卫生与健康工作方针，以提高人民健康水平为核心……把健康融入所有政策，加快转变健康领域发展方式，全方位、全周期维护和保障人民健康。"国务院办公厅印发《"十四五"国民健康规划的通知国办发》（〔2022〕11号），其指导思想："坚持以习近平新时代中国特色社会主义思想为指导……立足新发展阶段，完整、准确、全面贯彻新发展理念，构建新发展格局，把人民群众生命安全和身体健康放在第一位，贯彻新时代党的卫生健康工作方针，全面推进健康中国建设，持续推动发展方式从以治病为中心转变为以人民健康为中心，为群众提供全方位全周期健康服务，不断提高人民健康水平。"

风险的不确定性和人类对重大传染病认知的局限性，使重大传染病风险治理更需要预防这种积极治理观的充分介入。风险治理中的预防要求风险承受方积极开展避免风险现实化或及时采取手段阻却风险扩大化的行动。重大传染病风险的预防，既包括风险未发生时的常态预防，也包括风险已发生，但尚未发展为疫情时应急准备状态的非常态预防。面对重大传染病及其可能引发的一系列社会危机，高效有序组织日常风险预防、做好日常预防与应急准备的紧密衔接，不仅具有十分重要的现实意义，也是国家重大传染病防治的重点和难点。从公共卫生风险治理坚持积极预防的现实需求看，重大传染病风险治理需要不断向对"不确定性风险的主动预防"转型，提升先手预防的治理效能。

第一节 基于预防的重大传染病风险治理的学理分析

人类防治传染病最初是基于其对群体健康的威胁，人类对传染病危害性的深刻认识源于切实体会到公共卫生风险防治不力会引发一系列的社会风险乃至生存危机，加强预防，防微杜渐成为人类防控传染病风险的基本思路，也是现代公共卫生风险治理的重要环节。积极的预防有利于降低传染病的危害程度，较之对一般疾病的预防，加强传染病预防更可能节省因疾病导致的经济损失。①

一、重大传染病风险预防治理的内涵厘定

现代公共卫生治理需要通过国家与社会的多元共治，促进形成人人健康的环境，保障公众的生命安全和身心健康。② 重大传染病是我国突发公共卫生事件的法定种类之一③，重大传染病风险预防应当由日常预防和应急准备阶段的预防两种预防阶段组成，且两者之间应当形成紧密衔接。重大传染病风险预防治理是现代公共卫生法的重要组成部分，是法治国家通过公共卫生领域的风险治理，促进群体健康，推动个人、社会和国家可持

---

① 参见陈云良：《卫生法学》，高等教育出版社2019年版，第70页。
② 参见张守文：《公共卫生治理现代化：发展法学的视角》，载《中外法学》2020年第3期，第595页。
③ 《突发公共卫生事件应急条例》第二条："突发公共卫生事件是指突然发生，造成或者可能造成社会公众健康严重损害的重大传染病疫情、群体性不明原因疾病、重大食物和职业中毒以及其他严重影响公众健康的事件。"

续发展,维护国家安全和社会稳定的重要方式,其治理的范畴包括尚未发生的风险和风险已发生但尚未扩大化之前由重大传染病问题引发的一系列社会关系。我国根据突发公共卫生事件发生的时空范围及暴发、流行情况,按照分类管理、分级负责,组织实施传染病防控。① 根据《传染病防治法》及《突发公共卫生事件应急条例》的规定,重大传染病应是公共卫生领域具有较为严重的社会危害性(造成或者可能造成社会公众健康严重损害),影响范围广泛(对人民生命和财产安全、国家安全、公共安全、环境安全或者社会秩序构成较大威胁),且传播速度快、流行强度大的传染病。根据《传染病防治法》的规定,传染病防治坚持预防为主,防治结合。② 预防为主,既包括采取各种手段防止传染病发生,也包括及时控制和消除传染病流行的风险,切断传播途径、保护易感人群。③ 同时,传染病作为公共卫生领域的突发事件,还要进一步围绕突发事件应对工作的要求,重视预防与应急相结合④。进而,对重大传染病风险的预防应当坚持日常预防与应急(准备)预防相结合。其中,应急准备更多强调从常态化向应急发展过程中,及时阻止风险扩大、暴发或为随时进入应急状态做好充分准备。

现代公共卫生法是跨越多地域、多部门、多重关系的系统性法律规范体系。其调整的是政府相关部门、医疗卫生服务机构和科研机构、社区、社会组织、企事业单位等在促进公共健康过程中形成的各类社会关系。公共卫生法属于行政法,体现在其调整的法律关系属于政府行政管理的范畴。政府往往会采取雷霆手段(Draconian Measures)来控制传染病,对涉及食品和水、卫生和住房条件等卫生和安全领域的居民生活的各个方面进行了广泛的监管,实施疫苗接种、隔离传染病携带者等传染病控制措施,现代

---

① 《传染病防治法》第三条:"传染病分为甲类、乙类和丙类。国务院卫生行政部门根据传染病暴发、流行情况和危害程度,可以决定增加、减少或者调整乙类、丙类传染病病种并予以公布"。

② 《传染病防治法》第二条:"国家对传染病防治实行预防为主的方针,防治结合、分类管理、依靠科学、依靠群众。"

③ 参见汪建荣:《卫生法》,人民卫生出版社2018年版,第57页。

④ 《突发事件应对法》第三条第一款:"本法所称突发事件,是指突然发生,造成或者可能造成严重社会危害,需要采取应急处置措施予以应对的自然灾害、事故灾难、公共卫生事件和社会安全事件。"第五条:"突发事件应对工作实行预防为主、预防与应急相结合原则。"

环境法也是对公共卫生法的延伸。① 现代公共卫生法治隐含了保障公众健康的政府职责和群体对公共健康利益的期待，即公共卫生法旨在确立公共卫生机构和其他政府机构的使命、组织、职能、经费和权力等，并提供一系列合法的干预措施，以确保人们能够享有健康生活的条件与环境。② 现代公共卫生治理的任务愈加重大，将"公共卫生"理念加诸"法"时或者说"法"作用于"公共卫生"时，法律作为公共卫生理念的承接者及保障者，其既为公共卫生技术手段的实施提供了制度框架，又为公共健康目标的实现立下了政治承诺，使公共健康亦成为公民的一项基本权利。公共卫生法、公共卫生技术和公共健康权利的制度化规范，其目的在于保障和促进公众健康。③ 公共卫生法语境下的传染病预防，强调以降低传染病风险的方式加强对公众健康及其可持续发展的保障，围绕疾病预防管理职能、专业研判及相关社会活动开展，提升国家、专业机构、社会及个人有关健康促进和公共卫生风险防范能力。对此，重大传染病风险预防治理的规范体系应包括以下三方面的内容。

首先，政府治理规范体系。其聚焦构建系统完善的传染病预防决策、组织、行动体制机制，推动风险预防自上而下统帅引领和自下而上的内源驱动高效互动。在目的合法性的基本前提下（采取预防行为是为了及时阻却风险发生或最大限度降低损害），政府预防政策和公共卫生机构的预防措施具有优先性（直接产生强制力），但不能滥用，应接受宪法对个人自由、基本人权保护的约束。④ 因此，还需要加强监督和评估规范体系的完善，包括预防手段加强监督和评价体系建设，保障重大传染病预防手段规范性、公平性。其次，专业研判规范体系。其主要涉及传染病风险评估和

---

① 参见爱德华·P. 理查兹、李广德：《作为行政法的公共卫生法》，载《法治社会》2022 年第 2 期，第 48 页。
② 参见李广德：《我国公共卫生法治的理论坐标与制度构建》，载《中国法学》2020 年第 5 期，第 33 页。
③ 参见陈云良：《促进公共卫生法律体系向公共卫生法治体系转化》，载《法学》2021 年第 9 期，第 22 页。
④ 参见王宇、杨功焕：《中国公共卫生（理论卷）》，中国协和医科大学出版社 2013 年版，第 318 页。

研判，包括医疗卫生专业机构的检测、跟踪、识别（病毒全基因组测序）、诊断、病源及类型调查。因此需要以加强疫苗的研发、有序接种等科学技术手段，阻断传染病病原体传染力，提升防范能力，也包括社区、街道以及整个社会面对异常情况收集和反馈，如药店哨点监测、社区排查和报告等。最后，基层社会治理规范体系。重大传染病风险防控措施不规范可能引发其他社会问题，需加强公共卫生基层基础建设，规范基层乡镇（街道）、村（居）民委员会和社区协助政府和医疗卫生机构开展公共卫生治理的活动，推动重大传染病风险基层治理体系和治理能力现代化，促进基层社会群防群控、基层民主协商有序高效。

二、重大传染病风险预防治理的要义证成

公共卫生在本质上既是技术性的（关注科学技术的运用），更是政治性的（关注社会资源的分配，处理造成健康差异的社会决定因素）。① 在现代社会风险多元化的背景下，传染病的诱发因素和风险表现的形式复杂多样，传染病风险预防不仅涉及对健康问题的技术风险，还涉及一系列与健康相关的问题的妥善处理。因此需要将"想象力—敏感力—责任力—引导力—察觉力"作为风险治理过程性能力框架的基本要素。② 预防为主、防治结合是一种系统化的治理机制，面对风险快速扩散的特征，需要通过加强信息共享、协作研判、多元共治来合理化解风险点。以专业研判为主的风险评估、以政府负责为主的风险决策和以公众参与为主的风险沟通是现代公共卫生风险治理的三个层面。③ 首先，需要专业力量正确识别、评估风险明确其潜在威胁；其次，需要权威主体及时高效决策；最后，风险的沟通活动是决策过程的重要环节，因此要完善风险沟通的社会参与，促进

---

① ［美］劳伦斯·高斯汀、林赛·威利：《公共卫生法：权力·责任·限制》，苏玉菊、刘碧波、穆冠群译，北京大学出版社2020年版，第560页。
② 参见钟开斌：《重大风险防范化解能力：一个过程性框架》，载《中国行政管理》2019年第12期，第127页。
③ 参见马宝成、吕洪业等：《坚持底线思维着力防范化解重大风险》，国家行政管理出版社2020年版，第93页。

形成风险预防的合力。进而，重大传染病风险预防法律制度，也是以法律形式保障风险评估、风险决策、风险沟通有序、规范的重要载体。应体现国家主义防治观（国家权力优先的防治策略）和专业主义防治观（赋予专业机构和专业人士在病种确认和防治启动上的优先决策权）在传染病防治中向平衡主义迈进，并推动治理精细化的法逻辑。[①] 同时，还需要充分考虑公众作为传染病风险的直接承受者，其在风险治理中所享有的参与权和表达权应当是完善重大传染病风险预防体制机制法治建设的内在逻辑之一。

（一）专业力量充分介入的风险评估是前提

风险评估是指根据突发事件的损害后果、发生概率、暴露风险、应急资源等因素，确定一定区域、场所或者事项发生一种或多种突发事件的风险等级的行为。[②] 简言之，风险评估是指在风险识别后，对突发事件风险发生概率、频率、强度、损害程度及缓解措施进行评价的活动。[③] 在突发公共卫生风险具有较大不确定性时，通过风险评估的科学性判断，能够促进价值偏好在行政决策中发挥正向影响，有效克服未知风险来临时的决策恐慌、社会恐慌，这也是现代社会风险治理越来越重视技术治理的重要原因。

首先，风险评估是重大传染病风险预防的基础性环节。风险评估包括四个关键步骤：危险识别、风险特征概述、暴露评估、风险估计。[④] 风险评估作为一项基本属于科学事业的工作或活动，需要由风险评估委员会、风险监测技术机构等专业化主体站在科学立场上凭借专业技术分析做出客观、准确的研判，并借此对风险评估结果享有一定的支配权。其中，要增强行政决策有效防范风险的全局把控力。当相关分析数据、资料、线索不充分时，科学评判的结果也很可能出现不一致的结论，其对政府行政决策

---

① 参见李广德：《请求共济与健康权的司法开展》，北京大学出版社2022年版，第185－190页。
② 参见林鸿潮：《应急法概论》，应急管理出版社2020年版，第108页。
③ 参见林志欣：《风险规制视域下我国政府应急管理回应模式研究》，上海交通大学出版社2018年版，第14页。
④ 参见［英］Ross C. Brownson 等著：《循证公共卫生》，余小英、袁恒乐译，人民卫生出版社，第63页。

的指导作用难以发挥,此种情况下需要科层制上下级之间对预防原则进行合理把控,适时根据较强预防原则或较弱预防原则,对风险评估结果进行综合筛选和评判。此外,要保障公众在专业力量、行政主体风险评估中的知情和监督。较之专业研判机构和行政机关,公众对未知风险所能够获得的资源是较少的,也处于易受未知风险侵害的弱势,更需要依赖信息公开、异议监督等渠道有效参与风险评估,表达意见或建议,同时公众也是风险监测、预警信息来源的主要提供者,完善公众对于风险报告和反馈机制,是预防为主的关键环节。

其次,要健全专业评估结论优先发挥指导作用的重大传染病风险预防机制。风险评估的结果可以为风险规制决策和风险治理提供科学依据。作为风险规制的核心环节,风险评估能够产生两个方面作用:一方面,通过风险评估改善政府和社会对风险的认识与理解。每次风险评估都会使政府和社会对既存风险的认识与理解得以深化,从而提高政府和社会应对风险的能力。另一方面,通过评估优化现有应急措施,以提升应急措施的科学性与有效性。[1] 聚焦到重大传染病预防手段中,保障风险评估质量的预防性法律手段,需要对卫生医疗机构及科研机构独立研判结论的尊重,从程序上尽量使其少受非科学因素的影响;需要给予卫生行政主管部门或政府对未知不确定风险进行及时决策的明确标准和尺度;需要给予公众更多的法律关照,通过来自"多元化公众"的风险监测信息与风险评估建议,让公众发言的机会适当增加,以避免某种价值偏好的过分影响,克服或缓解科学、专家内在的局限性。[2]

最后,重大传染病风险评估的规则体系需要通过法律进一步完善。风险评估的权威性、有效性和规范性需要法律进行规定,但风险评估的技术性和专业性又决定了法律无法进行精确的规定。因此,风险评估的规则体系应当由法律(包括法规和规章)、评估规则和评估标准等构成,其中法律主要规定评估主体、职权、评估原则、评估的刚性要求等内容。而具体

---

[1] 参见林鸿潮:《〈突发事件应对法〉修订研究》,中国法制出版社2021年版,第71页。
[2] 参见沈岿:《食品安全风险治理与行政法》,北京大学出版社2018年版,第49-55页。

的操作规程则由行政部门根据评估的技术性要求,通过下位法或者评估导则进行具体规定。① 法律既要确保评估专家或机构的独立性,使其尽量少受非科学因素的影响,也要建立必要的信息公开、同行评审、异议监督制度,克服或缓解科学、专家内在的局限性。而在风险评估议程和优先次序的设置上,科学、专家的作用趋弱,价值偏好的因素加强,就需要通过来自"多元化公众"的风险监测信息与风险评估建议,让公众发言的机会适当增加,以避免某种价值偏好的过分影响。

(二) 政府负责的风险决策是主导

风险决策的本质是大概率决策,不是绝对的对策。由于风险社会是一个多语境、多维度和多层级的复杂社会,不同的群体基于不同的视角,对风险认知会有较大不同;即便是风险决策者自身,也不能保证时常理性而不处于非理性的状态。因而,为了超越风险认知的偏见或打破风险话语权"一家独揽"的局面,有必要建立一种由政府、专家和社会公众多方参与的风险决策机制,以保障风险决策的科学性。② 正如有学者通过实证分析提出"来源于专业组织、政府、大众传媒、公众等主体的不同感知价值、偏好、信仰等因素对公共卫生决策的科学性具有影响。"③ 通过预防性手段促进政府、专家和公众在风险实质发生之前形成科学的决策机制(政府制定和发布决策,专家提供决策的技术支持,公众行使监督权和参与权),能够促进预防为主的风险认知机制长效稳定,从而有效克服风险来临时引发的恐慌和责难。

首先,建立政府负责在突发公共卫生风险决策中的严格责任。国家安全、公共安全是最重要、最基本的政府公共服务,安全问题的应对需要强制性的手段和措施,这是政府以外的其他主体所无法提供的,因此国家安全的实现主体只能是政府,而政府只能依靠包括风险控制和危机治理在内

---

① 参见林鸿潮:《〈突发事件应对法〉修订研究》,中国法制出版社2021年版,第72页。
② 参见彭飞荣:《风险与法律的互动:卢曼系统论视角》,法律出版社2018年版,第179页。
③ 参见[英] Ross C. Brownson:《循证公共卫生》,余小英、袁恒乐译,人民卫生出版社2019年版,第42页。

的应急管理制度体系创新来不断回应治理能力所面临的新挑战。① 从风险治理的国家立场看，预防已成为一项政府公共部门在制定公共政策或者做出相关决策时必须优先考虑的原则，换言之，预防作为一项约束政府决策的规范性和刚性原则，会强烈要求政府"以尽可能严格的监管方式来承担自己的责任。"② 例如，根据权责统一的要求，政府在预警信息发布上应承担的及时、准确发布的责任，较之专业机构和公众，对未知性和不确定性较大的突发公共卫生信息的发布要在维护社会稳定、保障公民健康权中把控好裁量权的行使，勇于承担决策风险。

其次，及时制定和采取降低或避免风险的计划、方案以及措施。及时要求即便在所有事实并非全都知晓的情况下，都应及时开展风险交流。突发公共卫生风险交流及时回应的重要意义在于确保从风险评估开始就同最重要的利益相关者进行持续的交流，以缓解不必要的恐慌。③ 可通过各种技术手段对风险社会中不断涌现的可能对公众合法权益造成损害的各类风险进行预测，合理利用大数据对其特征和生产逻辑进行分析，进而为后续的风险防范措施提供认知基础和科学依据，以保障风险防范对策的精准性和有效性；在准确甄别的基础上，要及时落实到"防"的层面，即对甄别的风险及时进行防范。④

最后，重视组织收集和反馈社会意见，在增进各方对政策措施的理解的基础上促进风险决策高效执行。健康正义要求承认与参与。基于互联网的集体行动正在很大程度上推动着政治开放、政治透明度和政治责任制。与信息时代之前的情形相比，政权现在对民主更加负责，并且只要对政权的存在不构成威胁，政权也比过去更加愿意改变其陈旧的政策和政治实践。这样一种变化，部分是由于新形式的集体行动的存在，赋予了社会力量得

---

① 参见徐晓林、刘帅、毛子骏、周博雅：《公共管理研究的非传统安全命题》，载《中国行政管理》2018年第10期，第121页。
② 参见陈景辉：《捍卫预防原则：科技风险的法律姿态》，载《华东政法大学学报》2018年第1期，第59页。
③ 参见宋华琳、邹志：《突发公共卫生事件防控中全民预防接种的法治完善之道》，载《医学与法学》2021年第4期，第12页。
④ 参见张永强：《预防性犯罪化及其限度研究》，中国社会科学出版社2020年版，第33页。

以更加充分地参与治理活动。① 这就需要政府在建立公共卫生政策或在突发情况下进行决策时，要特别关注公众的需求，围绕健康权、生命权保障问题展开风险决策实践，从而在重大传染病的风险决策中就公众最关心的问题达成共识。

（三）公众参与的风险沟通是助力

现代社会风险治理作为一项重要的公共议题，在公众对安全诉求和权利保障不断加大的现实背景下，需要国家、社会、个体建立多主体协同合作的风险应对机制，保障各主体在风险决策、防范、处置等一系列风险应对活动中都能充分参与。风险沟通是风险利益相关方作出的其对风险治理观点的意见交换和行为互动。当解决一个特定的卫生政策时，需要政策制定者特别是重要的利益相关者（官员、医疗保健专业人士、公共卫生提倡者、消费者）参与风险政策的制定及设计实施、评估结果的解释。这种集合专业和非专业角度的意见表达将确保评估者综合考虑各方因素，使各方都从中受益。②

危机期间风险交流的有效程度取决于我们事先所做的一切，而事先所做的，理当包括在特定风险还没有转化为危机的风险相关方就各种信息和关切进行交流。风险沟通不宜以单纯行动的形式进行，应该表现为依托于多样化的载体的口头或文字的陈述，无论该陈述是否与特定风险管理行动或措施紧密关联或附随。③ 囿于突发公共卫生事件风险评估者、风险管理者、风险承受者等风险利益相关方在风险信息支配权能上的不对称，需要以预防手段强调的公开、透明、充分参与为指导，建立多渠道的信息反馈与交互，重视公众感知，获取认同和理解，有利于减轻公共卫生风险不确定性和未知性引发的不必要恐慌，促进风险利益相关方

---

① 参见郑永年、邱道隆：《技术赋权：中国的互联网、国家与社会》，东方出版社2014年版，第187页。
② 参见［英］Ross C. Brownson：《循证公共卫生》，余小英、袁恒乐译，人民卫生出版社2019年，第215页。
③ 参见沈岿：《食品安全风险治理与行政法》，北京大学出版社2018年版，第76－77页、第86－100页。

协同克难。

首先，公开是良好风险交流的关键，也是一个组织享有良好声誉的关键。若想让与公共卫生风险有关的建议和行动得到信任，重要的是风险决策应当得到及时的公布，任何决策所依据的信息能够被公众仔细核实。通过最优化行政主体风险交流和利益的政策，与直接的利益享有者和其他利益相关者的公开对话，对于建立风险评估过程的可信度而言，也是关键性的。[1]

其次，透明要求风险交流必须始终能够充分的传达。即对风险评估中存在的不确定性、风险评估者和风险管理者如何应对这些不确定性、这些不确定性对公众健康究竟意味什么进行充分的沟通。缺乏充分的科学知识，就无法避免行动所带来的困境，未积极采取行动，可能会带来灾难性后果。但若采取了行动，后来行动又被证明是不必要的，则行动将被视为浪费、严苛甚至疯狂。唯一的防卫措施就是透明。[2] 可以说，透明的核心在于"承认并交流不确定性原则"，关于风险，不可能总是情形确切的，但凡存在不确定性，就应该承认和描述之，可以让目标受众由此理解正在采取的步骤，使其安心不确定性问题正在被处理。透明的最终目的是让公众在知情基础上作出决断，他们需要获得经过严格评定的风险和收益信息，从而适合他们的特定需求。

第二节 能动适用预防手段加强对不确定风险的规制

人类进入风险社会，自然风险、社会风险、人为风险的偶发性和频发性相互交错，成因复杂，使风险治理成为国家治理的重要议题。近年来，

---

[1] 参见刘冰、肖高飞、晁世育：《重大突发公共卫生事件风险研判与决策模型构建研究》，载《信息资源管理学报》2021年第5期，第20页。

[2] 参见［美］劳伦斯·高斯汀、林赛·威利：《公共卫生法：权力·责任·限制》，苏玉菊、刘碧波、穆冠群译，北京大学出版社2020年版，第70页。

全球突发未知传染病频繁出现，但时至今日一些传染病的成因及救治方案都仍处于研究阶段，致使区域性或全球性的传染病形成，可控风险难度较大，是对人类健康发展一类威胁，这也进一步凸显了预防的重要意义。风险是指向未来的，而未来是充满不确定性的，"风险"与"不确定性"是密不可分的。风险的出现，推翻了经典科学所仰赖的确定性和可预测性，也使风险难以沿用传统危害防治的法理与制度加以应对。① 预防是指对结果发生之前的先期判断，预防原则强调在风险没有发生、即将发生或有很大发生可能性时做好提前预测、防范。基于预防的风险规制表现为干预边界前置化、保护法益抽象化；实害化防范向危险控制倾斜的特点。② 传染病的发生本身具有较大的不确定性，预防不足，则容易引发重大传染病疫情，预防不当，不仅不利于疫情的控制，反而还会引发一系列社会风险。用预防应对风险的不确定性必然需要法律这一具有较强确定性和可预测性的风险规制工具。即如果我们承认风险是不确定的，那么更需要通过法律制度的规范、稳定以保证基于预防风险的决策行为、管理行为、裁量行为、合作行为、动员行为等审慎、科学、公正、严格。预防语境下提升重大传染病风险治理效能，需要从推进日常预防、做好日常预防与应急准备紧密衔接两个层面，推动形成稳中求进的风险预防惯性，既要最大限度降低预防不及时对生命安全和健康造成的损害，也应避免因过度预防而引发的次生社会风险。这不仅是评判公共卫生治理合法性、必要性的基本原则，也是持续推进全民健康时代社会和公众对追求稳定生产生活、持续健康发展、实现幸福生活充满信心的重要制度保障。

一、预防原则及其合理适用

风险预防作为一种对科学不确定情形的积极行动，公共卫生界通常倡导按照预防原则来管理风险，这一原则支持在不确定的情形下进行干预，

---

① 参见张宝：《从危害防止到风险预防：环境治理的风险转身与制度调适》，载《法学论坛》2020年第1期，第22－30页。

② 参见张永强：《预防性犯罪化及其限度研究》，中国社会科学出版社2020年版，第17页。

主张面对不确定性时，需要"远见、规划、创新与永续性"。① 预防原则强调在应对风险上的积极行动，但预防具有两面性，不能因为预防的正向价值而忽视预防本身的潜在威胁。② 基于事先防范初衷的相关预防性措施如果运用不当，无论是对社会成员权利保障还是政府公信力的提升都是不利的。需要在确保风险规制与人权保障相平衡的前提下，努力将预防手段限缩在合理的限度内，并在法治轨道上稳步推进，避免出现仓促的、情绪化的、象征性的立法。③

一方面，重大传染病风险预防法律制度应是风险预防原则与重大传染病风险治理在规范体系上的制度化呈现。即，通过明确预防原则应如何在重大传染病领域正当、科学适用，为重大传染病风险预防实践提供系统化和规范化的指引。其中，面临不确定时采取预防性措施、由风险活动的倡导者承担举证责任、探索应对可能的有害行为的系列可选择的方案、提高决策形成的公众参与度是设计预防原则需要考虑的四个重要因素。④ 因此，依法合理科学高效的重大传染病风险预防法律制度应当能够最大限度促进公共卫生安全、社会稳定、人民健康善治的实现。

另一方面，风险治理中预防的功能在于对风险实害化之前进行事先防范（控制与规制），需要通过提前规划，以阻止潜在的有害行为。面对重大传染病时在知识和经验上的不足，预防作为风险治理的先手越来越被重视和接受。同时，围绕"未发生的风险"制定实施预防措施的目的合法、手段正当等法律问题，需要被认真看待。也即，预防手段及政策的实施，是否取得较好的法益保护效果应作为评判预防行为合法性、合理性的重要依据。那么，究竟如何适用预防原则？当前，学界分别从强预防与弱预防两个角度提出了预防原则的适用标准。同样，在风险具有较大不确定性和多变性时，较弱意义上强调把握预防原则，即使风险是不确定的、多变的，

---

① 参见［美］劳伦斯·高斯汀、林赛·威利：《公共卫生法：权力·责任·限制》，苏玉菊、刘碧波、穆冠群译，北京大学出版社2020年版，第69页。
② 参见刘刚：《风险规制：德国的理论与实践》，法律出版社2012年版，第112页。
③ 参见张永强：《预防性犯罪化及其限度研究》，中国社会科学出版社2020年版，第4页。
④ 参见［美］劳伦斯·高斯汀、林赛·威利：《公共卫生法：权力·责任·限制》，苏玉菊、刘碧波、穆冠群译，北京大学出版社2020年版，第70页。

政府部门不能拒绝采取相应的风险防控手段，应当积极采取措施进行治理；同时，应当以成本与收益的衡量来评价所采取的措施或手段是否妥当、合理。① 较强意义上把握预防原则，提出对社会发展进程中出现的可能危及公共利益的风险，只要某些现象或者证据能够说明这种风险具有危及公众利益的可能性，尽管可能性还比较低，也没有确切的证据能够证明这种风险会严重危及公众利益，但是给公众带来了不安全感，政府就应该采取积极的措施来回应这种风险，并对其展开防控。②

可以看到，学界有关风险预防原则复杂适用的研究揭示了适用预防原则指导风险规制活动本身也蕴含一定风险，难以提供一劳永逸的风险治理对策。探讨预防原则的适用，需要对预防的优势和劣势进行综合考虑，既要看到强预防，能够保障风险防控的及时性，为后续开展应急处置争取更多的时间，更好地做到有备无患；也需要特别注意弱预防强调的是任何以预防为由的限权或增设义务的措施都应当审慎，在确保风险规制与人权保障相平衡的前提下，要努力将基于预防的裁量权限缩在合理的限度内，并在法治轨道上稳步推进。例如，政府作为重大传染病风险预防行动的组织者和主导者，享有动员各方力量、调整利益分配、协调利益冲突等方面的权威，在保障公众健康、在促进社会秩序稳定上具有总体控制力，但应注重风险防控过程中的公正、公开，对影响公民权利义务等规范的设定明确相应实体规范和程序规范，尤其在公众健康信息披露、隔离措施设置、行政处罚的设定上，应加强程序正义，以获得更好的公众理解信任和支持。

二、预防加强对传染病风险不确定性的规制

风险预防原则是一种与科学不确定性密切联系的决策原则。"不确定性"是人类社会及其行动领域的本质特征，也是风险社会最核心的特征之

---

① 参见陈景辉：《捍卫预防原则：科技风险的法律姿态》，载《华东政法大学学报》2018年第1期，第67页。
② 参见［美］凯斯特·R.桑斯坦：《最差的情形》，刘坤轮译，中国人民大学出版社2010年版，第121页。

一。立法通过风险预防原则对风险规制进行指引和限定，需要将科学不确定性因素考虑在内，这既有利于对风险规制行为合法性与正当性问题的支持与指导，也是对科学以及立法专家在理性上存在缺陷进而有可能导致的风险的防范。① 不确定性是对风险发生概率的描述，对风险预防的行为和规制举措，如疫情防控中的风险决策和防控手段，本身就可能导致新型风险或潜在风险。② 风险预防原则放宽了行政介入的条件，强调政府干预风险的积极能动作用。国家、政府、社会在风险治理上承担的积极作为责任，需要就其主动作为的前端风险预防行为形成制度化、规范化的指引，面对重大传染病特殊性引发的治理困难，需要探索能够对重大传染病风险预防提供较为确定性指引的方案。

首先，重大传染病风险是一种具有较强不确定性的风险。其既包括传染病本身发生概率具有的不确定性，也包括传染病防控不力导致演变为突发公共卫生事件之后在社会领域中可能进一步增加各种不确定性风险。基于公共安全和公众健康权保护之目的，应对具有较大不确定性的公共卫生风险时，较之被动补救型治理，防范和化解风险的一种先手应对机制，对于社会风险应对韧性，降低社会风险承担脆弱性上具有较大的优势。突发公共卫生事件防控机制正是在面对传染病两种不确定性之下，通过建立日常预防和应急预防紧密衔接的机制，提升风险应对韧性，既有利于做好先手防范，也能够避免因拖延而导致的更大风险。

其次，法律规定中引入"不确定性"法律概念具有实践必要性和制度合理性。人类对重大传染病的认知能力较为有限，这也客观要求对风险要进行积极干预。重大传染病，尤其是新发未知传染病，立法者、行政决策者和专家对其风险都缺乏完整的认识，缺少成熟完备的规制经验，立法者很难在立法中规定所有风险活动所应遵循的标准与要求。对于尚处于动态发展过程中的风险，为了使其能符合安全要求，促进风险预防措施能切实符合

---

① 参见徐旭荣：《风险社会对法律的拷问——"风险社会的形成与法的确定性"研讨会综述》，载《华东政法大学学报》2009年第6期，第157页。
② 参见季卫东：《法律与概率——不确定的世界与决策风险》，载《地方立法研究》2021年第1期，第7页。

学术界和实务界认识水平的发展，有必要提升法律动态化发挥规范和指引作用的空间。例如，根据《突发事件应对法》第二条规定的突发事件的概念，指由突然发生、造成或者可能造成严重社会危害等要素组成，其中"可能造成的危害"就属于不确定性概念，在此基础上需要进一步通过相关规定明确应对这种不确定性的措施、时间点的实质要件和形式要件，确保授权和权力规制的平衡。对此，《传染病防治法》第二条规定，传染病预防坚持"依靠科学"。对于"依靠科学"的理解，不能狭隘地理解为等到科学对传染病有清晰、明了的认知和论断之后才进行相应的治理，而是应当将"科学认知的局限性"作为"科学认知"的一部分纳入传染病防治决策之中，构建以"科学不确定性"为核心的传染病预警与应对机制。[①] 正如《传染病防治法》第四条规定，"突发原因不明的传染病""突发原因不明的传染病"并非原因不能查明，而是在特定突发阶段原因暂时难以查明，或者由于预防医学、临床医学的局限性，暂时不能完全掌握其内在机理，这就体现了调整对象的"未知性"。其主要包括"缺乏知识""经验现象的易误性""有限的可观察性""不知道事实""证据不能提供或证明合理性"以及难以判断流行病学意义上的因果关系。

最后，为保证对不确定风险的预防依法合理适度必要，需要科学设定比例原则以规制裁量肆意。风险预防原则的适用与风险评估不同，属于风险管理范畴，有着明显的价值判断，经常需要进行成本—收益分析，并作是否符合行政法上比例原则的考量。对于那些被风险评估认为"不那么安全可靠"的预防手段，应当采取何种形式的风险防范规制措施，这是一个需要对各种可能的技术方案和规制措施进行复杂的成本—收益计算与权衡的裁量问题。[②] 比例原则要求行政行为选择最有利于保护公民基本权利的措施，通过采取有利于精准风险防范的措施，从内容和程序上体现出法律的力度，也要体现对权利保护的温度。对于重大传染病风险预防而言，一方面要求预防措施的实施要充分听取专业建议，以保障合目的性，另一方面对

---

① 参见解志勇：《公共卫生预警原则和机制建构研究》，载《中国法学》2021年第5期，第235页。
② 参见沈岿：《食品安全风险治理与行政法》，北京大学出版社2018年版，第76-77页。

其实施的标准和必要限度也要围绕权利最小损害、公平、正义、普惠等原则进行设定，保障公正性。进而，在重大传染病预防性法律制度中，权力和专业知识的充分合作，公民的知情、参与、动员都是不可忽视的内容。

综上所述，重大传染病风险预防法律制度是将调整对象扩展至应对不确定性风险而产生的一系列社会关系。一方面可以围绕个体健康需求，调整有利于最大限度减少个体免受突发、未知、不确定性公共卫生风险侵害而产生的社会关系；另一方面从社会稳定需求出发，调整能够充分缓解社会恐慌，避免突发、未知、不确定公共卫生风险易引发更加严重的风险或冲突的社会关系。重大传染病的发生具有不确定性高、可预测性低的特性，因此重大传染病预防的本质是对传染病发生的不确定性的先手准备。引入预防理念并将其作为基本原则指导重大传染病风险治理，有利于促进整个社会能够在常备不懈的状态下实现传染病防控及时有序。同时，考虑到预防不当可能造成的裁量肆意，需要借助法律科学预设预防原则的适用，以目的正当、手段合理、形式规范、程序公正的方式推动重大传染病风险预防依法有序、高效开展。

第三节　将保障人民的健康作为风险预防的逻辑起点

党的二十大报告提出，推进健康中国建设，把保障人民健康放在优先发展的战略位置，完善人民健康促进政策，坚持预防为主，健全公共卫生体系。保障人民健康，促进人的健康发展，是我国健康中国战略的重要内容。根据"努力全方位、全周期保障人民健康"的基本要求，[1] 我国健康

---

[1] 2016 年习近平总书记在全国卫生与健康大会上发表重要讲话，提出"努力全方位、全周期保障人民健康"，《努力全方位、全周期保障人民健康——习近平总书记在全国卫生与健康大会上的讲话引起强烈反响》，载《人民日报》2016 年 8 月 23 日，第 1 版。2020 年 8 月 19 日至 20 日习近平总书记在京召开的全国卫生与健康大会上强调"加快推进健康中国建设，努力全方位、全周期保障人民健康。"，《习近平在全国卫生与健康大会上强调 把人民健康放在优先发展战略地位 努力全方位全周期保障人民健康》，载中国共产党网，https：//news. 12371. cn/2016/08/20/ARTI1471694277840960. shtml? from = groupmessage&isappinstalled = 0。

政策逐步在向"以治病为中心转变为以人民健康为中心"①。党的十九大报告进一步提出"实施健康中国战略",标志着我国将人民健康上升到事关现代化建设全局的高度,将"健康中国战略"正式确立为一项国家战略。坚持预防为主的方针,深入实施健康中国行动,完善国民健康促进政策,织牢国家公共卫生防护网,为人民提供全方位全生命期健康服务是我国"十四五"期间全面推进健康中国建设的明确要求。同时,《经济社会文化权利国际公约》第十二条第一款规定了健康权是"享受可能达到的最高标准的健康"。促进人的健康发展,保障健康权更好实现已成为各国和全世界公共卫生法治建设的统一目标,这也进一步引申出公共卫生的三个基本职能:对处于风险中的社区和人群健康进行评估与监控,以确定健康问题和优先次序;制定公共政策,以解决已确定的地方性和全国性健康问题,并确定这些问题的优先次序;确保全部人群都能获得适当且具有成本效益的照顾,包括健康促进和疾病预防服务。② 重大传染病作为突发公共卫生事件的法定种类之一,立足实现对人民健康的最大保障的风险预防,需要围绕健康权这一逻辑起点,从政府公共政策制定和实施角度对效率优先兼顾公平的防控授权、赋权规范体系进行完善、从保障参与权和知情权角度对推进重大传染病风险预防政社协同、公共参与的规范进行完善。

一、健康权的法律地位

(一) 健康权是人的基本权利

健康权作为基本人权的属性已经得到了普遍认可,并规定在国际人权法中健康权的规范中。现代公共卫生法研究已经突破了传统的公共卫生法体系,主张借助法律创造各种条件来促进人口健康,越发强调研究健康的社会决定因素和健康的公平性,研究如何营造一个能够促进公共健康的法

---

① 习近平:《习近平谈治国理政》(第二卷),外文出版社2017年版,第371-372页。
② 参见[英]约翰·科根、基思·赛雷特,A. M. 维安著,《公共卫生法:伦理、法制与规制》,宋华琳、李芹、李鸽等译,译林出版社2021年版,第24页。

律环境。在本质上，现代公共卫生法或者公共健康法是决定如何在公共健康领域分配国家权力和公民权利，也可以说是如何在公共健康领域确定国家权力和国家义务。①《世界卫生组织法》（1948年）率先宣布"健康是身体、精神与社会的全部的美满状态，不仅是免病或残弱"，并明确规定了"享有最高而能获之健康标准，为人人基本权利之一。"《世界人权宣言》（1948年）在生命权之外，将健康权作为新的人权概念纳入其中。与生命权相比，健康权是第二次世界大战之后随着当代人权法的出台和发展才出现的现代权利。健康权这一新型法律权益的产生，是现代医学法治极大地提高了人的可预期寿命的产物，推动了卫生法治的发展。②

我国《宪法》和《民法典》中均有对健康权及其保障的规定。《宪法》虽然没有明确规定健康权的基本概念，但是在"公民基本权利和义务"章节中的人权保障、促进医疗卫生健康事业发展相关条文中，从宪法精神、宪法价值方面解释了健康权作为人权应得到的保障和发展。③《民法典》第一千零四条也明确规定了"自然人享有健康权。任何组织或者个人不得侵害他人的健康权。"随着《中华人民共和国基本医疗卫生与健康促进法》的颁布和实施，健康权成为我国法律中明确规定的一项权力。④该法围绕我国基本医疗和健康事业发展，对健康权及其促进进行了明确系统的规定。⑤是对宪法上的健康权条款的具体转化，是我国在卫生法律体系中首次明确规定健康权。⑥总之，健康权的规范构造呈现出复杂的结构。健康

---

① 参见杨彤丹：《公共卫生法之现代阐释》，载《学习与探索》2012年第12期，第77－80页。
② 参见王晨光：《健康法治的基石：健康权的源流、理论与制度》，北京大学出版社2020年版，第3－6页。
③ 参见袁杰、丁巍、赵宁：《中华人民共和国基本医疗卫生与健康促进法释义》，中国民主法制出版社2020年版，第37页。
④ 2019年12月28日，十三届全国人大常委会第十五次会议表决通过《中华人民共和国基本医疗卫生与健康促进法》，第四条规定："国家和社会尊重、保护公民的健康权。"
⑤ 《中华人民共和国基本医疗卫生与健康促进法》第四条："国家和社会尊重、保护公民的健康权。国家实施健康中国战略，普及健康生活，优化健康服务，完善健康保障，建设健康环境，发展健康产业，提升公民全生命周期健康水平。国家建立健康教育制度，保障公民获得健康教育的权利，提高公民的健康素养。"
⑥ 申卫星：《〈中华人民共和国基本医疗卫生与健康促进法〉理解与适用》，中国政法大学出版社2020年版，第30页。

权既是自由权,也是社会权;既包含积极权利,也包含消极权利。从消极的层面来看,健康权的内容包括两个部分:一是指民事主体的健康权免受他人的侵犯,二是要求政府恪守尊重义务。后者又包括政府不得干预公民对健康权的享有、政府应当遵守平等和非歧视原则、政府不得实施伤害公民健康的行为等三个方面。从积极的层面来看,健康权一是指健康权主体自由控制自己的健康和身体;二是强调政府的保护义务和给付义务,即健康权的内容应明确肯定公民的权利诉求。此外,健康权既包括个体的健康,也包括群体的健康;既指获得卫生保健的权利,也包括获得构成健康基础条件的权利。①

(二) 健康正义是公共卫生法治的重要内容之一

健康正义与环境正义、生育正义、食品正义的实现是近现代以来公共卫生法治建设的重要内容,也影响着公共卫生法治的未来。从分配正义的角度看,健康权的范围远远超出了个体患者权利及医疗保健资源分配的范畴,而进一步延伸到与健康的社会决定因素相关的集体需求和问题解决上。健康正义的框架是公共卫生科学与政治的集合,它跨越了长期以来公共政策中的隔离区,将医疗保健与人群健康的优先事项整合到了一起,以满足公众需求,减少健康差异。它强调社会、经济、文化和政治上的不平等,但并不对此感到绝望,而是凭借科学、法律和政治相结合而产生的理论与机制来纠正这种不平。健康正义要求我们考察社会偏见和结构优势在减少健康差异的干预措施的影响,尤其是那些个人主义、对受害者求全责备的干预措施。要减少健康差异,就应当使社区参与和赋权尽可能扩大化。科学、知识、社区及其共同的价值观可以且必须团结一致,才能克服阻碍健康正义的种种政治、法律及文化上的挑战。②

可以看到,健康权既是人的基本权利也是一项公共福利,公平是法的

---

① 申卫星:《卫生法学原论》,人民出版社 2022 年版,第 21 页。
② 参见 [美] 劳伦斯·高斯汀、林赛·威利:《公共卫生法:权力·责任·限制》,苏玉菊、刘碧波、穆冠群译,北京大学出版社 2020 年版,第 555 – 559 页。

基本价值之一，两者共同决定了公共卫生法治既要不断完善以国家和政府为主导的公共卫生决策、管理、监督规范，促进风险行政依法科学，高质量推进公共卫生领域法治政府、法治国家现代化的实现；也要充分关注社会的参与、互动，引导形成多元共治、政社互动的健康发展格局。尤其在重大传染病领域，防控政策涉及的社会关系常常由医疗救治扩展到日常生产生活的基本需求，进而激发内生于社会的基层组织充分、高效、有序开展公共卫生的自我服务和自我管理，这是对我国基层治理生命力和特色的充分体现，也是促进基层社会做好配角，协助政府、医疗卫生专门机构开展公共卫生风险防控工作的客观要求，更是加强对人民群众知情权、参与权法治保障的重要内容。

二、健康保障的政府责任

政府在公共安全风险防范中负有第一责任，各级人民政府应遵循健康优先的原则，坚持以人民为中心，加强对重大传染病，尤其是未知的、新发传染病的防控能力，积极承担对健康权的尊重义务、保护义务，并通过科学高效的健康促进政策指导人民行使健康权。

（一）尊重和保障权利

预防手段的实施首先必须满足和实现人的生存发展的最基本要求。现代公共卫生法的调整议题由政府紧急权力行使扩张到针对个体行为和健康意识引导的健康教育与针对影响健康的社会因素控制所展开的健康促进两个方面。[1] 健康权具有至高无上的价值，安全而健康的人群对于国家长久发展至关重要，良好的身体素质是群体充分参与政治、经济、社会、文化各类活动的先决条件。保护公众健康，增进安全与福祉是政府的重要职责。公共卫生是一项公共事业，基本公共卫生服务属于公共产品，国家承担公

---

[1] 参见李广德：《请求共济与健康权的司法开展》，北京大学出版社2022年版，第141页。

共健康保障的基本职责。① 加强公共卫生服务体系建设，及时稳妥处置重大新发传染病是我国治理体系和治理能力现代化的重要目标，强调预防为主，加强公共卫生防疫和重大传染病防控，稳步发展公共卫生服务体系。② 当风险发生或有可能发生时，个人时常无法以自我防卫和自我救济的方式来保护受侵害的权利，国家应承担相应的风险预防义务，应在可能的损害露出端倪之时，就提供保护。国家保障健康权实现需要肯定公民的权利诉求，强调政府的保护义务和现实义务，包括公民从政府获得健康信息和健全保护的权利、从国家或社会获得医疗卫生服务或产品保障的权利。政府恪守尊重健康权保护义务需要做到以下三点：一是政府不得干预公民对健康权的享有；二是政府应当遵守平等和非歧视原则；三是政府不得实施伤害公民健康的行为。该部分权利内容主要是针对健康权的自由权成分而言，强调公民有支配自己身体健康的自由，身体健康和人格尊严不受非法侵犯，以及享受平等保护。③

根据相关法律规定，坚持预防为主、防治结合的防控理念；制订并组织实施传染病防治规划；加强传染病监测预警；构建联防联控、群防群控、源头防控、综合治理的传染病防控体系，是政府重大传染病风险防控的法定责任。④ 同时，按照前述重大传染病风险预防可分为常态化的日常风险预防与非常态的应急准备阶段的预防两种状态，在全周期人民健康保障语境下，这两种预防状态所对应的法律规范在内容设计上应各有侧重。其中，常态化预防应侧重完善日常健康促进和保健的基本公共卫生服务、健康发展政策等行政指导法规范，为社会整体防范风险关注健康发展做好规划；非常态化预防则侧重于构建应急准备状态下保障健康权、自由权、

---

① 参见曾光、黄始建：《公共卫生的定义和宗旨》，载《中华医学杂志》2010年第6期，第367－370页。

② 参见中共中央党史和文献研究院编：《习近平关于防范风险挑战、应对突发事件论述摘编》，中央文献出版社2020年版，第169页。

③ 参见王晨光：《健康法治的基石：健康权的源流、理论与制度》，北京大学出版社第2020年版，第126－127页。

④ 参见《中华人民共和国基本医疗卫生与健康促进法》第六条、第二十条，《中华人民共和国传染病防治法》第二条、第五条。

隐私权、知情权等基本权利能够充分实现的行政许可、行政强制、行政处罚等规范。

(二) 实施积极的健康干预政策

我国长期以来"上医治未病"的说法就是对健康促进理念的最好诠释。① 较之救治,以促进健康为核心,加强疾病预防是现代公共卫生越来越重视的内容,相关预防政策需要在了解人群健康需求、评估影响健康因素的基础上进行,从而保障政策的制定和实施能够有效干预风险,通过降低风险发生的概率促进健康持续产出。根据预防目标与作用方式的不同,预防为主原则形成了针对健康风险以促进公众健康为目标的健康促进原则。在全生命周期的健康保障语境下,建立在大健康理念之上的公共卫生服务,不仅关注疾病的治疗,更关注从日常保健角度加强疾病的预防与控制。加强对健康理念和健康生活的柔性指导,是全周期健康保障的重要环节。无论是基于个体健康发展还是群体健康保障,较之强制手段的规制作用,完善健康促进的柔性指导机制,通过培养健康理念和提供有针对性的健康指导,更容易使公众从维护自身利益的需求出发开展健康行为选择,最终达成群体健康和理性参与。

传染病的突发性以及难预测的特点使个体对于健康生存发展的重要意义有了更深刻的认知,对于公共卫生服务和风险防范有了更强烈的需求。正如有学者提出,"健康信念模型(HMB),是一个'价值期望理论',即在与健康相关的行为的背景下,个人持有两种愿望:避免疾病获得健康(一个价值),并相信一个特定的健康行动将预防疾病(期望)。"② 在日常防控阶段,无论是基于个体健康发展还是群体健康保障,较之外部强制性消极规制,公众更倾向于能够自觉进行健康行为选择的积极规制,如培养健康理念、增加健康指导、完善健康设施等公共卫生服务,从而达成群体

---

① 参见王晨光:《疫情防控法律体系优化的逻辑及展开》,载《中外法学》2020年第3期,第620页。

② 参见[美]凯瑟琳·雅各布森著:《全球健康概论(第二版)》,黎浩译,人民出版社2021年版,第197页。

健康和促进公共卫生风险理性应对的双重风险预防效果。流行病学专家杰弗瑞·罗斯曾将公共卫生的核心矛盾描述为"预防悖论"（prevention paradox），即最有可能在人群层面促进健康的干预措施，往往无法与个人利益联系起来。① 当政府（公权力）以预防为目的通过强制手段要求公众必须或不得做出某些影响健康的行为时，公众更多地会认为政府行使公共卫生权力的目的是限制个人权利的管理行为而非保障健康权的服务行为，尤其是没有发生重大传染病时，公众更可能因未预料到或未经历过重大传染病给个体乃至群体健康造成的损害，难以理解预防性强制手段的必要性，进而不愿主动配合政府开展有关健康保护方面的预防行为。例如，我们知道长期吸烟、酗酒、不健康饮食和作息、缺乏运动等习惯不利于身体健康，影响人的免疫力，但是通过制定烟草、食品制造标准，加强烟酒经营等管理行为，也的确难以充分控制不同个体对吸烟、酗酒、高油高盐的需求。基于此，除了行政强制性手段外，以行政指导（如培养膳食健康理念、鼓励开展全民运动等促进公众健康的生活方式）、行政给付（如完善基本医疗与公共卫生服务、社会保障；改善水源、人居环境生态环境等），以提升个人主动选择并自愿承担对自身和他人健康负责的自觉性、主动性、积极性，强化个体对自身健康负第一责任的意识就十分有必要。

可以看到，健康理念和健康生活方式养成作为一种最基础、最前端的重大传染病风险预防手段，较之刚性的强制和处罚，通过柔性行政指导完善政府对健康促进的日常引导，提升公众对自身健康发展的自主性和重视度、健全公共卫生服务供给制度，更有利于从源头上降低重大传染病发生的风险。虽然立法以强制性话语将健康权保护和促进职能设定为义务，规定"必须采取此类措施"，但就履行义务的程度和方式而言，通过包容性的义务表述方式，如以赋予中央和地方政府相当裁量权的方式，规定为"……认为适当的措施"进行表述，更合时宜。② 尤其是柔

---

① 参见［美］凯瑟琳·雅各布森著：《健康研究方法导论（第二版）》，马露等译，人民出版社2020年版，第164页。
② 参见［英］约翰·科根、基思·赛雷特 A. M. 维安著：《公共卫生法：伦理、法制与规制》，宋华琳、李芹、李鸧等译，译林出版社2021年版，第219页。

性的行政指导可以更加明确对相关社会主体的要求，指导相关主体在常态化的情况下做好日常应对。具体看，可以通过开展研究、提供疫苗接种、免疫疫苗接种和筛查服务，通过提供信息和建议等，来实现健康权保护。

三、健康保障的个人责任

当健康权作为基本人权以法律文本的形式清晰地走进公共卫生法治建设视野之时，坚持预防为主，优先保障人民健康，完善健康促进政策不仅需要国家和政府积极履行公共卫生管理和服务义务，个人也应对自身健康负责。公众健康和个人自由都是一种公共利益，国家对健康进行保障，从根本上讲就是为了人的自由与全面发展。更重要的是，在潜在健康危险因素广泛存在的当今社会中，尊重人的主体性和自由价值是公共卫生法实现其规范目的的必需。生活行为方式、生产生活环境以及医疗卫生服务等健康影响因素的不确定性与泛在性，导致国家即便全方位保障健康，可能也难以收到良好效果，反而易引发整体性危机。这时，更加依赖于各个自由而负责的主体，每个人作为独立主体自负其责，养成健康生活方式，促进公共卫生法的良性循环。[①] 对此，我国《基本医疗卫生与健康促进法》第六十九条明确规定："公民是自己健康的第一责任人，且不得损害他人健康和社会公共利益。"

可以看出，健康保障的个人责任实际强调了两方面的内容，即公民在重视提升自身健康素养、保障自身健康发展的同时，也应当为群体健康维护起到积极作用。首先，个人要对自己的健康负责。从生命伦理看，个人健康源于医学上的人的机能运转需求，身体机能健康是个人获得幸福以及行使社会权利与政治权利的基础，是个人有机会获得基本医疗服务保障、基本公共服务保障、基本药物保障、基本医疗保险、医疗救助等一系列国

---

① 高秦伟、毋文：《健康中国建设背景下公共卫生法的发展及其课题》，载《学习与实践》2024年第12期，第67页。

家和社会提供的基本保障的物理前提。其次,个人应当尊重他人的健康利益。健康权不是绝对的,在具体行使中必然会受到限制,如传染病防治法对传染病病人、病原携带者和疑似传染病人在治愈或排除传染病嫌疑时,其行为需要受相应限制的规定。① 最后,从广义上看,最有效的预防还要依靠人人有责、人人尽责的健康促进社会共建来实现,即个体在健康理念传播、健康素养的提升、健康发展方面的自觉性,都是提升重大传染病风险预防效能的重要手段。

---

① 袁杰、丁巍、赵宁:《中华人民共和国基本医疗卫生与健康促进法释义》,中国民主法制出版社2020年版,第157页。

第二章

预防为主提升我国重大传染病风险治理效能的价值图景

预防是我国基本公共卫生方针，预防为主、群策群力、因地制宜、综合防治是传染病预防的重要策略。① 预防取向体现了以人民健康为中心的理念，但也对传统公共卫生法提出新要求：其一，健康中国建设要求"把健康摆在优先发展的战略地位""全方位干预健康影响因素"。其二，相较于传统调控措施，如今公共卫生法更注重采取多元的柔性手段开展健康保障。本章紧紧围绕传染病防控"预防为主、防治结合、源头治理、群防群控"的基本理念和原则②，从以人为本、科学高效、群防群控、国际合作四个方面，阐释推动我国重大传染病风险预防规范、有序、高质量开展的理念和方法，从而研究为我国重大传染病风险预防法律制度完善提供思想指引的整体方案。

第一节 以人为本加强全生命周期健康权保障

坚持以人为本、生命至上是防范、化解公共卫生领域重大风险的根本

---

① 参见申卫星：《卫生法学原论》，人民出版社2022年版，第129页。
② 《中华人民共和国传染病防治法》第二条："国家对传染病防治实行预防为主的方针，防治结合、分类管理、依靠科学、依靠群众。"《中华人民共和国基本医疗卫生与健康促进法》第二十条第一款：国家建立传染病防控制度，制定传染病防治规划并组织实施，加强传染病监测预警，坚持预防为主、防治结合、联防联控、群防群控、源头防控、综合治理，阻断传播途径，保护易感人群，降低传染病的危害。"

立场，是完善重大传染病风险预防体制机制建设的根本目的和重要遵循。当前我国《传染病防治法》《突发公共卫生事件应对法》等公共卫生领域的修法立法中，要从立法理念和人文伦理上贯彻"以人民为中心"，从总体国家安全观的高度重视重大传染病风险作为非传统安全的防控重点和难点，增强政府在重大传染病风险预防中的忧患意识、提升政府在重大传染病风险预防中的底线思维；同时需要保障基层社会和公众在重大传染病风险预防中的参与权、知情权，对推动形成群防群控的公共卫生风险预防体制机制给予更多关注，从而高质量发挥法律制度对我国突发公共卫生事件风险治理"一切为了人民、一切依靠人民"的规范和科学指引功能。

一、以人民安全为宗旨

重大传染病直接威胁公民身体健康和生命安全，给人的健康发展和国家安全、社会稳定都带来较大的威胁。采取切实可能的预防措施做好预防工作，切断传播途径，保护易感人群，控制传染源，对防止传染病的发生流行具有重要的意义。[1] 与传统公共卫生限于瘟疫等的防治相比，新公共卫生强调预防不再单纯追求作为人群健康这一个整体价值，而是将公众健康视为个体健康的总和。[2]

（一）总体国家安全观是价值指引

人民安全是总体国家安全观的宗旨，生命健康是公共卫生的重要内容，公共卫生是所有其他安全形式的基本信条。[3] 在宪法原理上，有学者将作为人的具体权利的"安全"称为"safety"，是指排除具体危险而获得的客观安全；而把作为政府制度化任务的"安全"称为"security"，是指整体

---

[1] 陈云良：《卫生法学》，高等教育出版社2019年版，第70页。
[2] 李广德：《我国公共卫生法治的理论坐标与制度构建》，载《中国法学》2020年第5期，第28页。
[3] 马克·扎克、塔尼亚·科菲：《因病相连：卫生治理与全球政治》，晋继勇译、张晓立校，浙江大学出版社2011年版，第3页。

上的不担心、没有不安,也就是主观上的"安心"。① 突发公共事件预防应尽快实现从"国家安全"到"人的安全"的范式转型,完成安全保护观念在公益和私益之间的关系升华。②

我国总体国家安全观以人民安全为宗旨在公共卫生领域主要表现为保障人民生命安全,促进健康发展。党的十八大提出了以人民为中心的发展思想理念,总体国家安全观将人民安全作为宗旨,坚持以人为本,实现好、维护好、发展好最广大人民的根本利益是总体国家安全观和平安建设顶层设计的基本立场。总体国家安全观体现了以人民为中心的社会主义核心价值观,体现了社会主义法治人民性的本质特征。国家安全的法律制度体系,必须坚持以人民为中心的法律价值标准。③ 总体国家安全观意义上的大平安,蕴含着作为预防治理的前端治理,要求各个党政机关将防控社会稳定风险贯穿于规划、决策、监管全过程,防止因规划不科学、决策不合理、监管不到位而引发社会矛盾。④ 重大传染病风险预防涉及人民安全、社会安全、国家安全,其法律制度的进一步完善必须建立在总体国家安全的更高视角上,以保障人民安全为逻辑起点,要求公共卫生风险防控的权力行使和权利克减都必须满足依法严格规范的实体法治和程序法治。

(二) 传统安全与非传统安全相结合是推进路径

在总体国家安全观指导下,重大传染病风险属于非传统安全,加强对重大传染风险的预防,体现了人民安全的宗旨在传统安全和非传统安全的同步推进。进入"十四五"规划新阶段,维护国家安全,加强风险治理领域以新理念为指导,坚持总体国家安全观,实施国家安全战略,维护和塑造国家安全,统筹传统安全和非传统安全,把安全发展贯穿国家发展各领域和全过程,防范和化解影响我国现代化进程的各种风险,筑牢国家安全屏障。聚焦

---

① 参见王贵松:《宪政与行政法治评论(第五卷)》,中国人民大学出版社 2011 年版,第 68 - 69 页。
② 倪洪涛:《论"风险国家"及其行政应急治理》,载《东南法学》2020 年第 1 期,第 16 页。
③ 参见杨宗科:《国家安全法治保障述论》,知识产权出版社 2019 年版,第 49 - 50 页。
④ 参见黄文艺:《"平安中国"的政法哲学阐释》,载《法制与社会发展》2022 年第 4 期,第 29 页。

重大传染病领域，坚持以人民安全为宗旨的指导下，一方面需要规范和约束应急权力运行，实现对权利的尊重和关怀，加强公民基本权利的法治保障；另一方面要求国家、政府积极采取措施为公民提供更多的公共卫生服务和健康促进福利，更好地满足人民对于公共卫生领域幸福生活的需求。

二、以人民健康为根本

"共建共享、全民健康"是《"健康中国2030"规划纲要》[①] 建设健康中国的战略主题。核心是以人民健康为中心，把健康融入所有政策，坚持人民共建共享的卫生与健康工作方针，针对生活行为方式、生产生活环境以及医疗卫生服务等健康影响因素，坚持政府主导与调动社会、个人的积极性相结合，落实预防为主，强化早诊断、早治疗、早康复，实现全民健康。

（一）人民身体健康是国家持续发展的重要保障

党的十八大以来，党中央进一步明确了新时代卫生与健康工作方针，要求把预防为主摆在更加突出位置，推动卫生与健康事业发展从以治病为中心向以人民健康为中心转变。"健康，是每个国民的立身之本，也是一个国家的立国之基。让人民群众公平可及地享有全方位、全周期的健康服务，充分体现了党'以人为本'的执政理念，将为健康中国的实现凝聚起更加磅礴的力量。"[②] 拥有健康的人民意味着拥有更强大的综合国力和可持续发展能力。[③] 构建强大的公共卫生体系，全面提升防控和救治能力，是维护人民健康的有力制度保障。[④]《基本医疗卫生与健康促进法》第四条规定：

---

① 中共中央、国务院：《"健康中国2030"规划纲要》，载中国政府网，https：//www.gov.cn/zhengce/2016-10/25/content_5124174.htm，访问时间：2021年10月25日。

② 王思北、施雨岑：《努力全方位、全周期保障人民健康——习近平总书记在全国卫生与健康大会上的讲话引起强烈反响》，载《人民日报》2016年8月23日，第1版。

③ 汪晓东、张炜、赵梦阳：《为中华民族伟大复兴打下坚实健康基础——习近平总书记关于健康中国重要论述综述》，载《人民日报》2021年8月8日，第1版。

④ 习近平：《构建起强大的公共卫生体系 为维护人民健康提供有力保障》，载《人民日报》2020年6月3日，第1版。

"国家和社会尊重、保护公民的健康权。国家实施健康中国战略,普及健康生活,优化健康服务,完善健康保障,建设健康环境,发展健康产业,提升公民全生命周期健康水平。"《健康中国"2030"规划纲要》中进一步明确,当前亟须加快推进"健康中国战略"执行力度,尽快从"以治疗为主"转向"以预防为主",打造一个领先的"以预防为主"的健康管理体系,全面提高人民健康水平。

(二) 健康中国建设需要人民的积极参与

我国"爱国卫生运动"是中国共产党领导群众开展公共卫生治理的重要举措。群众参与公共卫生治理实际上也较好地诠释了通过贯彻预防为主,培养健康理念和生活方式养成,促进全民健康,提升个人及群体机体抵抗突发公共卫生风险的能力的健康发展社会动员机制。爱国卫生运动发展至今,从工作机制上看,由国务院议事协调机构爱国卫生运动委员会负责领导和协调。全国爱国卫生运动委员会办公室设在卫生健康委,承担全国爱国卫生运动委员会日常工作。负责协调政府有关部门、国务院有关部门及人民团体、动员组织群众,开展公共卫生基础建设、卫生城市建设、全民健康教育和健康促进、卫生监测评价、爱国卫生立法工作。2020年,国务院发布了《国务院关于深入开展爱国卫生运动的意见》(国发〔2020〕15号),进一步提出爱国卫生运动是我们党把群众路线运用于卫生防病工作的成功实践,是贯彻预防为主方针的重要创举。据统计,我国现有与爱国卫生运动工作相关的地方性法规57件,占现行有效地方性法规的11.7%,涉及23个省区市和34个设区的市,特别是2015年后新授予立法权的14个市开展了爱国卫生立法。究其原因,可能与爱国卫生城市标准的内容有关。从2010年版标准要求的"有本市爱国卫生工作的管理法规或规范性文件",调整为2014年版标准的"具有立法权的城市应当制订本市的爱国卫生法规,其他地市应当制订市政府规范性文件"。2021年版标准的"具有立法权的地方需有本地爱国卫生法规,其他地方需有爱国卫生规范性文件",这促进了许多设区的市开展爱国卫生运动工作立法。值得注意的是,临沂市于2021年出台了《临沂市健康乡村条例》,这是国内第一部健康乡村领域的地方性法规，为完善农村健康服务、提高村民健康水平、推进健康乡村建设提供坚实法治保障。另外，福州市出台的《福州市除四害条例》，是我国目前为止唯一的除四害专项地方性条例。①

可以看出，爱国卫生运动在我国公共卫生治理中得到了长期的坚持和贯彻，其围绕促进全面健康构建了党委领导、政府支持、社会动员、公众参与、法治保障的系统运行机制，将预防为主的理念引入公众健康保护，结合重大传染病常态防控与应急处置在预防机制上的不同侧重，采取软性引导指导和硬性规范强制相结合，提升个体和群体对健康权、生命权的重视和有效保护，具有十分重要的意义。当前爱国卫生工作仍存在一些薄弱环节，城乡区域发展不平衡不充分的问题仍然突出，工作方式方法比较单一，智能化信息化程度还不高，基层机构和能力弱化等。需要从完善公共卫生设施，改善城乡人居环境；开展健康知识科普，倡导文明健康、绿色环保的生活方式；加强社会健康管理，协同推进健康中国建设；加强法治化保障、社会动员、组织实施等方面的创新、完善。

第二节　科学高效完善风险预测评估机制

重大传染病的发生本身具有较大的不确定性和难预测性，预防属于事先防范的治理机制。"我们要加快补齐治理体系的短板弱项，为保障人民生命安全和身体健康夯实制度保障。要构筑强大的公共卫生体系，完善疾病预防控制体系，建设平战结合的重大疫情防控救治体系"。② 坚持科学高效、平战结合完善我国重大传染病风险预防体制机制建设，补齐当前我国突发公共卫生事件防控短板和弱项的重要方针。重大传染病风险预防表现为常态情境下风险未发生的基础预防和风险有很大发生可能性的应急准备

---

① 龚向光：《卫生健康领域地方立法的进展和特点》，载《中国卫生法制》2024年第1期，第72页。
② 习近平：《在全国抗击新冠肺炎疫情表彰大会上的讲话》，载中国共产党网 http://cpc.people.com.cn/n1/2020/1015/c64094-31893514.html，访问时间：2022年2月12日。

状态下及时采取措施降低其传播和蔓延风险的两种预防阶段，这两个阶段的预防应各有侧重，形成紧密衔接，共同朝着精准高效的方向不断推进，并实现对高质量推进风险预防技术治理的合理规制。

一、促进日常预防与应急准备的衔接

常态管理的基本矛盾是组织的惰性与追求效率之间的矛盾，应急管理的基本矛盾是事件的不确定性与应急决策管理效率之间的矛盾。[①] 政府将大量资源投入发生概率更大的事件，对于提升公共卫生风险应对能力具有十分重要的意义。[②] 规划好、设计好日常预防和与应急准备两种预防状态的衔接机制，需要在厘清两者的区别与联系的基础上展开。

首先，日常预防和应急准备两种预防状态各有侧重。根据民俗民风、居民生活习惯、社会日常治理经验、社区特点等方面的内容，因地制宜开展爱国卫生运动，促进以社区为单位的全面健康素养的提升，完善疾病预防、健康宣教、物资储备等日常医疗服务与公共卫生服务机制就是非常重要的基础性预防手段；反之，在应急准备状态下，则需要准备好各方力量，做好社会面的监测、检疫、动员工作，提高及时发现及时管控的效率，防止疫情扩散。其次，日常预防和应急准备两种预防机制各有侧重。坚持平战结合完善重大传染病防控体制机制建设，需要合作共治，将政府公共事务管理、统筹、服务职能与公共服务本身市场化发展的趋势相结合，政府不仅需要主导健康促进和疾病预防等公共卫生服务，还需要从重大传染病预防合作治理、政社互动、社会协同等方面，统筹社会化和市场化服务的提供。以关于物资储备为例，日常预防主要是保障应急产品的数量和质量。在日常管理中，通过行政指导和行政检查，对口罩、消毒液、防护用品、隔离场所等生产、加工、修建改建等标准、储备量进行明确；确定应急产

---

① 高小平、刘一弘：《中国应急管理制度创新：国家治理现代化视角》，中国人民大学出版社2020年版，第45－47页。
② 参见任颖：《环境健康风险治理研究：法理基础、类型分析与制度建设》，人民出版社2019年版，第122页。

品和场所的供应商名录,并做好日常监督检查。在应急准备状态下,快速启动储备机制,将符合标准和要求数量充足的防疫物资及时足量供应,保障所有医疗观察隔离人员都能够安全转运和隔离。又如,对于传染病的信息化建设,日常预防需要重点建立健全传染病报告、预警、监测、检测、评估、流调、大数据行程跟踪等信息系统体制机制建设,实现对相关信息系统汇集、储存、分析、传输的跨部门、跨地区信息共享与情报合作。同时,也要加强信息化系统的保障建设,完善政府与信息技术企事业单位协同合作,加强信息系统的开发、维护,为应急工作的高效开展打好硬件设施基础。

二、加强精准预防体制机制建设

坚持精准防控,统筹推进社会经济稳定发展,采取对人民生产生活影响最小的方式阻断疫情大规模蔓延,是以习近平同志为核心的党中央坚持"人民利益至上"的根本要求。深入推进精准防控是从根本上降低疫情发生的概率,减少疫情对生命健康和社会经济发展不利影响的最佳方式。紧紧围绕最大程度保护人民生命安全和身体健康是推进我国公共卫生治理能力现代化的重要出发点和立足点,围绕"坚持人民至上、生命至上"的基本原则,促进防控举措精细化、科学化,对于个体健康生活和发展,对于社会平稳发展具有十分重要的现实意义,应成为我国公共卫生法治建设的重要组成部分。对此,在当下《传染病防治法》和《突发公共卫生事件应对法》的立法和修法中,应当在总则部分进一步强调并明确规定坚持预防为主、防控结合、精准推进是突发公共卫生事件(传染病)防控的基本原则,并在预防和应急管理相应章节中对精准防控的措施进行体系化规定。

首先,精准防控是日常预防高效有序的必然要求。随着我国疫情防控的经验不断成熟,防控措施的采取更加强调科学性、精准性,最大限度保障防控行为,尤其是涉及权利限制的政策措施,都是在对疫情形势进行科学研判的前提下做出的,并能够结合疫情走势进行综合分析,随时调整预防和应急状态的衔接和转换。

其次,精准防控有利于加强对风险行政规制的监督制约和评价。精准防控的根本要求是科学防控,精准防控的根本目标和底线要求必须是坚持以人民为中心。政府风险预防行为应当是在理性认知人类无法从根本上消灭重大突发传染病的基础上,考虑到防控政策应当是促进人的生命健康与生产生活和社会经济同步推进。这是对政府治理现代化的客观要求,也是实现人民生活具有获得感、幸福感、安全感的必然要求。

最后,精准防控促使防控机制优化升级以提高防治的针对性。从公共卫生风险研判应对看,要创新医疗预防协同机制,建立人员、信息、资源互通和相互监督的机制;把加强早期监测预警能力作为完善公共卫生体系的重中之重,完善传染病和突发公共卫生事件监测体系,改善不明原因疾病和异常卫生事件监测机制,提高评估和监测的敏感性和准确性,建立智能化预警多点触发机制,健全多元预警监测机制,增强实时分析和集中研判的能力。有针对性地推进传染病防治法、突发公共卫生事件应对法等法律修改和制定工作,健全权责明确、程序规范、执行有力的疫情防控执法机制,普及公共卫生安全和疫情防控法律法规,推动全社会依法行动、依法行事。[①] 创新医疗和预防的协同机制,建立人员沟通、信息沟通、资源互通和相互监督的机制。从医疗队伍建设来看,要加强疾病控制人才队伍建设,建立与现代化疾控系统相适应的人才培养机制,稳定基层疾病控制队伍。[②] 统筹应急状态下医疗卫生机构的动员响应、区域联动和人员动员,建立健全重大疫情分级、分层、分流的救治机制。[③]

进而,可从以下三个方面完善传染病精准防控制度建设,加强重大传染病预防治理体制机制的规范化、精细化。其主要包括:加大以疫情风险评估监测报告等专业研判为主的预防性技术治理制度建设,提升传染病预防的科学性;要建立健全重大传染病风险协商共治、全民参与为主的预防

---

① 习近平:《坚持预防为主 改革完善疾病预防控制体系》,载《人民日报》2020年6月5日,第1版。

② 习近平:《统筹推进疫情防控和经济社会发展工作 奋力实现今年经济社会发目标任务》,载《人民日报》2020年4月2日,第1版。

③ 习近平:《构建起强大的公共卫生体系 为维护人民健康提供有力保障》,载《人民日报》2020年6月3日,第1版。

性决策执行组织机制制度,推动传染病预防的现代性;要推进加强法治国家、法治政府、法治社会一体建设程序规制为主的预防性监督保障法律制度,完善传染病预防的规范性。

三、完善风险预防技术赋能

技术赋能是一种对技术融入治理的动态推进,其强调信息技术得以在治理领域被广泛应用并充分发挥作用,是信息时代、科技支撑、风险社会等一系列要素在社会发展中不断聚合的产物。任何一种权力关系的运作都离不开一种知识或真理体制(regime of truth)的介入。知识对权力运作具有指导意义,知识具有科学性,其目的是增进人类福祉,捍卫社会规范等。[1] 推进国家治理现代化背景下重大传染病风险预防应当注重科学技术创新,将科学技术的支撑力更好地融入国家和社会风险治理的行动中。同时,现代医学卫生科学技术在促进生命健康发展的同时,亦经常冲撞和挑战伦理和法律底线。因此,强调科学技术在治理领域的充分运用的同时,也有必要防止技术过度赋能而引起的其他风险。

(一)技术治理的必要性及可行性

较之普通社会事件,重大传染病风险处置对专业技术分析评判具有更高的要求。疫情防控中的技术治理表现出对数字技术的较高依赖,对跨部门数据对接、信息共享与组织协同具有更高期待[2],将现代技术治理嵌入重大传染病风险预防的技术赋能,要建立政府、医疗卫生行政部门与疾病预防控制机构、医院、专家之间的合作协调互动关系。一方面,医疗卫生专业力量通过科学原理和技术方法形成的科学研判、对异常情况的科学反馈是行政决策及时、高效的必要智力支持,另一方面,专业力量凭借其科

---

[1] 参见黄瑞祺:《再见福柯:福柯晚期思想研究》,浙江大学出版社2008年版,第119页。
[2] 董幼鸿、叶岚:《技术治理与城市疫情防控:实践逻辑及理论反思——以上海市X区"一网统管"运行体系为例》,载《东南学术》2020年第3期,第24页。

学技术被赋予更多的治理权能,也是政府以治理技术创新的方式推进治理能力现代化和回应风险社会要求加强预防性治理的重要机制。技术治理坚持"事本主义"有利于弥补行政科层制的内在缺陷和功能弱势,通过充分发挥技术治理的公开和监督功能,避免"信息孤岛",能够倒逼政府职能部门提升工作积极性和反应速度与效率。①

赋予专业体系更广泛的权能是治理现代化的客观要求。专家、专业机构等在公共事项和公众议题上能够提供非权力性的专业化公共服务,在重大传染病领域中,其对潜在风险和疫情发生的监测、研判、评估、隔离、救治及危险解除上形成的专业意见应当享有广泛的权能,既包括畅通专业建议和意见对公共行动的指引,也包括提升其在公共政策中的影响力。基于科学的决策能够最有效减少质疑和猜忌,有利于最大限度说服整个社会更好地配合相关防控工作的开展。科学以及基于科学的政策引导是社会团结生成的推动力量,有利于社会成员之间"互相负责"的内部集体意识的形成,加之法治的外部形塑,进一步强化社会团结的稳定和有序。② 对此,有学者提出,处理瘟疫与文明的关系需要坚持专业主义治理体系,即,在推动社会稳定的共同目下,非国家机构的专业组织通过运行其在科技、科学的专业优势而提供的公共物品和公共服务,具备与政府公共决策权享有同等效力的特殊地位。以德国传染病科研管理体系为例,罗伯特·科赫研究所(RKI)相当于疾控中心,其没有行政权力,是与政府合作的独立经营的科研机构。当传染病等公共危机出现时,RKI可以从公共利益出发,以自行跟医院、医疗设备公司和地方政府取得联系的方式,给出专业咨询意见,迅速启动相关应对措施。③ 因此,现代风险社会的治理,需要专业治理与行政管理的耦合,专家意见既是技术型社会权力规制的要求之一,也是提升依法行政效能的客观要求。

---

① 彭勃:《技术治理的限度及其转型:治理现代化的视角》,载《社会科学》2020年第5期,第11-12页。
② 张剑源:《人们因何团结?——公共卫生危机中的科学主义、责任伦理与法治》,载《清华法学》2021年第2期,第119页。
③ 张笑宇:《技术与文明:我们的时代与文明》,广西师范大学出版社2021年版,第436-439页。

首先，技术治理有利于降低风险决策的主观随意。现代风险社会预防性治理的决策公信力对专业评判有一定的依赖。真理体制为权力运作提供了必要的知识，即就是对知识的管理。① 真理体制使人们接受了权力运作的状态，将这种状态看作是当然的，这也是权力在现代社会得以运作的一个基础，它是权力合法性的重要根源。② 风险是未知的、不确定的，从风险与法律的互动关系看，有关风险评估的政策法律制定会受价值偏向的影响，即对客观事实的风险评估观察永远受到主观立场和心智模式的影响。③ 因此，专业力量的客观理性有利于克服行政机关决策的主观随意，依靠专业研判指导政府风险预防行政管理工作，有助于提升权利克减行为的社会接受度，提高重大传染病风险预防措施的公信力。开放的共同体可以更好地缓和新兴技术领域中社会、科学技术与产业间的复杂而紧张的关系。④ 因此，一种融合了伦理、法律、社会和科技等多种理论方法的"技术治理"开始兴起。在"技术治理"的背景下，政府不再独享技术决策的绝对权威，"行动者网络代替等级关系主导着决策过程"⑤。同时，学者的专业判断应该是决策的基本前提，因为"科学生活中不言而喻却最重要的一条规则是，在有关科学的问题上不得数人头和诉诸大众"⑥。如前所述，预防原则的适用离不开科学、合理的权力规制。随着技术和民众素质的提高，社会关系变得越来越对称，权力强制的正当性首先必须得到证明。行政规制的过程也是基于被规制对象会对自身行为作出理性选择的假设而展开的，针对公共利益与个人利益之间的冲突，规制者必须坚守公平、合理、公共利益、自由、秩序、安全、人权等基本价值。⑦ 同时，风险预防是面向未

---

① See Michel Foucault, *Power/Knowledge*, Vintage, 1980, p. 151.
② 同上，p. 69.
③ 彭飞荣：《风险与法律的互动：卢曼系统论视角》，法律出版社2018年版，第34页。
④ See Brian Salter, Mavis Jones, *Changing in the Policy Community of Human Genetics: A Pragmatic Approach to Open Governance*, Policy and Politics, Vol. 34, 2006, pp. 347 – 366.
⑤ See Ian Bache, *Governing Through Governance: Education Policy Control Under New Labour*, Political Studies, Vol. 52, 2003, pp. 300 – 314.
⑥ See Thomas S. Kuhn, *The Structure of Scientific Revolutions*, University of Chicago Press, 1996, p. 168.
⑦ 参见江必新：《国家治理现代化与行政法治》，中国法制出版社出版2016年版，第88 – 93页。

知而决策，其中的挑战就既包括根据具体风险特点来形成规制对策，也包括比例原则的适用，需要验证规制手段符合比例。① 那么，当政府基于风险预防的严格责任而必须面对未知进行决策时，如何高效行使权力，最大限度降低履职的主观随意，推进行政决策和行政行为向精准化、高质量纵深发展，是风险社会语境下政府治理现代化不可回避的问题。

其次，常规传染病监测信息主要由各级疾病预防控制机构负责收集、分析、报告，由政府卫生行政部门负责通报。② 疾病预防控制机构的风险评估、健康提示等常规监测，是行政管理的重要技术支持，为政府及其相关行政部门做好职责范围内的风险预防工作提供重要技术参考，也是评价行政行为必要性、正当性的重要标准。我国传染病防治法在修订过程中，就重大传染病风险预防的评估研判进行了较为明确的职责划分，规定了由各级疾病预防控制机构负责评估疫情发生的风险，各级疾病预防控制机构可以根据日常监测和评估结果，向社会发布健康风险提示，对于可能形成疫情发生态势的，由卫生健康主管部门组织专家研判。

最后，技术赋能既是科层改革的组成部分，又不可避免地受科层制的规定和制约。技术赋能科层，科层规制技术，要克服科层组织对技术治理的制约，首先要树立勇于打破原有的组织边界和部门利益限制的观念，引入"上级决策者与具体执行者"的完整链条，保障技术治理的完整性。③ 行政机关在突发公共卫生事件风险防范组织、决策、运行机制完善方案的设计上已充分认识到专业研判、专业风险评估等专业技术力量是行政决策重要支持这一重要性，通过立法修法活动推动行政机关和专业力量协调互动，将各级疾病预防控制机构风险评估、卫生健康主管部门风险论证以及专家论证等作为政府发布突发公共卫生事件相关政策的必经程序，但实践中仍出现专业力量风险研判介入不充分。在当下相关法律法规有关传染病监测、报告、预警等实体性规定已经较为完备的基础上，

---

① 赵宏：《城市治理中的"良法善治"如何展开》，载《探索与争鸣》2021年第7期，第52页。
② 谢志勇：《公共卫生预警原则和机制建构研究》，载《中国法学》2021年第5期，第224页。
③ 吴晓林：《技术赋能与科层规制——技术治理中的政治逻辑》，载《广西师范大学学报（哲学社会科学版）》2020第2期，第73页。

应进一步完善程序性规定,强化先科学研判、再制定政策的程序和规制意识,推动政府将技术研判作为决策惯性,完善克服行政决策主观随意的外因支持。

(二) 技术治理的风险及规制路径

科学技术广泛应用于人类改造世界的活动产生了"双刃剑"的作用,规制技术治理风险,防止绝对理性引发的次生政治风险和社会风险,是人类应对现代性后果风险的必然选择。现代社会风险治理技术型聚合趋势的呈现,一方面源于时代发展的客观规律,即技术本身有利于克服主观偏见并在具体风险预防的行动中表现出高于人的便捷灵活及精准;另一方面则是法治国家的内在要求,即风险治理的归责原则及权利保障的法治化程度都以权力体系对专业技术的尊重和应用为参考。但传染病的防控不单单是医学问题,当不明原因传染病暴发或引发疫情时,面对不确定的病因和传染源,第一时间做好有利于维护公共秩序和社会稳定的先手防范更为必要。因此,规制技术治理风险的路径应正确对待和运用技术治理的基础上建构既不过分崇拜也不盲目排斥的技术工具主义和功能主义。防止技术理性反噬政治理性与社会理性。[1]

一方面,完善技术治理嵌入行政决策理性的制度供给。技术权力化和权力技术化的治理逻辑是政府技术规制取向下权力转化的路径。[2] 面对传染性极强且不断变异的病毒,为了遏制疫情蔓延,平衡权力行使与权利克减,维护人民健康福祉,政府开展维护公众健康的决策需要朝着科学化和精细化发展。对建立在科学分析和专业评判基础上的技术活动赋予其在政府公共治理中更多的参与权能,需要在行政决策流程再造和政社互动制度的完善中稳步推进。当前技术赋能因配套制度体系的缺乏会导致发展缺乏可持续性,技术治理是实际运用中存在功效被极端化的问题,需要通过法律、制度

---

[1] 范如国:《平台技术赋能、公共博弈与复杂适应性治理》,载《中国社会科学》2021年第12期,第138页。

[2] 马长山:《数字社会的治理逻辑及其法治化展开》,载《法律科学》2021年5期,第6页。

等增加技术谋私的成本,关注信息安全与个人隐私保密等立法问题,建立技术赋能反馈平台,增强制度防范技术风险的能力。①

另一方面,明晰对技术治理赋能潜在风险的归责机制。新兴技术的应用本身就是风险治理中一个难以管控的风险源,对其可能引发的风险保持警惕要求对伦理责任形成足够的重视。人工智能能够极大地解决人力不足的缺陷,对于提升行政效率具有十分重要的意义,但必须重视尊重公民权利和自由以及信息保护问题。②确立"科技促进与伦理约束原则",在依赖科技进步的同时,对相关科学技术的研发、运用加强伦理约束和法律规制,从而在科技创新与伦理约束两方面实现平衡,使不确定性的未来具有某种程度的可控性。③科技促进与伦理约束原则关注的重点有两个:一是更好地维护生命健康而必须发挥现代科学技术的支撑和促进作用;二是以正确的伦理观、价值观审视和评价现代医药科技,对其发展和应用的方向予以规范约束,对正在发生偏斜的科技活动进行纠偏和校正,体现出对待科技的"促进"与"约束"并重的价值取向,也体现出卫生法对待医药科技的高度审慎姿态以及深刻反思态度。④法律归责体现了技术的社会价值从道德意义向法教义学责任的转化,用法律规制技术的风险,应当留意责任归属的一般性要素,其中包括技术自身更新换代的速度,以及归责所产生的成本。⑤在自愿—集中式数字接触追踪技术应用实践中,对个人隐私的过度采集、集中式的数据存储、不合目的的滥用易导致隐私风险,需要完善数据采集告知、接触追踪评估、算法解释、数据删除的法治化。⑥

---

① 马丽:《技术赋能嵌入重大风险治理的逻辑与挑战》,载《宁夏社会科学》2022年第1期,第61页。
② 参见张海滨:《全球化时代的公共卫生法治》,法律出版社2022年版,第14-16页。
③ 参见刘松涛、李建会:《断裂、不确定性与风险——试析科技风险及其伦理规避》,载《自然辩证法研究》2008年第2期,第20-25页。
④ 谢志勇:《卫生法基本原则论要》,载《比较法研究》2019年第3期,第14页。
⑤ 郑玉双:《破解技术中立难题——法律与科技之关系的法理学再思考》,载《华东政法大学学报》2018年第1期,第95页。
⑥ 参见张恩典:《数字接触追踪技术的实践类型、社会风险及法律规制》,载《法学论坛》2022第3期,第96-108页。

综上所述，面对传染病风险的不确定性引发的治理难题，纯粹的专业技术和绝对的行政的命令都难以实现获得广泛社会信赖和理解风险治理的最佳治理状态。但可以明确的是，现代社会风险防控需要将技术型治理作为一种手段，通过高效赋能和科学规制，找到专业体系与权力系统、社会系统的最佳互动机制，构建提升重大传染病风险预防高质量开展的规范进路。

第三节 协同共治推动构建群防群控的风险治理新格局

风险社会的时代背景客观要求共治应成为卫生法的基本原则之一。①随着医学模式的改变和社会的发展，公共卫生事业不再是卫生行政部门一家所能完成的了，是需要全社会的参与。从手段上讲，共治是基于协调和参与，而非基于控制和命令，此外，从权力（利）的运行上讲，不再是自上而下的组织、指挥和控制，而是上下平等协商、协调互动、合作治理。②坚持群众路线是中国共产党治国理政的优良传统。重大传染病风险不仅仅关乎人的健康与医疗救治的问题，也关乎社会安全与稳定，尤其是基层社会的稳定。在重大传染病风险预防中坚持群众路线，是我国防范化解突发公共卫生风险的法宝，不仅是对我国以人民为中心，推进基层治理体系和治理能力现代化的中国道路独特的生命力和优势的体现，也从"依靠人民"的角度出发推动公共卫生风险预防法治化、规范化、现代化建设的创新实践。依靠群众是《传染病防治法》规定的传染病防治方针的内容之一，坚持群防群控又进一步被写进《基本医疗卫生与健康促进法》中有关传染病防控的规定当中。③ 随着我国在传染病防控领域积累的经验不断增

---

① 申卫星：《卫生法学原论》，人民出版社 2022 年版，第 63 页。
② 丁冬：《食品安全社会共治的主体和路径》，载《中国社会科学报》2014 年 11 月 21 日。
③ 《中华人民共和国传染病防治法》第二条："国家对传染病防治实行预防为主的方针，防治结合、分类管理、依靠科学、依靠群众。"《中华人民共和国基本医疗卫生与健康促进法》第二十条第一款："国家建立传染病防控制度，制定传染病防治规划并组织实施，加强传染病监测预警，坚持预防为主、防治结合，联防联控、群防群控、源头防控、综合治理，阻断传播途径，保护易感人群，降低传染病的危害。"

多，传染病预防越来越强调社会共治，尤其是在管理传染源、及时切断传播途径方面，已经由过去单纯的生物医学模式向综合社会医学模式转变。[1]进而，在共治理念下，依靠群众，组织开展群防群控的基层传染病防控工作，是提升社会基层重大传染病风险预防韧性的重要内容。其一方面强调要依靠群众协助开展预警、预防、预测的专门工作，提升传染病风险群防群控效率；另一方面也要充分关注到基于预防的相关措施对日常生产生活的影响，研究如何更好应对公共卫生风险给基层社会稳定带来的挑战，如提升城乡社区自我服务、自我管理能力的路径，促进构建共建共治共享的社会治理共同体体制机制建设等当前基层社会在公共卫生治理中的突出问题。

一、建设社会治理共同体激发群防群控活力

社会治理共同体是社会成员基于信赖、互助、合作而自愿结成的社会治理主体，是我国基层社会群众路线实践开展的重要组织形式。建设社会治理共同体，是党的十九大以来在提升社会治理效能上提出的重要理念和方略[2]。社会治理共同体的"共同"生活方式，强调在社会治理的场域中实现一种共同的、彼此间达成相互理解与尊重、相互帮助与合作的公共生活。因此，共同体的意义就在于通过彼此联合、相互交往的公共领域，来破解现代社会风险对人类生活的威胁。[3] 群防群治是我国基层社会治理精细化发展的基本路线，其立足"以人民为中心"的核心要义，以依靠人民、服务人民、最大限度激发人民群众参与社会治理的积极性和创造性为目标，围绕三治融合、源头治理、多元共治的善治思想，促进城乡社区场域中乡镇（街道）、村（居）民委员会、基层社会力量等基层治理体制机

---

[1] 袁杰、丁巍、赵宁：《中华人民共和国基本医疗卫生与健康促进法释义》，中国民主法制出版社 2020 年版，第 67 页。

[2] 党的十九大报告提出"打造共建共治共享的社会治理格局"；党的十九届四中全会公报提出"建设人人有责、人人尽责、人人享有的社会治理共同体"；党的二十大报告提出"发展壮大群防群治力量，营造见义勇为社会氛围，建设人人有责、人人尽责、人人享有的社会治理共同体"。

[3] 参见张贤明、张力伟：《社会治理共同体：理论逻辑、价值目标与实践路径》，载《理论月刊》2021 年第 1 期，第 61 – 68 页。

制的完善。加强社会治理共同体建设,通过群防群控的方式整合基层社会力量协助政府、医疗卫生专业机构开展重大传染病风险排查、建立健全多点触发机制,对于推动基层社区重大传染病风险预防高效开展具有重要的理论价值和现实意义。

(一) 以人民为中心促进风险预防群策群力

实现好、维护好、发展好最广大人民的根本利益是国家治理的本质。党的十九大报告中把"坚持以人民为中心"作为新时代坚持和发展中国特色社会主义的重要内容,强调人民是历史的创造者,是决定党和国家前途命运的根本力量。党的二十大报告中把"坚持以人民为中心的发展思想"作为全面建设社会主义现代化国家的重要原则之一。坚持以人民为中心,构建人人有责、人人尽责、人人享有的社会治理共同体,既体现了当前我国社会治理现代化的目的是为了人民,坚持把人民群众最关心的问题作为社会治理的问题导向,使人民共享社会治理成果;也体现了社会治理需要依靠人民,相信、发动人民群众把对美好生活的追求转变为自主创造美好生活的具体实践。同时,行动目标的共意性促进共同体行动达成,群体成员以及群体外组织和潜在行动者对共同体支持的越高,行动目标的共意性越高,各种资源整合和动用的能力也就越强。[①] 推动构建社会治理共同体,正体现了国家坚持以人民为中心的价值追求,从治理组织系统化、治理成本最小化、治理效益最大化三个方面促进群防群控依法有效开展,也体现了推进国家治理体系和治理能力现代化背景下,对人民群众多形式参与社会治理的充分重视和具体回应。

(二) "三治融合"推动风险预防规范高效

"三治融合"坚持自治为基础、法治为保障、德治为先导是新时代"枫桥经验"创新发展的重大成果。"三治融合"被实践充分证明是科学有

---

① 参见张邦辉:《治理视域下社区共同体建构逻辑与完善策略——基于党的十九届五中全会社区治理案例解读》,载《北京航空航天大学学报》(社会科学版)2021年第2期,第1-7页。

效的善治方式。① 善治是使公共利益最大化的社会管理过程。其本质特征就在于它是政府与公民对公共生活的合作管理的最佳状态。② 从运行机制看,"三治融合"并非简单相加和组合,在组织架构上要处理好政府统筹和基层社会探索之间的紧张关系,在治理载体上寻找彰显自治活力、法治精神和德治正气的有效载体。③ 从保障机制看,要加强对"三治融合"的制度供给。"枫桥经验"健全完善的各类社团组织章程、村规民约(社区公约)、风俗习惯等社会规范,保证了制度供给的上下互动,使基层社会治理的制度供给独具特色,实现了治理的有效性。④ 从具体实施机制看,重视基层社会治理的精细化和可操作性。规范专门领域,提出具体目标,建设组织体系和机构,对工作人员提出明确要求,并将工作流程化,加强量化考核。⑤

自治、法治、德治"三治融合"的基层社会治理体系中,推进"三治融合"制度化、标准化,既是善治的手段,也是目的。通过社会治理共同体的构建及其作用的充分发挥,不断增强人民群众的获得感、幸福感、安全感,有利于为新发展阶段实现社会治理现代化和国家治理现代化奠定坚实基础。⑥ 同时,对现代社会组织的培育、孵化,促进政府与社会组织间的对话协商、共同行动,推动社会组织专业化、企业化、市场化运行是现代社会组织的重要内涵。⑦ 立足"三治融合",凝聚自治力量推动高效参与、加强党建引领推动治理规范、发挥德治亲润降低治理成本,完善群防群控,既是新时代社会主要矛盾变化背景下人民追求美好生活的主观意愿,

---

① 参见张文显:《"三治融合"之理》,载《治理研究》2020年第6期,第5-8页。
② 参见俞可平:《治理与善治》,社会科学文献出版社2000年版,第8页。
③ 参见郁建兴、任杰:《中国基层社会治理中的自治、法治与德治》,载《学术月刊》2018年第12期,第64页。
④ 参见汪世荣:《"枫桥经验"视野下的基层社会治理制度供给研究》,载《中国法学》2018年第6期,第8页。
⑤ 参见褚宸舸:《基层社会治理的标准化研究——以"枫桥经验"为例》,载《法学杂志》2019年第1期,第22页。
⑥ 参见徐行、王娜娜:《构建社会治理共同体的行动逻辑与现实路径》,载《国家治理》2020年第33期,第30页。
⑦ 参见魏礼群:《中国社会治理通论》,北京师范大学出版社2019年版,第190页。

也是政府负责推动社会参与多元共治治理格局下促进人民群众共享改革发展成果的内在要求。

(三) 多元参与增强风险预防的组织韧性

风险预防需要社会共治、合作治理。形塑社会治理共同体意味着现代多元共治越来越需要社会群体通过自下而上主动的集体行动,在不完全依赖公权力的基础上以最小的成本实现治理效能最大化。国家和政府应当完善制度供给,建立健全沟通交流渠道,激发基层群众性组织凝聚力量开展集体行动的自主性和自我服务参与社会治理的创造性。构建社会共同体既是新时代社会主要矛盾变化背景下人民追求美好生活的主观意愿,也是政府负责、社会参与多元共治格局下促进社会组织共享改革发展成果的客观要求。在实现现代化目标、逐步走向后现代化的过程中,单一的政府主体难以独自承担重大责任、抵御重大风险,需要引入政府之外的社会机制。[①]社会治理重心在基层,充分调动基层治理的内生力量,让群众参与治理的全过程,促进村(居)民议事会、业主委员会等群众自治组织作用,优化联防联控的社区治理机制是基层治理现代化的要义。从目前的现实情况看,基层社会自治能力偏弱,群众性组织发展不充分(公共卫生委员会在基层公共卫生实践中存在感较低),群众在基层社会治理中的主动参与意识不强,参与机制不健全。特别是人口流动频繁的地方,社区认同感弱,居民参与公共事务的意识淡薄,能动性难以有效调动。

二、源头治理提升群防群控效能

组织好、依靠好群众参与公共卫生风险预防,推动乡镇(街道)、社区、基层群众性自治组织等在传染病防控中充分发挥作用,是加强重大传染病风险治理的基础和关键。实现政府治理和社会调节、居民自治良性互

---

① 参见杨雪冬:《全球化:风险社会与复合治理》,载《马克思主义与现实》2004年第4期,第61-77页。

动,夯实基层社会治理基础的背景下,提升基层社会重大传染病风险预防效能,需要秉承服务群众、依靠群众的基本理念,将坚持群众路线的工作理念方法与重大传染病风险预防有机结合,激发社会基层配合和支持日常公共卫生预防政策的积极性和创造性,提升城乡社区在重大传染病相关事项上自我管理、自我服务的能力,推动基层社会重大传染病风险预防规范化、现代化。推进基层社会治理现代化背景之下,更加强调"市—县(区)—乡镇(街道)"三级在稳定社会风险,防范化解纠纷中的第一责任,如何强化地方责任,完善属地政府在推动重大传染病风险排查、监测、报告等多点触发预防功能的发挥,如何激发基层群众性自治组织参与公共卫生治理的积极性,需要在重大传染病风险预防基层治理法律制度的完善中进一步回应。

从规范构造上看,属地责任由行政机关自上而下配置行政权力产生,需要通过完善基层政权分级负责体制机制,强化属地管理。属地管理是支配各级各类治理主体履行法定义务,承担法律责任的依据和评价标准。立法者确立该原则的两项主要理由:一是有效整合应急资源并兼顾效率性与科学性,二是对突发事件实施全过程和主动式应对。其中,县(区)级以上人民政府是应对所有级别突发公共卫生事件的首要责任主体,相关政府职能部门与被授权组织在本级政府领导下履行法定职责。[1] 在《传染病防治法》征求意见稿的修订中,将传染病防控的首要责任主体进一步下沉至地方人民政府正是对加强基层基础责任的积极回应。以预警信息发布为例,立足信息的有效治理、及时传递,征求意见稿针对《传染病防治法》和《突发事件应对法》关于预警信息发布主体规定的冲突,以《突发事件应对法》为准,对《传染病防治法》第十九条进行了修订,赋予县级以上人民政府突发公共卫生事件预警信息发布权。具体来看,还须从以下两个方面进一步对重大传染病风险预防的属地责任进行明确:

第一,发挥好乡镇人民政府、居民委员会、村民委员会在疫情防控中的组织作用,激发基层群众性自治组织参与突发公共卫生事件防控应对的

---

[1] 参见戚建刚:《论突发公共卫生事件的"属地管理原则"》,载《当代法学》2020年第4期,第37页。

积极性。基层乡镇政府、街道办事处在传染病防控工作上具有属地管理优势，能够第一时间开展防控相关组织、协调和动员。统筹协调传染病防治工作中重大事项，及时汇报突发传染病、定期了解辖区内传染病流行情况和防治措施，协调保障防控措施落实，指导辖区群众性自治组织积极、充分参与日常预防和疫情防控。根据突发公共卫生事件的影响范围、危害程度、可控性等，细化中央与地方的管理责任，落实乡镇、街办等基层政府在突发公共卫生事件汇报、群防群控等方面的责任，能够有效提升传染病预警、防控、处置的效能。社会治理重心在基层，充分调动基层治理的内生力量，让群众参与治理的全过程，促进村（居）民委员会、业主委员会等群众自治组织作用，优化群防群控的社区治理机制是基层治理现代化的要义。

第二，乡镇人民政府、居民委员会、村民委员会应协助相关部门做好社区传染病防控宣传教育和健康提示，落实相关防控措施，根据政府授权及时收集、登记、核实、报送相关信息，并组织居民、村民参与社区、农村的传染病预防与控制活动。随着国家、政府、基层治理体系和治理能力现代化不断推进，行政机关通过"放管服"推动职能由管理迈向治理，需要将更多的精力聚焦到对基层力量、社会力量的引导、激发、促进中来，实现风险治理自下而上的高效互动。需要推进基层乡镇（街道）、城乡社区、医疗机构等社会组织积极参与重大传染病的预防、应对，构建政府主导、社会主体充分发挥作用的群防群控、联防联控机制。一方面，要正视和重视公共卫生委员会在基层公共卫生治理中的地位和作用，激活其协助政府及有关部门、公共卫生专业机构开展公共卫生服务和管理工作的功能，为基层健康生活营造良好的环境、为突发公共卫生事件的日常预防工作的有序高效开展做好组织保障。另一方面，要完善突发公共卫生事件网络直报系统、互联网、大数据信息化预警监测技术等在内的突发公共卫生监测预警和早期响应机制，使基层医疗机构、社区和企事业单位、社会公众报告突发公共卫生事件的通道更加顺畅。[①] 当下，社会生活的发展和城乡统筹一体化，使城市社区、乡村社区、城镇社区成为基层社会治理基本单元，

---

① 参见李雪峰：《防范化解社会领域重大风险》，国家行政管理出版社2020年，第135–141页。

目前社区的权力主体主要包括党委和政府的基层派出机构、业主代表机构、物业服务机构、社区治理的范畴也相应扩大到了政府之外的业主和市场范围中。因此，重大传染病群防群控的参与主体除了居委会、村委会外，业主委员会、物业公司、企事业单位等社会组织在疫情防控中作用的发挥也应被重视和激发。

第四节　坚持人类命运共同体积极参与风险预防全球治理

"人类是命运共同体，团结合作是战胜疫情最有力的武器。"① "人人享有健康是全人类共同愿景，也是共建人类命运共同体的重要组成部分。"② 人类健康共同体是人类命运共同体在公共卫生治理领域的具象和延伸，体现了对健康权和生命权的充分尊重和高度重视，表达了对人类发展和全球交往未来实践趋势积极负责的态度，充分描绘出中国在优秀传统文化浸润下作为负责任的大国参与国际公共卫生治理以及在相关领域开展合作的初心和行为准则。构建人类卫生健康共同体，是公共卫生议题下人类预防、应对重大传染病风险的必由之路。以促进全世界人民的健康为行动指南，推动全球卫生法律制度合理和协调有效，引导构建更具建设性和合作性的全球公共卫生治理，能够有效减少对当前全球卫生在公平促进上的存疑。③

一、合作共赢的治理观

马克思主义哲学观提出人类社会发展规律是物质存在与人的实践活动

---

① 习近平：《在第73届世界卫生大会视频会议开幕式上致辞》，载《人民日报》2020年5月19日，第1版。
② 习近平：《致信祝贺博鳌亚洲论坛全球健康论坛大会开幕》，载《人民日报》2019年6月12日，第1版。
③ 参见劳伦斯·O.高斯汀、艾琳·L.泰勒、郭晓明：《全球卫生法：一个定义和重大挑战》，载《法治社会》2022年第2期，第75－76页。

的有机统一,经济全球化背景下人类的物质交往呈现层次更深、范围更广的特点,构建人类命运共同体符合客观世界发展规律。从国家与世界的关系看,构建人类命运共同体,要求秉承正义和包容的国际协商交往原则,创建一个能够展示各国个性又以规则为基础的新平台。① 构建人类卫生健康共同体的逻辑起点需要从观念上找到超国家层面的价值认同,充分认识政治互信和卫生差距方面的现实困境,行动的重点在于通过互利合作助力人类卫生健康共同体理念的内在构建,通过求同存异开创人类健康安全的未来。②

我国5000多年的中华优秀传统文化为我们一次又一次战胜风险迎接考验提供了强大的力量支撑。全球化的发展扩大了传染病传播的空间、缩短了蔓延的时间,传染病越来越容易以区域化或全球化发展的趋势呈现,包括传染病在内的公共卫生风险治理的合作层次迈向全球国际合作成为必然。中国作为负责任的大国,一直以来积极参与全球疫情治理,维护国家安全、发挥国际人道主义精神,秉承和平发展共赢的目标,保持与世界卫生组织的积极合作,以援助和开展经贸合作等多种方式开展重大传染病防控的国际交流与合作,为实现国家间卫生公平作出了实际的贡献。

二、加强公共卫生国际合作

传染病作为重要的公共卫生议题被当下全球健康和全球合作所关注与当今世界国家间、地区间国际交往的普遍、频繁密不可分。2020年世界卫生大会的主题,"落实国际卫生条例""突发公共卫生事件的防范和应对""共享流感病毒以及获得疫苗和其他利益的大流行性流感防范框架"三个方面,成为目前全球卫生安全治理的主要领域。③ 全球合作客观导致了传

---

① 参见夏文斌、程倩:《人类命运共同体的哲学透视》,载《江淮论坛》2022年第3期,第6-10页。
② 参见刘姝:《人类卫生健康共同体:认同意蕴、治理限度和中国推进》,载《社会科学战线》2021年第10期,第197页。
③ 参见黄旸木、郭岩:《世界卫生大会全球卫生安全治理议题分析》,载《国际政治研究》2020年第3期,第137页。

染病流行风险增大,立足加强人类卫生安全风险防控,加强全球卫生安全治理成为国家和国际组织关注的重点。以卫生议题为核心的重大传染病治理所涉及的当前国际交往的场域不断扩大,其和国家安全与经济发展存在越来越密切的联系,各国以及双边与多边国际合作在突发重大传染病风险预防上投入更多关注和充分支持不仅是国家自我发展的重要内容,也是营造良好的外部条件和促进全球公共卫生安全的重要保障。

公共卫生问题具有典型的外部性,加之世界各国卫生治理能力差距较大,全球卫生治理的成效在很大程度上依赖于公共卫生合作国际机制的良好运行以及国际卫生公共产品的供给状况。[①] 加强对传染病风险预防的政治支持,积极开展多边合作,是传染病风险全球治理的愿景。21 世纪以来新型突发传染病的不断发生与全球化相交叠,迫使国际社会投入更多精力集中应对公共卫生风险。但较之国际社会在政治、经济、主权等传统安全议题上的主动和长期关注,对公共卫生议题的关注主要集中于传染病疫情期间及疫情之后短期内,传染病的国际合作和国际治理存在可持续性不足的结构缺陷。2002~2004 年非典的暴发暴露出《国际卫生条例》在全球合作应对传染病严重威胁上存在的不足与无力。之后国际卫生组织对其进行了修订,新的《国际卫生条例》要求各国在国家立法、政策和筹资、国家协作、风险通报等卫生防范领域应具备最低限度的核心能力,并应及时采取广泛的合作行动。可以看到,跨国、跨域是现代社会重大传染病传播的一大特点,其对健康造成的威胁也从个体之于国家安全与稳定延伸至国际往来之于全球稳定。因此,合作是国际社会重大传染病风险预防的必要手段,国家、主要国际组织、相关非国际组织等应各尽其能,打破民族主义、国家界限,放眼人类发展,自觉遵守并积极践行《国际卫生条例》、全球卫生安全议程等致力于加强公共卫生全球治理的机制,从政治、外交活动上积极推动公共卫生领域的有效合作。通过制定"大流行病公约",对《国际卫生条例》中有关人类卫生健康国际合作的遵守和实施条款进行修

---

① 参见冯峥:《从全球治理、国家治理到地方治理:重大疫情应对中的三层治理角色及其互动》,载《东北亚论坛》2020 年第 5 期,第 77 页。

订,着重明确各国在突发公共卫生事件的前端预防中的义务与责任。①

"历史和现实都告诉我们,只要国际社会秉持人类命运共同体理念,坚持多边主义、走团结合作之路,世界各国人民就一定能够携手应对各种全球性问题,共建美好地球家园。"② 人类健康视角下全球福祉的实现过程中必然会面临健康权与主权的冲突,如有关疫苗在全球的公平分配,一味地进行技术、数据的垄断不利于全球抗疫,全球化时代需要提高站位,以"人类卫生健康共同体"的理念为引领化解健康权与相关权利的冲突。③ 回看过往,重大突发性公共卫生事件既不是第一次,也很可能不会是最后一次,各种传统安全和非传统安全问题还会不断给人类带来新的考验。国际社会必须树立人类命运共同体意识,守望相助,携手应对风险挑战,共建美好地球家园。

---

① 参见肖永平:《论推动构建人类卫生健康共同体的法治方法》,载《东方法学》2022年的4期,第123页。
② 习近平:《在全国抗击新冠肺炎疫情表彰大会上的讲话》,人民出版社2020年版,第21-22页。
③ 参见张丽英:《人类卫生健康共同体视域下健康权法律问题的化解——以疫苗研发为切入点》,载《中国软科学》2021年第10期,第65页。

第三章

我国重大传染病风险预防治理的三维架构

法治中国和健康中国建设对科学高效的公共卫生治理提出了更高的要求，提升重大传染病风险预防治理效能，是推进国家治理体系和治理能力现代化背景下聚焦体制机制完善回应公共卫生风险治理领域新问题、新挑战的重要举措。重大传染病预防不仅是公共卫生问题，更是重要的公共安全议题。日常预防不充分、应急准备不及时，会对群体健康造成损害，进而引发社会对公共卫生管理及医疗卫生服务的不满，不利于风险社会信任机制和合作机制的构建。那么，立足提升重大传染病风险预防治理效能，推进重大传染病预防性治理实践不断推进的制度体系，应当是能够为政府及其相关职能部门、医疗卫生服务机构、社区、非政府组织、企业、科研单位等提供重大传染病监测识别、风险评估、预警报告统一规范指引，促进全社会依法有序高效参与健康促进与风险预防的公共卫生规范体系，是为风险社会提供全生命周期健康权保护最稳定的制度性保障。

第一节 我国重大传染病风险预防治理的规范体系

突发公共卫生事件事关国家安全、人民生命健康，党的十八大以来，围绕突发公共卫生风险防控，我国不断加强和完善公共卫生领域规范体系建设。总结我国在应对突发公共卫生事件实践探索的经验与智慧，坚持预防为主，加强突发公共卫生风险源头治理，围绕平战结合、科学精准防控策略，完善传染病预防的法治供给，立足预防提升传染病风险防控能力，应成为重大传染病风险治理的重要着力点之一。

一、我国重大传染病风险预防治理规范体系的基本框架

重大传染病是突发公共卫生事件的法定种类之一，围绕保障国家安全、促进人民健康发展、维护社会秩序稳定，我国重大传染病风险预防法律制度实际是由突发公共卫生事件及传染病相关规范构成的综合体系，是政府、社会和个人理性防控传染病的规范分析工具。风险立法的体系化之关键在于，解决单行立法中不同性质的公法与私法规范之间的内在张力，以及由此导致的外在制度体系的不协调。① 结构完整的法律制度对其所调整的法律关系应呈现为法律文本上的全面、系统。从我国一元两级多层次的立法体制看，完整的法律制度的逻辑结构强调横向立法和纵向立法上的平衡，在横向同一立法层级平面结构上，法律规范的内容需要保持条件假定、行为模式及法律后果的完整协调，纵向上对于跨越不同立法层级的立体结构上下层级立法权区隔时，法律规范也同样保持完整协调。②

法律具有指引、评价、预测、教育、强制的社会功能，完善的法律制度是依法、合理、科学、规范开展重大传染病风险预防的重要制度保障。统一协调的立法体系，既要保证同一法律位阶对同类问题的规定不存在冲突，又要充分发挥立法纵向效力逻辑，保障下位法及时跟进上位法的变化，以充分发挥法律的规范和指导作用。目前，我国重大传染病法律制度主要以法律、行政法规和部门规章、地方性法规和地方政府规章等不同位阶的规范文本构成。其中《宪法》是根本，《基本医疗卫生与健康促进法》是基

---

① 参见宋亚辉：《超越公私二分：风险领域的公私法合作理论》，商务印书馆2022年版，第144页。
② 参见谢勇、朱甚璋：《法律规范立体结构：理论及其实证检验》，载《湘潭大学学报》（哲学社会科学版）2022年第3期，第17-19页。

础，发挥着统筹作用，以《传染病防治法》《突发公共卫生事件应对法》（草案）为主，辅以相关行政法规、部门规章及地方性法规为核心，发挥专门性、具体性规范和指导作用。地方对标中央，结合地方特色和具体需求制定相应的地方性法规和地方政府规章，指导地方重大传染病防控工作依法开展。可以看到，当前我国重大传染病风险预防的法律规范体系较为完善，不仅有基础性法律、专门性法律，还形成了配套的规章条例、地方性法规和规章等立法文本，搭建起了重大传染病风险预防法律制度的基本法律架构。

为了落实党中央决策部署，按照全国人大常委会强化公共卫生法治保障立法修法工作计划安排，《传染病防治法》和《突发公共卫生事件应对法》两部直接指导和规范传染病防控的法律已被列入当前立法修法计划中。① 未来，我国重大传染病法律体系可能将以全国人民代表大会常务委员会制定的《突发公共卫生事件应对法》②《传染病防治法》为主干③，辅以国务院制定的《传染病防治法实施办法》行政法规进一步明确。

此外，2020 年以来突发公共卫生事件地方立法修法工作也陆续启动，截至 2022 年 8 月 31 日，部分地方已公布、实施了修改后的突发公共卫生事件地方性法规和地方政府规章，如表 3-1 所示。

---

① 2020 年 4 月 17 日第十三届全国人民代表大会常务委员会第 50 次委员长会议通过《十三届全国人大常委会强化公共卫生法治保障立法修法工作计划》，拟修改《传染病防治法》，同时提出可能需要制定新的法律和修改其他有关法律，提出新的立法项目，凡是实践需要、条件成熟的，适时安排审议。

② 2021 年 4 月 16 日第十三届全国人民代表大会常务委员会第 91 次委员长会议修改《全国人大常委会 2021 年度立法工作计划》，提出制定《突发公共卫生事件应对法》。2021 年 6 月 11 日，国务院办公厅印发《国务院 2021 年立法工作计划》，明确由国家卫生健康委负责起草《突发公共卫生事件应对法》草案，由国务院提请全国人大常委会审议。2021 年 1 月 16 日至 26 日，国家卫生健康委办公厅下发国卫办法规函〔2021〕29 号文件，对《突发公共卫生事件应对法》（草案征求意见稿）内部征求意见。2024 年 9 月 10 日，十四届全国人大常委会第十一次会议国务院提出了关于提请审议《突发公共卫生事件应对法》（草案）的议案。

③ 2020 年 6 月 1 日第十三届全国人民代表大会常务委员会第 58 次委员长会议修改《全国人大常委会 2020 年度立法工作计划》，提出修改《传染病防治法》。2020 年 6 月 26 日，国务院办公厅印发《国务院 2020 年立法工作计划》，明确由国家卫生健康委负责起草《传染病防治法》修订草案，由国务院提请全国人大常委会审议。2020 年 7 月 6 日至 20 日，国家卫生健康委办公厅下发国卫办法规函〔2020〕553 号文件，对《传染病防治法》（修订草案征求意见稿）内部征求意见。2023 年 10 月 13 日十四届全国人大常委会第六次会议国务院提请审议《传染病防治法》（修订草案）的议案，2024 年 9 月 10 日）十四届全国人大常委会第十一次会议国务院提请审议《传染病防治法》（修订草案二审稿）。

表 3–1　我国关于突发公共卫生事件的地方立法修改
情况一览（2020~2022 年）

年份	立法名称
2020 年	深圳经济特区突发公共卫生事件应急条例 上海市公共卫生应急管理条例 北京市突发公共卫生事件应急条例 浙江省突发公共卫生事件应急办法 天津市突发公共卫生事件应急管理办法
2021 年	香港特别行政区预防及控制疾病规例 珠海经济特区突发公共卫生事件应急条例 乌鲁木齐市突发公共卫生事件应急条例 河南省突发公共卫生事件应急办法 江西省突发公共卫生事件应急办法 山东省突发公共卫生事件应急办法
2022 年	汕头经济特区突发公共卫生事件应急条例

注：除上述罗列地区之外，重庆（重庆市突发公共卫生事件应急条例草案）、辽宁、湖北、河北、内蒙古自治区、江苏、安徽、湖南、陕西、山西、广西壮族自治区、海南、四川、青海、广东、吉林、台湾、澳门特别行政区等现行突发公共卫生事件地方性法规或地方政府规章多于 2004 年颁布实施，且多数地区也陆续进入对旧法的修改和草案审议阶段。为保障对我国地方立法情况研究的聚焦和研究更具代表性，本书选取的是我国省、自治区、直辖市、经济特区、特别行政区的突发公共卫生事件地方立法，未对设区的市的立法修法情况和其他涉及传染病防控的规范性文件悉数罗列。

二、我国重大传染病风险预防治理规范体系的主要内容

（一）我国重大传染病风险预防的基础性规范

我国《宪法》文本中虽然没有关于传染病风险预防的直接性规定，但是《宪法》对公共卫生治理的原则性、根本性规定是传染病预防的根本法律依据，也是重大传染病风险预防性治理过程中，处理基于对未知风险的先期干预而易引发的人权和公民的基本权利间、公权力与私权利间相互冲突的根本参照。《宪法》有较多条款都涉及卫生法上所尊崇和关注的价值，有些与公民基本权利直接相关，有些与国家机关的义务职责相关，有些与

禁止加害有关。①

（1）《宪法》呈现出国家公共卫生依法治理的积极责任。《宪法》确立了国家主导公共卫生治理的法治基础。在医疗卫生层面，我国《宪法》虽然并未直接表述"公众健康权"或者"健康权"的概念，但《宪法》第三十三条第三款规定："国家尊重和保障人权。"第二十一条第一款规定，"国家发展医疗卫生事业……保护人民健康"、第四十五条第一款"国家发展为公民享受这些权利……所和医疗卫生事业。"在公共卫生健康促进层面，《宪法》第二十六条、第八十九条第七项、第一百零七条第一款、第一百一十一条第二款分别明确了全国人大、国务院、地方政府、乡镇基层社会在公共卫生方面的职权与职责，从国家在保护和改善生活环境生态环境、促进卫生事业发展、提升基层社会公共卫生自治能力等方面明确了公众健康保障的基本原则。②

（2）《宪法》确定了公民在健康领域的基本权利和义务。《宪法》有关健康权的规定为重大传染病风险预防视域下的健康权保护及克减提供了根本性指导。《宪法》第三十六条、第五十一条从禁止加害、权利不得滥用的角度，规定了任何人不得在行使自由和权利的时候，损害其他公民的合法的自由和权利，或者利用宗教进行损害公民身体健康的活动，这是对生命健康权的消极保障。第五十一条、第五十三条则对公民自由和权利的行使进行了必要的限制，即要受到维护国家利益、社会利益、集体利益需求和遵循公共伦理道德的限制或约束。

（3）《宪法》明确了健康权保障的伦理基础。《宪法》要求基于健康权保护的科研活动开展，必须坚持以人民为中心。第四十七条从科学研究的角度，明确了国家对于从事教育、科学、技术、文学、艺术和其他文化事

---

① 参见解志勇：《卫生法基本原则论要》，载《比较法研究》2019年第3期，第1-20页。
② 《宪法》有关公共卫生治理的原则性规定，第二十一条："国家发展医疗卫生事业，发展现代医药和我国传统医药，鼓励和支持农村集体经济组织、国家企业事业组织和街道组织举办各种医疗卫生设施，开展群众性的卫生活动，保护人民健康。国家发展体育事业，开展群众性的体育活动，增强人民体质。"第一百零七条："县级以上地方各级人民政府依照法律规定的权限，管理本行政区域内的经济、教育、科学、文化、卫生、体育事业、城乡建设事业和财政、民政、公安、民族事务、司法行政、计划生育等行政工作，发布决定和命令，任免、培训、考核和奖惩行政工作人员。"

业的公民的有益于人民的创造性工作,给予鼓励和帮助。

(4)《中华人民共和国基本医疗卫生与健康促进法》进一步明确了健康权保障的总体要求。2019年12月28日,第十三届全国人民代表大会常务委员会第十五次会议通过了《中华人民共和国基本医疗卫生与健康促进法》(以下简称《基本医疗卫生与健康促进法》),自2020年6月1日起实施。《基本医疗卫生与健康促进法》的基础性规定既体现了现代民主法治国家公共卫生政策中有关疾病预防的一般规律,又明确了我国在促进预防为主的公共卫生法治建设中对包括传染病在内的疾病预防体制机制建设的基本要求。其法条规定的内容以方向性、原则性为主,从基本医疗卫生服务、医疗卫生组织体制、健康促进等内容对卫生法治事项进行了系统、综合、全面的规定。其基本功能是统率整个卫生法体系,使之形成一个有机的领域法律体系,保护各类卫生法主体的合法权益,解决争议,确保卫生事业、医药卫生科技朝着正确的方向发展,逐步完善中国特色社会主义卫生法治。

(二) 传染病防治法律及相应行政法规

《传染病防治法》是我国有关传染病防治的最直接相关的法律。针对传染病防控,《传染病防治法》从广义预防和狭义专门预防两个层面,坚持动态静态相结合,进行了相应规定,可以归纳为以下四个层面:第一,开展爱国卫生运动、建设和改造公共卫生设施、制定免疫规划;第二,传染病的分类、监测、报告、风险评估、流行病学调查;第三,传染病患者分诊、转诊、隔离医学观察、健康监测和社区防控指导以及传染病患者、病原携带者和疑似传染病患者管控;第四,对采供血、人畜共患传染病、病原微生物菌(毒)、水源、学校、托幼机构、养老机构、康复机构、福利机构、监管场所、国境口岸等传染病重点防控场所的管理。此外,国务院1991年12月6日公布《传染病防治法实施办法》是对《传染病防治法》进一步的明确和细化。

《传染病防治法实施办法》是配套行政法规。较之《传染病防治法》而言,《传染病防治法实施办法》(以下简称《实施办法》)存在一定的滞后性，没能对上位法的原则性规定予以进一步明确，导致对地方传染病防控实践的指导不充分。《传染病防治法》于1989年正式实施以来，分别在2003年进行了修订、2012年进行了修正，结合重大传染病防控中出现的新情况、新问题回应的新需求，当下又进入新一轮的修改中，并已形成了《传染病防治法》（修订草案征求意见稿）。作为《传染病防治法》的下位法，《实施办法》是与我国传染病防控直接相关的行政法规，也是对《传染病防治法》的细化和落实。《实施办法》于1991年12月6日正式实施以来未进行修改，已表现出与《传染病防治法》规定不匹配的地方，从法律的一致性看，应当及时进行修改，如表3-2所示。

表3-2　传染病防治法及其实施办法中有关传染病分类与报告的规定

	《传染病防治法》的基本规定	《传染病防治法实施办法》细化的内容
传染病分类	第一类：甲乙丙三类 第二类：不明原因聚集性疾病和异常健康事件	甲类、乙类、丙类
传染病疫情报告	甲类传以及其他传染病和不明原因：2小时内进行网络报告； 乙类：于24小时内进行网络； 丙类：国务院卫生健康主管部门规定的内容、程序进行	甲类传染病和乙类传染病中的艾滋病、肺炭疽：城镇于六小时内，农村于十二小时内向发病地的卫生防疫机构报告，并同时报出传染病报告卡； 乙类：城镇于十二小时内，农村于二十四小时内向发病地的卫生防疫机构报出传染病报告卡； 丙类：二十四小时内向发病地的卫生防疫机构报出传染病报告卡

可以看到，在对传染病分类和传染病疫情报告两项基本内容的规定上，《实施办法》与《传染病防治法》的规定存在不一致，虽然可根据上位法优于下位法的原则确定适用《传染病防治法》，但也导致了《实施办法》的功能没有实际发挥，行政法规的"中观"指导作用没有体现出来，也不利于法律制度整体的统一权威。

（三）突发公共卫生事件应对法律及相关行政法规

2021年4月21日，全国人大常委会发布2021年度立法工作计划，提出制定《突发公共卫生事件应对法》。2021年1月18日形成了《中华人民共和国突发公共卫生事件应对法》（修订草案征求意见稿），2024年9对《中华人民共和国突发公共卫生事件应对法》（草案）公开征求意见，在相关规定中，围绕风险预警和先期处置，进一步明确了应从建立多渠道信息共享的风险评估制度、建立健全预警系统、平台和智慧化预警多点触发机制等方面完善突发公共卫生事件风险预防机制。横向上看，其与《传染病防治法》之间相互交叉，完善了我国重大传染病防治法律制度的整体性；纵向上看，其与《突发公共卫生事件应急条例》《突发公共卫生事件与传染病疫情监测信息报告管理办法》之间是上位法与下位法的关系。未来《突发公共卫生事件应对法》颁布实施后，对突发公共卫生事件的依法治理更加全面系统，从法律位阶看，由条例到法律，其法律效力更高；从公共卫生治理内容看，从应急到应对，增加了事前的预防，内容更加全面。

需要注意的是，较之《传染病防治法》和《传染病防治法实施办法》的衔接，目前我国在突发公共卫生事件防控领域的行政法规还存在缺失。如前所述，当前我国正在研究制定《突发公共卫生事件应对法》（以下简称《应对法》），从形式上看，国务院的《突发公共卫生事件应急条例》（以下简称《应急条例》）作为行政法规应是《应对法》的下位法。但是，从调整范围上看，《应对法》与《应急条例》不是完全对应的上位法与下位法的关系。应对既包括风险发生前的预防也包括风险发生后的应急。《应急条例》主要是规范和指导风险发生后的应急行为，而不涉及日常预防。2024年《突发公共卫生事件应对法》（草案）的篇章体例中，从监测预警方面着重完善了对突发公共卫生事件的日常预防的规定，这是《应急条例》不涉及的地方。此外，近三年间，我国部分地方已经对各自突发公共卫生事件地方立法进行了修改，并颁布实施了新的突发公共卫生事件地方立法。如果从立法的系统性考察，在《应对法》没有正式颁布实施前，突发公共卫生应对地方立法的上位法是《应急条例》，但是从地方立法实际情况看，也都进一步围绕预防为主，对监测预警进行了补强。进而，在《应对法》和地方应对法规纷纷进入修改的形势下，《应急条例》的地位略显尴尬，对上无法承接《应对法》，对下无法指导地方突发公共卫生事件应对。

第二节 我国重大传染病风险预防治理的体制机制

重大传染病风险预防法律制度是以加强日常的前端预防和做好应急准备的中端预防为核心范畴的规范体系。对日常预防手段的规定应侧重于加强重大传染病风险的源头治理、系统治理，推动形成政府负责、专业支持、社会动员、全民参与的预防联动格局，将传染病"早发现、早报告、早隔离、早治疗"的四早方案规范化、制度化体现在具体法律规定中，形成对疑似患者、无症状感染者、密切接触者的医学检测和隔离防控实践精细化的明确指导。同时，对于应急准备阶段的预防手段，应立足于进入应急处置状态保持时刻准备，对人员组织保障（基层群防群控）、应急物资的长期投入和储备（集中管理）、调配（统一调拨、配送）以及预防体制机制建设的财政支持等方面的法律规范予以明确规定。通过对《传染病防治法》（修订草案二次审议稿）和《突发公共卫生事件应对法》（草案）两部专门法律（以下简称两法）以及2020年以来突发公共卫生事件应对地方性法规和地方政府规章的修法和立法情况进行梳理，有关重大传染病风险预防的法律规定主要集中在监测、风险评估、预警、预防与应急准备的体制机制建设的内容上。

一、传染病监测

根据两法的规定，我国传染病监测实施以各级疾病预防控制机构为主,多渠道哨点监测并行的监测机制,加强对重大传染病及不明原因传染病的预警监测,需要由疾病预防控制机构主责国家传染病监测平台建设,并完善多渠道来源的突发公共卫生事件线索信息监测平台建设。各级疾病预防控制机构监测的内容为国内发生、流行以及影响其发生、流行的因素;国外发生、国内尚未发生的传染病或者国内新发生的传染病。医疗卫生机构专业监测是重大传染病风险隐患排查、评估预警的主要方式,主要由疾病预防控制机构、医疗机构、检验检测机构、检验检疫机构、病原微生物实验室等分工负责,在《生物安全法》《国境卫生检疫法》《传染病防治法实施办法》《国境口岸卫生监督办法》《国境卫生检疫法实施细则》《病原微生物实验室生物安全管理条例》等有关疾控预防与生物安全类的法律、法规和规章中予以明确规定。疫情以来,重点公共场所（口岸）机场、火车站、汽车客运站、药店、食品集中交易市场等）监测哨点作用的发挥也在《突发公共卫生事件应对法》（草案）中进行了相应规定。①

《传染病防治法》（修订草案二次审议稿）进一步明确了各级疾病预防控制机构在传染病预防中的具体职责。当下,两法进一步围绕促进重大传染病早期监测能力提升,从加强重大传染病监测平台建设、完善多渠道监测机制方面进行相应规定。《传染病防治法》（修订草案二次审议稿）第四十一条第二款规定：国家加强传染病监测,依托传染病监测系统实行传染病疫情和突发公共卫生事件网络直报,建立重点传染病以及原因不明的传染病监测哨点,拓展传染病症状监测,收集传染病症候群、原因不明聚集性发病等信息,建立传染病病原学监测网络,多途径径、多渠道开展多病原监测,建立智慧化多点触发机制,增强监测的敏感性和准确性,提高实时分析、集中研判能力,及时发现传染病疫情以及突发公共卫生事件。《突发公共卫生事件应对法》（草案）中也对县级以上政府相关部门监测平台建设、社会参与和公众报告等监测机制的构建进行了具体规定。

---

① 参见《突发公共卫生事件应对法》（草案）第二十八条。

二、传染病风险评估

风险评估是风险治理的前提和基础,因为人们只有在对某种突发事件发生的风险进行评估之后,才能决定自己面对这种风险的应对策略。风险评估应用于现代突发公共卫生全生命周期的所有阶段,对于有效防范和应对突发公共卫生事件具有重要意义。风险评估旨在为有效的风险防控提供基于证据的信息和分析,有助于决策者对风险及其原因,后果和发生的可能性有更充分的理解。风险评估的目的不仅在于控制和减少风险因素,还在于建设一种更加积极主动的公共安全管理理念以及改善公众对于风险的认知和危机意识。①

作为风险规制的核心环节,风险评估能够产生两方面作用:一方面,通过风险评估改善政府和社会对风险的认识与理解。每次风险评估都会使政府和社会对既存风险的认识与理解得以深化,从而提高政府和社会应对风险的能力。另一方面,通过评估优化现有应急措施,以提升应急措施的科学性与有效性。风险评估需要法律保障。风险评估的权威性、有效性和规范性需要法律进行规定,但风险评估的技术性和专业性又决定了法律无法进行精确的规定。因此,风险评估的规则体系应当由法律(包括法规和规章)、评估规制和评估标准等构成,其中法律主要规定评估主体、职权、评估原则、评估的刚性要求等内容。而具体的操作规程则由行政部门根据评估的技术要求,通过下位法或者评估规则进行具体规定。

据此,重大传染病风险评估主要是对重大传染病疫情可能发生的风险及发展态势、可能造成的影响、可能产生的健康危害因素的专业研判,是行政机关对外发布预警信息的重要参考依据。根据两法的规定,县级以上人民政府及其相关部门、各级疾病预防控制机构在重大传染病风险评估中分工负责、相互协同。此外,《传染病防治法》(修订草案二次审议稿)就

---

① 朱凤才、沈孝兵主编:《公共卫生应急理论与实践》,东南大学出版社2017年版,第99页。

部分专家学者对疾控中心作为事业单位,在风险评估中功能的发挥受制于行政权,导致作用难以充分发挥,不利于风险预防效率的提升这一现实问题,进行了回应,在风险评估环节创新预防手段,[①] 赋予了各级疾病预防控制机构向社会发布健康风险提示的权限。[②]《突发公共卫生事件应对法》(草案)也明确了县级以上人民政府及其相关部门在风险评估中的统筹协调作用以及各级疾病预防控制机构在风险评估中的专门作用。《传染病防治法》(修订草案二次审议稿)第五十一条、五十二条进一步细化了疾病预防控制机构和卫生健康主管部门在风险评估中的职能衔接,明确了预警发布前的评估由疾病预防控制机构完成,疾病预防控制部门根据风险评估结果组织专家开展研判,进一步保障评估结果的准确性、科学性,同时将专家委员会的论证作为决策前的法定的程序,明晰了预警信息发布的决策机制,完善了行政机关依法、规范、高效决策的体制机制。即,各级疾病预防控制机构应当及时分析传染病及健康危害因素相关信息,评估发生传染病疫情的风险……经评估可能严重危害公众健康的,应当立即报告本级卫生健康主管部门,由卫生健康主管部门组织本级专家委员会进行分析研判。

三、传染病预警

预警是突发公共卫生事件即将发生或者发生的可能性增大时,由行政

[①] 钟南山院士提出:"应对突发性公共卫生事件,要提高疾控中心的地位。"杨绍滨、梁凯涛、范丹宏:《广州市新闻通气会举行广医专场介绍广医全方位抗疫战果》,广州医科大学新闻网,https://news.gzhmu.edu.cn/info/1035/3148.htm,访问时间:2021年8月5日。宋华琳教授提出"应以立法授予疾控机构必要的外部职能,并明确疾控机构的法定职责与法律责任。还应重构行政机关与疾控机构间关系,理性认识疾控机构的专业性和相对自主性。"《疾病预防控制机构法律地位的反思与重构》,载《探索与争鸣》2020年第4期,第197页。

[②] 《传染病防治法》(修订草案二次审议稿)第五十二条:"疾病预防控制机构根据传染病监测信息和传染病疫情风险评估结果,向社会发布健康风险提示;发现可能发生突发公共卫生事件,经评估认为需要发布预警的,向同级疾病预防控制部门提出发布预警的建议,疾病预防控制部门收到建议后应当及时组织专家进行分析研判,需要发布预警的,由卫生健康主管部门、疾病预防控制部门及时向同级人民政府提出发布预警的建议。"

机关依法主动、及时、公开发布警报,以最大限度保障公民生命健康权、维护国家安全和社会稳定的传染病风险预防措施。

(一) 预警多点触发机制

根据《突发公共卫生事件应对法》《传染病防治法》的规定,预警的级别和措施及解除是传染病预警制度的基本内容,同时,除了本行政区域内的预警工作外,行政机关还须做好毗邻以及相关地区的预警通报。随着我国京津冀、粤港澳大湾区等区域一体化发展的深入推进,加强区域间协同合作也是传染病疫情防控的重要着力点,预警作为重要的预防手段,区域间预警合作在上位法明确规定之后,已在地方立法中得到了相应体现。[①]此外,虽然我国已建成全球规模最大的法定传染病疫情和突发公共卫生事件网络直报系统,各级疾病预防控制机构现场流行病学调查能力大幅提升,为疫情控制提供了坚实的技术保障[②],但此系统目前仅在医疗机构和疾控机构内部的预警信息报告中运行,未能统筹整个社会面的预警信息报告资源,不利于预警信息的全面收集和分析。针对此问题,《突发公共卫生事件应对法》(草案)从更好地推动重大传染病早期监测预警能力的提升出发,在相关规定中对政府建立健全突发公共卫生事件预警系统、平台和智慧化预警多点触发机制进行了规定。

[①] 第一,粤港澳大湾区区域合作的开展:《珠海经济特区突发公共卫生事件应急条例》(2021年12月1日施行)第六十六条:"市政府应当推动与粤港澳大湾区其他城市及相邻地区开展突发公共卫生事件应急区域合作,建立和完善信息通报制度,联合开展应急演练,实行应急资源合作、应急物资生产联合保障、应急预案对接、应急措施联动,共同做好区域联防联控相关工作。"《深圳经济特区突发公共卫生事件应急条例》(2020年10月1日施行)第八十三条:"市人民政府应当推动粤港澳大湾区及其他周边城市开展突发公共卫生事件应急区域合作,建立和完善信息通报制度,联合开展应急演练,实行应急资源合作、应急物资生产联合保障、应急措施联动,共同做好区域联防联控相关工作。"第二,京津冀区域合作的开展《北京市突发公共卫生事件应急条例》(2020年9月25日实施)第十条:"本市推动京津冀突发公共卫生事件应急区域合作,联合开展应急演练,实行信息共享、应急资源合作、应急物资生产联合保障、重大应急策略和措施联动。"

[②] 国家卫生和计生委员会疾病预防控制局:《中国疾病预防控制工作进展(2015年)》,载国家健康卫生委员会网站, http://www.nhc.gov.cn/jkj/s7915v/201504/15695dca75d74dc48a7f2b6ded188c63.shtml,访问时间:2021年7月5日。

（二）预警期应急预案

突发传染病预案对于及时控制传染病扩散、有效降低传染病危害具有十分重要的意义，其为传染病防控工作高效开展提供具体指引，是传染病立法规范中有关预防环节的必要规定。我国传染病预案主要包括传染病总体预案和传染病专项预案，《突发公共卫生事件应对法》《传染病防治法》中在有关应急准备和传染病预防的规定中，明确了国务院、地方人民政府、卫生健康主管部门、应急管理部门及相关部门应当制定突发应急预案，同时也对预案的内容、公布、备案以及各预案间衔接的基本要求进行了规定。立足将应急响应的关口前移，除以往"应急预案"之外，还提出"预警期应急预案"，明确规定县级以上地方人民通过监测预警，根据即将发生的突发公共卫生事件的性质、可能造成的危害和影响范围及时启动应急预案，进而完善了预案的启动机制，有利于预案"先手防范"作用的充分发挥。

四、传染病防控保障

（一）医防结合

预防重大传染风险，需要医和防的协同共进，健全医疗卫生机构和疾病预防控制机构的联系互动机制是重点。疾病预防控制机构是监测、识别、评估传染病及其风险的专业机构，推动疾病预防控制与医疗救治机构功能融合，加强各级疾病预防控制机构对医疗机构和基层医疗卫生机构在传染病监测、识别、报告、调查、采样和感染控制上的技术指导和人员培训，是医防结合高效开展的基本要求。进而，《突发公共卫生事件应对法》（草案）对疾病预防控制机构和医疗机构在医防结合中的职责进行了明确，通过医疗机构和基层医疗卫生机构公共卫生职责清单和评价机制，加强对医疗卫生机构依法履行公共卫生职责的考核要求，同时明确了"疾病预防控制机构应当定期对医疗机构和基层医疗卫生机构进行技术指导和相关业务考核"提升医疗卫生机构传染病风险监测、安全防护、消毒,隔离等工作的规范操作能力,最大限度降低医院感染、医源性感染事件的发生。此外,对于医疗卫生机构而言,严格落实首诊报告制度,提升临床的风险识别效能。《北京市突发公共卫生事件应急条例》第十九条规定了"医疗卫生机构应当依法履行公共卫生职责,优化诊区布局,配备公共卫生医师,加强对临床医务人员的公共卫生技能培训,提升突发公共卫生事件监测、认知能力,防控院内感染。"

(二) 防控储备制度

充足的物资、场所、人员储备,是传染病防控实现由日常预防向应急状态快速衔接转换的重要保障。《突发公共卫生事件应对法》《传染病防治法》在相关规定中围绕预防为主原则,对提前做好相关储备进行了较为系统的规定。第一,在物资储备方面。《传染病防治法》(修订草案二次审议稿)[1]第八十五条第二款中明确了对于传染病防治的应急药品、医疗器械等应急物资,实行中央和地方两级专项储备,国务院相关部门负责建立应急物资库存动态调整和配置机制。第二,在应急场所储备方面。《突发公共卫生事件应对法》(草案)明确了日常人员安置、隔离医学观察、应急检验检疫和医疗救治等应急处置场所在空间布局、规划及配置上的储备工作应根据相关标准的要求规范开展,同时规定应制定应急处置场所平战转换制度及具体实施办法,保障日常预防与应急状态的快速衔接转换。[2]第三,卫生应急人员储备方面。其主要明确了对包括流行病学调查员在内的公共卫生应急队伍和公共卫生志愿者队伍建设的相关规定:其一,从公共卫生应急队伍总体建设看,强调加强卫生应急队伍的专业化,主要包括流行病学调查、医疗救治、实验室检测、卫生防护与环境消毒、心理危机干预、

---

[1] 《传染病防治法》(修订草案二次审议稿)第八十五条:"国家加强医药储备,将传染病防治相关药品、医疗器械和其他物资纳入公共卫生应急物资保障体系,实行中央和地方两级储备。国务院工业和信息化部门会同国务院有关部门,根据传染病预防、控制和公共卫生应急准备的需要,加强医药实物储备、产能储备、技术备,指导地方开展医药储备工作,完善储备调整、调用和轮换机制。"

[2] 参见《突发公共卫生事件应对法》(草案)第二十一条。

健康教育与风险沟通、社区指导、物资保障等专业人员组成,其应由县级以上地方各级人民政府卫生健康主管部门分级分类组建,卫生应急队伍应当定期组织开展培训和演练,提高队伍的应急实战能力。其二,在应急专业力量建设方面。《传染病防治法》(修订草案二次审议稿)第二十五条规定:二级以上医疗机构应当有专门的科室并指定专门的人员,承担本机构的传染病预防、控制和传染病疫情报告以及责任区域内的传染病预防工作。基层医疗卫生机构应当有专门的科室或者指定人员负责传染病预防、控制管理工作,在疾病预防控制机构指导下,承担本机构的传染病预防、控制和责任区域内的传染病健康教育、预防接种、传染病疫情报告、传染病患者健康监测以及城乡社区传染病疫情防控指导工作。其三,《突发公共卫生事件应对法》(草案)对公共卫生志愿者队伍建设进行了规定,明确了属地政府应当引领街道、社区关注志愿者的动员、引导、整合及上岗培训工作,并从日常生活、心理、物流等各方面充实志愿者队伍。①

(三)传染病风险预防社会动员

重大传染病风险防范需要全社会的共同参与,通过开展爱国卫生运动,倡导文明健康生活方式、增强人民群众公共卫生风险意识等社会动员,既有利于提升社会成员风险认知水平和预防自救互救能力,也有助于形成全社会风险预防的合力。《突发公共卫生事件应对法》(草案)第六条、《传染病防治法》(修订草案二次审议稿)对社会动员的体制机制予以明确。首先,各级人民政府及其有关部门负责建立健全包括开展爱国卫生运动,完善公共卫生基础设施,改善人居环境状况,加强社会健康管理,提高人民健康素养,提升全民健康水平等方式在内的社会动员机制;其次,企事业单位、社会组织(工会、共青团、妇联、红十字会等人民团体和群众团体及预防医学会等行业组织)、基层群众性自治组织(村民委员会、居民委员会及其下设公共卫生委员会)在各级政府的积极引导下有序参与日常的传染病风险预防、配合做好应急状态下的防控工作。

---

① 参见《突发公共卫生事件应对法》(草案)第十七条。

第三节 我国重大传染病风险预防
治理的内容及形式补齐

健康保护与促进本是一种重要的预防机制，是我国健康中国战略的重要环节。[①] 对当前我国关于突发公共卫生事件的规范性文件进行梳理，除《宪法》及突发公共卫生事件相关法律及规范性文件之外，《中华人民共和国基本医疗卫生与健康促进法》和传染病防控应急预案也是重大传染病预防的主要规范性依据。《基本医疗卫生与健康促进法》上承《宪法》、下启公共卫生法律规范，其内容较之《宪法》及健康中国政策有关公共卫生的相关规定更聚焦，较之突发公共卫生事件专门立法又更加宏观系统。应急预案在本质上是政府实施非常态管理时的执行方案，与法律规范存在本质差别，目前的国家和省级预案却创制补充了大量的法律规范用于弥补立法缺陷，事实上已使预案本身异化为应急法律体系的一部分，尤其是对法律规定的细化，并且分类更加精细，主要是为政府及其相关部门、医疗卫生专业机构以及社会各界等开展传染病防控行为提供更为明确和细致的指引，是落实精准化、精准化防控措施的规范性文件。

一、《基本医疗卫生与健康促进法》完善了对健康权的立体化保障

《基本医疗卫生与健康促进法》的出台回应了当前我国正处于全面推进"法治中国"和"健康中国"建设重要时期社会发展的现实需求，可以看作是我国公共卫生领域的基础性法律，其从以下三个方面规范指导重大传染病预防的统筹推进。

[①] 中共中央、国务院印发：《"健康中国 2030"规划纲要》，载中国政府网 http://www.gov.cn/zhengce/2016-10/25/content_5124174.htm，访问时间：2021 年 11 月 25 日。

（一）宏观上以健康促进为核心加强公共卫生风险源头治理

健康权的保障是健康促进的逻辑起点，《基本医疗卫生与健康促进法》总则对我国实施"健康中国"战略进行了明确的规定，从立法层面加强了健康促进的制度保障，也进一步强调了当下及未来，以保障公众健康权为核心的健康促进是我国公共卫生法治发展的重要内容。根据其第四条的规定，国家和社会通过普及健康生活、优化健康服务、发展健康产业等方式提升公民全生命周期健康水平。

立足以治病为中心向以健康维护为中心转变，通过第二章基本医疗卫生服务和第六章健康促进制度和措施的规定，明确了"健康促进"由理念向实践的转化机制，也更加贴近我国"健康中国"战略下推动形成"大卫生、大健康"格局的实践需求。通过规定与健康有关的食品、环境、健身、心理、生活方式等内容，进一步充实"健康促进"的有关内容，完善了通过法律的权威固化对人民健康发展全周期保障的制度建设。[①] 健康促进目标的实现，尤其需要通过国务院及各级人民政府、各级卫生健康主管部门以及相关部门依法高效履职，在互相配合下协同完成。

首先，国务院和各级人民政府在公共卫生行政管理中统筹保障医疗卫生事业的公益性，优化医疗卫生资源配置，构建与国民经济和社会发展水平相适应、与居民健康需求相匹配、体现系统完整、分工明确、功能互补、密切协作的整合医疗卫生服务体系，实现医疗卫生领域内的资源配置优化和分配正义。基本公共卫生服务是国家必须提供的公共产品，重视组织收集和反馈社会意见，了解人民群众在公共卫生服务领域最关心的问题和最急迫的需求，在此基础上将各种需求形成能够产生共鸣的公共卫生服务产品，有利于公共卫生服务与风险防范策略的高效开展。我国基本公共卫生服务包括针对群体健康的保健、疾病预防和促进的最基本服务，也包括公共卫生监测、计划免疫、传染病控制和突发公共卫生事件应急处理、妇幼

---

① 申卫星：《〈中华人民共和国基本医疗卫生与健康促进法〉理解与适用》，中国政法大学出版社2020年版，第25-27页。

保健、健康教育、职业与环境卫生（包括饮水和食品安全）等卫生服务。①《基本医疗卫生与健康促进法》将预防作为人民健康促进的首要环节，第六条中明确规定了将政府在健康促进上的履职能力纳入政府绩效考核中，进一步强调了政府在人民健康促进上的责任，完善了国民身体素质提升的制度保障。②

其次，卫生健康主管部门专责公共卫生与健康促进的具体工作。2018年3月，第十三届全国人民代表大会第一次会议批准通过了《国务院机构改革方案》，2018年2月27日，新组建的国家健康委员会正式挂牌。成为负责全国卫生健康工作的主管部门。2016年《"健康中国2030"规划纲要》明确提出了新时期卫生健康工作方式："以基层为重点，以改革为动力，预防为主，中西医并重，将健康融入所有政策，人民共建共享。"

最后，科教文卫等政府相关部门在各自职责领域配合完成公共卫生与健康促进工作。普及健康生活、优化健康服务、完善健康保障、建设健康环境、发展健康产业、建立健康制度、提升健康素养，需要相关部门切实履职、密切配合协助。财政、发改、经信等部门与卫生健康资源配置、经费投入等密切相关；国土与自然资源、农村农业、畜牧养殖、市场监管、环境保护等部门对涉及食品、药品、空气、饮水等基本生活资料的生产提供保障；宣传、文化、教育、体育等部门以及各类媒体、社会组织等均与公民健康教育、理念、行为习惯养成密切相关，需要共同发挥作用做好医疗卫生与健康促进工作。③

---

① 王宇、杨功焕：《中国公共卫生（理论卷）》，中国协和医科大学出版社2013年版，第317页。

② 《中华人民共和国基本医疗卫生与健康促进法》第六条："各级人民政府应当把人民健康放在优先发展的战略地位，将健康理念融入各项政策，坚持预防为主，完善健康促进工作体系，组织实施健康促进的规划和行动，推进全民健身，建立健康影响评估制度，将公民主要健康指标改善情况纳入政府目标责任考核。"

③ 申卫星：《〈中华人民共和国基本医疗卫生与健康促进法〉理解与适用》，中国政法大学出版社2020年版，第39-41页。

(二) 中观上明确了提升公共卫生风险预防能力的基本着力点

第一,推动公民基本医疗和公共卫生服务发展。《基本医疗卫生与健康促进法》第五条将法律调整重心限定在"基本医疗卫生服务",并将"基本医疗卫生服务"限定为"维护人体健康所必需、与经济社会发展水平相适应、公民可公平获得的,采用适宜药物、适宜技术、适宜设备提供的疾病预防、诊断、治疗、护理和康复等服务"。① 第十五条规定了国家建立基本医疗卫生制度,建立健全医疗卫生服务体系,保护和实现公民获得基本医疗卫生服务的权利。基本医疗卫生服务包括基本公共卫生服务和基本医疗服务。基本医疗服务由国家免费提供。② 第二十九条规定了主要由政府举办的医疗卫生机构提供基本医疗服务。鼓励社会力量举办的医疗卫生机构提供基本医疗服务。③ 从服务性质来说,基本医疗服务侧重于通过福利性和宣教性的服务,更好地保障群体健康的实现。医疗卫生中的服务手段由基本医疗救治服务和基本公共卫生服务两部分构成。其中,基本医疗救治服务是针对个体基本的临床医疗救治,满足每个人健康的刚性需求,尤其是有外部经济性的刚性需求的医疗服务,是国家最基本的职能之一。基本公共卫生服务则是针对群体健康的保健、疾病预防和促进的最基本服务,进而对于权力主体而言,必须从公平公正、公开透明、机会均等、受惠者利益最大化的角度出发,充实完善国家和社会医疗卫生资源,保证有关信息公开透明,效果和影响能够被公开评估和适时监管;促进各种基本医疗卫生服务的内容和方式与国家社会经济水平相适应。

---

① 《中华人民共和国基本医疗卫生与健康促进法》第五条:"国家应建立基本医疗卫生制度,建立健全医疗卫生服务体系,保护和实现公民获得基本医疗卫生服务的权利。其中的基本医疗卫生服务,是指维护人体健康所必需、与经济社会发展水平相适应、公民可公平获得的,采用适宜药物、适宜技术、适宜设备提供的疾病预防、诊断、治疗、护理和康复等服务,此服务应包括基本公共卫生服务和基本医疗服务,前者由国家免费提供。"

② 《中华人民共和国基本医疗卫生与健康促进法》第十五条第一款:"基本医疗卫生服务包括基本公共卫生服务和基本医疗服务。基本公共卫生服务由国家免费提供。"

③ 《中华人民共和国基本医疗卫生与健康促进法》第二十九条:"基本医疗服务主要由政府举办的医疗卫生机构提供。鼓励社会力量举办的医疗卫生机构提供基本医疗服务。"

第二,加强基层医疗卫生能力建设。基层医疗卫生服务能力的提升是基层社会践行预防为主、防治结合公共卫生治理政策的关键环节,是城乡居民享有优质高效的保健、救治医疗卫生服务的客观要求。《基本医疗卫生与健康促进法》规定,国家应采取多种措施提升基层医疗卫生服务能力,促进县级医院、乡镇卫生院、村卫生室、社区卫生服务中心(站)等公共卫生机构在疾病预防、保健、健康教育、接转诊方面基本医疗卫生服务能力的提升。① 随着我国城乡一体化建设和分级分诊医疗救治体系的完善,城市社区卫生服务中心(站)和农村地区乡镇卫生院、村卫生室等基层医疗卫生机构得以进一步普及和发展。社区卫生服务中心和乡镇卫生院负责提供基本公共卫生服务,以及常见病、多发病的诊疗、护理、康复等综合服务,并受县级卫生计生行政部门委托,承担辖区内的公共卫生管理工作,负责对村卫生室、社区卫生服务站的综合管理、技术指导和乡村医生的培训工作等。② 本法第十条首先明确了国家应重点支持县级以下医疗卫生机构发展,以提升基层医疗卫生服务能力;其次针对农村地区医疗卫生机构在硬件设施和人员配置上的不足和短板,在第三十四条第二款中明确规定国家应当建立健全农村医疗卫生服务网络;最后从功能上看,第三十五条中进一步明确了基层医疗卫生机构在预防、居民建档、康复、转诊等方面承担着重要职能,同时要积极配合好专业公共卫生机构和医院做好风险监测评估、救治等方面的医疗服务工作。

第三,完善国家对健康权的积极干预。《基本医疗卫生与健康促进法》围绕预防为主的公共卫生政策,对预防接种免疫规划、健康医疗数据信息

---

① 《中华人民共和国基本医疗卫生与健康促进法》第十条:"国家合理规划和配置医疗卫生资源,以基层为重点,采取多种措施优先支持县级以下医疗卫生机构发展,提高其医疗卫生服务能力。"第三十四条第二款:"国家加强县级医院、乡镇卫生院、村卫生室、社区卫生服务中心(站)和专业公共卫生机构等的建设,建立健全农村医疗卫生服务网络和城市社区卫生服务网络。"三十五条第一款:"基层医疗卫生机构主要提供预防、保健、健康教育、疾病管理,为居民建立健康档案,常见病、多发病的诊疗以及部分疾病的康复、护理,接收医院转诊患者,向医院转诊超出自身服务能力的患者等基本医疗卫生服务。"

② 申卫星:《〈中华人民共和国基本医疗卫生与健康促进法〉理解与适用》,中国政法大学出版社2020年版,第105页。

化建设、健康宣教和爱国卫生运动进行了明确的规定,构建起国家和社会主动干预公民健康生存和发展的预防性治理机制。第二十一条规定了居民有依法接种免疫规划疫苗的权利和义务,在《疫苗管理法》的基础之上,进一步强调了公民享有国家提供疫苗接种服务的权利,也应履行接种规范疫苗的义务。[①] 第四十九条明确规定了国家制定健康医疗数据采集、存储、分析和应用的技术标准,运用信息技术促进优质医疗卫生资源的普及与共享。并进一步明确县级以上人民政府应当加强医疗卫生服务新模式、新业态建设。第六十七条细化了健康教育须从治疗转向预防的政策,规定了各级人民政府、医疗卫生、教育、体育、宣传等机构、基层群众性自治组织和社会组织、新闻媒体承担健康教育知识普及的义务。第七十二条提出了构建健康城市、健康村镇、健康社区,发展群众性健康活动的爱国卫生运动的开展形式。

(三) 微观上进一步完善了公共卫生风险预防机制的上位法依据

预防是《基本医疗卫生与健康促进法》制定的主要理念之一,在重大传染病风险预防领域,本法也吸收融合《传染病防治法》《突发事件应对法》的相关规定,从政府疾病预防、个人健康保护、传染病监测预警、风险评估等方面,细化了国家通过健康危险因素事前干预和健康习惯养成的指导。进一步完善了基于疾病预防的传染病预防体制机制的基本格局,从立法层面丰富了我国重大传染病风险预防领域治理工作高质量开展的规范依据(见表3-3)。

---

① 我国疫苗有免疫规划疫苗和非免疫规划疫苗,其中接种免疫规划疫苗既是公民的权利也是公民的义务,对于非免疫规范疫苗的接种,由居民自由选择。《疫苗管理法》第六条第一款:"国家实行免疫规划制度。居住在中国境内的居民,依法享有接种免疫规划疫苗的权利,履行接种免疫规划疫苗的义务。政府免费向居民提供免疫规划疫苗。"第九十七条:"免疫规划疫苗,是指居民应当按照政府的规定接种的疫苗,包括国家免疫规划确定的疫苗,省、自治区、直辖市人民政府在执行国家免疫规划时增加的疫苗,以及县级以上人民政府或者其卫生健康主管部门组织的应急接种或者群体性预防接种所使用的疫苗。非免疫规划疫苗,是指由居民自愿接种的其他疫苗。"

表 3-3 《基本医疗卫生与健康促进法》中有关重大传染病预防的规定

主旨	内容
国家基于疾病预防的健康促进措施	第六条第一款 各级人民政府应当把人民健康放在优先发展的战略地位，将健康理念融入各项政策，坚持预防为主，完善健康促进工作体系，组织实施健康促进的规划和行动，推进全民健身，建立健康影响评估制度，将公民主要健康指标改善情况纳入政府目标责任考核。 第十六条第一款 国家采取措施，保障公民享有安全有效的基本公共卫生服务，控制影响健康的危险因素，提高疾病的预防控制水平。 第七十一条至第七十九条，分别规定了国家在疾病预防监测调查评估手段、爱国卫生运动以及关乎人民安全健康开展生产生活的重要领域和场所，应建立起相应的卫生制度
健康保护的个体责任	第六十九条 公民是自己健康的第一责任人，树立和践行对自己健康负责的健康管理理念，主动学习健康知识，提高健康素养，加强健康管理。倡导家庭成员相互关爱，形成符合自身和家庭特点的健康生活方式。 公民应当尊重他人的健康权利和利益，不得损害他人健康和社会公共利益
传染病预防工作的基本格局	第二十条 国家建立传染病防控制度，制定传染病防治规划并组织实施，加强传染病监测预警，坚持预防为主、防治结合，联防联控、群防群控、源头防控、综合治理，阻断传播途径，保护易感人群，降低传染病的危害。 任何组织和个人应当接受、配合医疗卫生机构为预防、控制、消除传染病危害依法采取的调查、检验、采集样本、隔离治疗、医学观察等措施

从表 3-3 的内容可以看出，《基本医疗卫生与健康促进法》整合了公共卫生服务体系中促进疾病预防制度化的手段，构建了系统化的疾病预防体制机制基本框架。

首先，对国家层面建设以疾病预防为基础的卫生制度的基本内容进行了总体规划。在本法第六章健康促进专章中，通过第七十一条至第七十九条的规定，分别明确了国家对公共卫生风险预防分析识别（第七十一条）及爱国卫生运动制度化常态化（第七十二条）的基本要求，还从饮食饮用水监管（第七十三条）、营养干预计划（第七十四条）、全民健身（第七十五条）、重点人群服务与护理（第七十六条）、公共场所卫生管理（第七十七条）、烟酒控制（第七十八条）、用人单位促进职工健康义务（第七十九条）等相关领域，对卫生管理制度的基本构成进行了规定。① 这些全面、系统地指明了做好重大传染病风险预防应当充分关注的具体领域。

其次，明确了人民政府及其卫生健康主管部门通过传染病防治规划、专项预案制定、健康危险因素控制等措施，推动疾病预防工作的系统高效开展。一方面，本法第十六条有关"国家控制影响健康的危险因素，提高疾病的预防控制水平"和第十七条对重大疾病和主要健康危险因素开展专项防控工作的规定，明确了对健康危险因素的防控是重大传染病预防的重要措施。另一方面，明确了重大疾病与健康危害因素监测是突发公共卫生事件防控的主要内容之一。②

再次，强调公民在健康促进上的个人义务和社会责任。根据本法第六十九条规定，公民既对个体健康承担着第一责任，同时也不得实施损害他人健康、公共健康的权益的行为。通过养成健康的生活饮食习惯，接种免疫规划疫苗，积极了解疾病预防知识等方式，有利于在主动促进个体健康发展的同时为疾病预防贡献个人力量；遵守传染病预防、控制措施，积极配合行政机关、社会组织防控工作的开展，不实施传播传染病、妨害传染病防治等危害国家安全、公共安全、社会秩序的违法犯罪行为，有利于最大限度降低传染病风险发生的人为因素。

最后，概括了传染病风险防控机制的基本架构。本法第二十条明确提出"国家建立传染病防控制度"是对预防为主的公共卫生治理方针在立法中的进一步回应。同时明确"加强传染病监测预警"和"联防联控、群防群控"也表明了传染病风险预防效能的提升既需要医疗卫生专业机构研判的技术支持，也需要理顺条块管理体制机制，提升风险预防的决策与执行质量，还需要政社协同，充分调动社会和人民群众在参与风险预防中的积极性和创造性。

---

① 参见袁杰、丁巍、赵宁：《中华人民共和国基本医疗卫生与健康促进法释义》，中国民主法制出版社 2020 年版，第 157－166 页。
② 根据《关于做好 2019 年基本公共卫生服务项目工作的通知》（国卫基层发〔2019〕52 号）的规定，自 2019 年 1 月 1 日起，有关突发公共卫生事件防控的基本公共卫生服务主要包括以下内容："健康教育、预防接种、传染病和突发公共卫生事件报告和处理、重大疾病与健康危害因素监测"。

二、应急预案及其法制化

（一）应急预案的性质及主要内容

应急预案是重大传染病风险预防的具体指引，是我国"一案三制"应急管理体系的组成部分之一。自2004年以来，国务院将"一案三制"应急预案、应急体制、应急机制、应急法制概括为应急管理体系的核心内容。应急管理制度主要包括预测预警制度、信息管理制度、决策指挥制度、组织协调制度、行动响应制度、处置救援制度、社会动员制度等。根据实质划分，可以分为组织结构性制度、行动程序性制度和维护保障性制度。[①] 各国应急管理经验亦表明，建立一套多层次、多领域的应急预案体系，要坚持预防与应急相结合、常态和非常态相结合。[②] 当前我国现有突发公共卫生事件预案及相关规范性文件主要由以下内容构成：

第一，从重大传染病防控体制机制看，主要包括日常防控和突发时期应急处置。日常防控方面，有国际卫生条例（2005年）、"健康中国2030"规划纲要、国务院关于印发"十三五"卫生与健康规划的通知（国发〔2016〕77号）、国务院办公厅关于印发国家突发事件应急体系建设"十三五"规划的通知（国办发〔2017〕2号）。从应急处置看，主要表现为国家和部门制定的应急预案（应急执行方案），包括国家突发公共事件总体应急预案、国家突发公共卫生事件应急预案、突发公共卫生事件分级内涵的释义（试行）、卫生部办公厅关于印发《突发公共卫生事件社区（乡镇）应急预案》；国务院关于全面加强应急管理工作的意见（国发〔2006〕24号）、国务院办公厅关于加强基层应急管理工作的意见（国办发〔2007〕52号）、国务院办公厅关于加强基层应急队伍建设的意见（国办发〔2009〕59号）、国务院办公厅国务院应急管理办公室关于印发突发事件应急演练

[①] 高小平、刘一弘：《中国应急管理制度创新：国家治理现代化视角》，中国人民大学出版社2020年版，第3页。
[②] 莫于川：《应急预案法治论——突发事件的应急预案的法治理论与制度构建》，法律出版社2020年版，第203页。

指南的通知（应急办函〔2009〕62号）、国务院办公厅关于印发突发事件应急预案管理办法的通知（国办发〔2013〕101号）等。

第二，从重大传染病防控处置的阶段看，涉及突发公共卫生事件发现、报告、预警、处置四个方面。其具体包括：突发公共卫生事件与传染病疫情监测信息报告管理办法（卫生部令第37号，2006年8月24日）、医疗机构传染病预检分诊管理办法（卫生部令第41号，2005年2月28日）、国家卫生计生委办公厅关于印发传染病信息报告管理规范（2015年版）的通知（国卫办疾控发〔2015〕53号）、卫生部办公厅关于印发《可能构成国际关注的突发公共卫生事件通报规则》的通知（卫办应急发〔2010〕136号）、卫生部办公厅关于印发《突发事件公共卫生风险评估管理办法》的通知（卫办应急发〔2012〕11号）、卫生部关于成立突发事件卫生应急专家咨询委员会的通知（卫应急发〔2011〕19号）、国家卫生健康委办公厅关于印发多部门突发公共卫生事件应急协调机制的通知（国卫办应急函〔2019〕209号）等。

（二）应急预案法制化

应急预案是突发公共卫生事件应急处置的具体操作指南，在突发公共卫生事件应急处置中发挥着直接指导的作用。应急预案作为政府主导的自上而下的政策动员过程，内容设置既依据政策也依照法律，可以转化为常规管理①（见图3-1）。

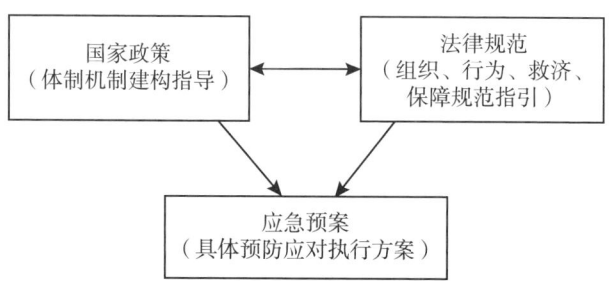

图3-1 我国重大传染病应急预案的规范体系

---

① 朱凤才、沈孝兵：《公共卫生应急——理论与实践》，东南大学出版社2017年版，第18页。

在预防为主的公共卫生风险治理中,促进和强化风险沟通,完善风险交流机制,增强公众形成普遍而自觉的风险感知力,需要建立在公众对风险决策的支持和理解基础上。较之国家政策和法律规范的公开公布机制,应急预案的社会知晓度较低,但其在应急管理规范中的数量较多,且种类繁多。随着应急法律体系的逐步完善,预案中的内容也不断被立法所吸收,上升为行政法规和规章,从而保证预案中的法规范内容具有合法性、有效性,就应该是法治国家原则的必然要求,而不仅仅是在形式上对"名实相副"的空洞追求。"①

未来可以适当减少应急预案的数量和种类,对于难以及时引入法律规范的应急预案内容,可通过《政府信息公开条例》等行政信息公开法律规范进行适当公布,保障其公共性、外部性、参与性。同时,在重大传染病风险预防语境下,基于常态下的日常预防和风险发生临界状态下的应急准备,传统的"一案三制"不足以充分应对,需要进行制度化修正。尤其重要的是做好日常的预防工作,防止从预防到应急准备的无序。

---

① 林鸿潮:《论应急预案的性质和效力——以国家和省级预案为考察对象》,载《法学家》2002年第2期,第22-30页。

第四章

提升我国重大传染病风险预防治理效能的总体策略

重大传染病风险预防的体制机制是突发公共卫生事件和传染病防控风险治理的重要组成部分,其建构和运行需要在科学规范高效的框架下实施。制度运行高效便利、参与主体职责明确是疫情防控法律体系构建的目标。[1]中国公共卫生治理随着经济社会现代化与疾病谱系的变化不断调试,整体上其理念由防疫转向保健,其目标面向从群体转移到个人,其主体结构与制度结构呈现日益多元化、高度科层化的发展趋势,治理技术趋向于精细化治理。因此,需要继续从理念层面促进防疫与保健并重、从结构层面引入并整合市场与社群力量、从技术层面强化专业机构增能赋权。[2] 进而,重大传染病风险预防治理通过对行政管理、政社互动、社会参与的组织管理体制、权力运行机制和权利保障机制的技术规则进行科学化、体系化、规范化的设计,能够为组织高效、行为规范的风险预防行动提供制度保障。现有体制机制对重大传染病风险的预警评估、行政决策和执行、社会共治等相关预防措施均进行了规定,未来还需要继续围绕促进制度间体系协调、机制明确、内容完备等,提升面临未知、新发重大传染病时的防控效能,以更好满足重大传染病风险预防及时、高效、规范开展的实践需求。

---

[1] 郭锋:《构建我国疫情防控法律体系的探讨》,载《财经法学》2020年第3期,第3页。
[2] 武晋、张雨薇:《中国公共卫生治理:范式演进、转换逻辑与效能提升》,载《求索》,2020年第4期,第178-180页。

第一节　完善重大传染病风险预防组织管理机制

权责清晰、互动高效的组织管理体制是重大传染病风险预防平战结合、精准科学、依法有序稳步推进的组织保障。如前所述，在《传染病防治法》（修订草案二次审议稿）、《突发公共卫生事件应对法》（草案）等有关法律法规的具体规定中，围绕分级管理，协同联动对传染病防控的管理体制进行了规定，基本明确了各级政府、相关部门、医疗卫生机构在突发公共卫生事件应对中的职责。但从实际运行效果看，既有的组织管理体制法律规范中，对有关重大传染病风险行政权能的规定不统一，未能对依法及时高效决策提供明确指引，导致风险预防的决策执行制度衔接不畅，立法系统性不足。此外，央地间、部门间政府风险预防组织管理的法律规范虽然较为清晰明确，但执法效果欠佳，导致条块管理的制度"失灵"。最后，未对新涉及临时设定的行政机构的法律地位进行明确规定，其在权责不清的情况下继续开展日常预防以及应急预防的防控管理工作，易导致政出多门的决策随意，不利于执法权威的维护，也易导致追责不畅和权利救济困难。因此，需要对信息报告制度、强制隔离、疾控中心功能定位、应急医疗体系、常态化的应急决策指挥机制等问题从法律上予以明确。[1]

一、提升科层制行政决策的效能

分级管理是科层制行政管理的基本模式，也是行政管理层级决策的内在运行机理，其强调对不同层级政府责任、部门责任、属地责任的清晰划分和统一界定，明确行政管理中的权责配置和责任追究机制。有权必有责，科层制行政决策的法规范不统一，则易导致行政不作为的消极决策。以重大传染

---

[1] 参见钟南山、曾益康、陈伟伟：《我国公共卫生治理现代化的法治保障》，载《法治社会》2022年第2期，第19–20页。

病政府预警信息发布为例,其既是重大传染病信息管理中的重要环节,也是预防阶段的重要决策行为之一,但是当前我国《传染病防治法》《突发事件应对法》等在对预警信息发布主体的规定上还存在一些冲突(见表4-1)。

表4-1　我国关于突发公共卫生事件预警信息发布权的规范性文件

法律规范			发布主体	
名称	实施时间	对应法条	卫生行政部门	人民政府
国家突发公共卫生事件应急预案	2006年2月26日	3.2	各级人民政府卫生行政部门	/
卫生部法定传染病疫情和突发公共卫生事件信息发布方案①	2006年3月3日	第1条	卫生部授权省级卫生行政部门	/
突发公共卫生事件与传染病疫情监测信息报告管理办法	2003年11月7日发布实施,2006年8月22日修改	第32条第1款	国务院卫生行政部门;省级人民政府卫生行政部门根据国务院卫生行政部门的授权	/
突发事件应对法	2007年11月1日	第43条	/	县级以上地方各级人民政府
突发公共卫生事件应急条例	2003年5月9日公布实施,2011年1月8日修订	第25条	国务院卫生行政主管部门;必要时,可以授权省级人民政府卫生行政部门	/
传染病防治法	2004年12月1日修订实施,2013年6月29日修正	第19条	国务院卫生行政主管部门	省级人民政府

---

① 经过2013年、2018年国务院两次机构改革,卫生部职责由国家卫生健康委员会承担。卫办发〔2006〕79号文件并未被废止。所以该文件对省级卫生行政部门预警信息发布的授权目前仍然具有法律效力。

可以看到，《突发事件应对法》和《传染病防治法》作为突发公共卫生事件法律规范体系中的两项主要立法，具有同等法律位阶，两者对政府预警信息发布权限的规定存在不同。《传染病防治法》和《突发事件应对法》的关系是旧的特别法新的一般法之间的关系，易导致地方在此种情形下进行选择性执法。《突发事件应对法》第四十三条规定发布权属于县级以上地方各级人民政府。《传染病防治法》第十九条规定预警信息发布主体为中央和地方（省）两级。而实际上自2006年起，该权力就按照《卫生部法定传染病疫情和突发公共卫生事件信息发布方案》下放到了省一级卫生行政部门。较之《突发事件应对法》确定的县级以上地方各级政府，《传染病防治法》更强调预警信息发布的省级政府负责。

对上述法律冲突，学界有观点认为，《传染病防治法》和《突发事件应对法》相比，前者属于特别法，应根据特别法优先适用的原则，以《传染病防治法》的规定为准。但根据新法优于旧法的原则，优先适用《突发事件应对法》的规定。[1] 还有观点认为，两法关于政府预警信息发布权限的规定并不冲突。《传染病防治法》第十九条只是对省级政府的预警权做出规定，并没有明确排除县级地方的预警权，而《突发事件应对法》第四十三条规定，县以下政府只在县级行政区域内享有预警发布权，这和省级政府统一发布本省的预警信息并不矛盾。[2]

此外，对于将预警信息发布权赋予县级以上政府的做法，学界也有不同的认识。有学者认为，从有利于应对和控制事态考量，均应统一授权县级以上地方各级人民政府为传染病暴发、流行时的传染病疫情信息、突发（公共卫生）事件预警，以及传染病预警相应级别警报的发布主体。[3] 也有学者持不同观点，认为直接下放预警权和疫情确定信息的宣布权到市、县并不恰当。地方市、县级政府在传染病科学、准确认定方面的资源条件和

---

[1] 参见彭辉、杨力：《突发公共事件，信息公开检讨，义务主体公开范围与责任体系》，载《城市治理研究》2020年第1期，第52页。
[2] 参见王旭：《重大传染病危机应对的行政组织法调控》，载《法学》2020年第3期，第79－80页。
[3] 参见胡晓翔：《浅议传染病疫情预警和信息发布机制》，载《南京医科大学学报（社会科学版）》2020年第1期，第4页。

研判能力不具有优势和条件,因而在确认结果的科学性和准确性上难以保证。同时,省级以下的各行政区域都可自主宣告传染病预警和公布疫情信息,继而启动各自的应急预案,极易导致混乱,影响全局性统筹安排。①

可以看到,《传染病防治法》和《突发事件应对法》在信息发布权总体设计方面并不一致,两者的关系属于旧的特别法新的一般法之间的关系,两者之间就预防发布权属的规定存在冲突,导致地方应对风险决策时易出现选择性的执法。未来应通过法律修订或修正来解决的问题包括以下内容。

第一,《传染病防治法》对信息公布权限的规定以卫生行政部门"条"的管理为主。在"块"的管理上,该法仅赋予省、自治区、直辖市人民政府预警信息发布权,后又通过原卫生部规范性文件将权力授权给省一级卫生行政部门。《传染病防治法》未规定市、县政府享有预警信息发布权,按照公权力法无授权不可为的基本原则,不应理解为是给市、县政府预警信息发布权留出一定的空间。

第二,《突发事件应对法》强调以"块"的管理为主,遵循以属地管理为主的原则,将信息发布权归属县级以上地方各级人民政府。《突发事件应对法》明确规定,县级以上地方各级人民政府具有预警信息发布权的做法,不仅是对地方政府履行预警信息发布责任的明确规定,而且也是落实属地管理的题中应有之义。《突发事件应对法》第四条规定:"国家建立统一领导、综合协调、分类管理、分级负责、属地管理为主的应急管理体制。"所谓属地管理为主,意味着只有当地方政府无力应对、需要中央提供帮助时,才由中央协调、指导或调配各方力量提供支持。

二、提升条块结合的政策执行效能

条块管理是我国行政权力运行体系,其核心是"条块"配置,是纵向

---

① 参见方世荣、孙思雨:《公共卫生事件"前预警期"的地方政府应对权配置》,载《云南社会科学》2020年第3期,第90页。

行政权力与横向行政权力的交锋。① 其中，横向行政权力主要体现为中央部委就其主管事项与地方政府间（以省一级为主）央地事权配置的规范联动，纵向权力体现为各级政府间对相应事项的决策、执行、监督的贯穿和配合，根据科层制的权力配置，县级以下行政机关及其基层行政组织主要的职责则在执行。就我国的国家治理现代化命题而言，纵向上因条条关系而产生的层级性治理问题，从横向因块块关系产生的多属性治理问题，斜向上因政府与社会的共生而产生的社会治理构成了中国政府权力运行的具体场景。②

当前，从条块管理机制嵌入平战结合的防控方案运行情况看，顶层设计和法律制度较为完备，《突发事件应对法》《传染病防治法》《医疗卫生领域中央与地方财政事权和支出责任划分改革方案》以及正在制定中的《突发公共卫生事件应对法》等对重大传染病防控事权的依法决策、执行进行了较为明确的规定，常态化防控和应急处置工作在党中央集中统一领导下积极稳步推进，国务院联防联控议事协调统筹及国家卫生健康委员会专责管理，分工指导，为重大传染病防控应对提供组织支持和科学指导。但是，较之中央依法有序防控的持续推进，部分防控政策在由地方政府或相关部门的落实中表现出被动和低效，国家卫生健康委员会作为重大传染病主管部门所制定的相关防控政策在地方的落实效果不佳，凸显了条块管理机制下央地、条块在风险治理上因事权、功能不同而产生的结构性差异，也体现出依法治理语境下中央和地方在治理能力上的差异。面对重大传染病因传播快、可预测性低等特点带来的防控难度，风险社会预防性治理的组织管理机制毫无疑问需要央地间、条块间的高效配合，地方如何依法、精准、规范落实中央科学精细的防控政策，国务院主管部门与地方政府间以及政府上下级之间如何高效配合，为推动治理能力均衡发展，需要在重大传染病风险预防法律规范中予以完善。

---

① 薛刚凌：《法治视野下的政府权力结构和运行机制研究——决策权、执行权、监督权的制约与协调问卷调查数据分析》，中国人民大学出版社2021年版，第21页。

② 郑智航：《国家治理现代化的中国逻辑及其展开》，载《法制与社会发展》2021年第3期，第72页。

第二节 完善重大传染病风险预防权力运行机制

重大传染病风险预防是以保障群体健康为目的的公共卫生风险治理,依法预防首先应理顺政府在群体健康保障和促进上的权力行使及责任承担机制。其要求政府在面对重大传染病风险的不确定性时,不仅要常备不懈做好日常预防,还要保证重大传染病突发时及时、充分组织好应急准备阶段的预防。无论是从预防原则的适用,还是从现代公共卫生法治对政府紧急权力扩张保持的审慎态度看,都对风险预防预警下的依法行政提出了更为严格和更高标准的形式法治及实质法治要求。即,即使是出于健康权保障的合法目的,重大传染病风险预防行为也必须接受更为严格的合法性及正当性检视,在多种措施可选择的情况下,必须采取最有利于保护公民基本权利的措施。

一、加强风险预防的权力规制

权力的行使规则和权利的保障规则是公共卫生法理论与实践的两大主题。[①] 在重大传染病风险预防语境下,政府及其有关部门在追求风险高效预防的同时,必须依法严格规范行使权力,充分尊重保障权利。可以看到,目的合理性只是政府组织实施风险预防的行政管理行为的前提和基础,而真正能对是否依法行政作出评价的必须是基于预防的行政许可、行政强制、行政处罚以及行政奖励是否严格规范公正。日常预防的稳步推进中,为及时切断风险源或防止风险扩大化所采取的行政规制,除强调防控效率之外,还须兼顾社会经济发展。一切限制权利的自由裁量权行使必须符合比例原则的最小侵害要求,涉及公民权利克减的行政行为

---

① See Edward P. Richards, *Public Health Law as Adminstrative Law: Example lessons*, journal of health care law & policy, Vol. 10, 2007, pp. 61 – 88.

程序法应当更加严苛。

当前《传染病防治法》《突发公共卫生事件应对法》以及《行政许可法》《行政强制法》《行政处罚法》等对政府及其相关部门在检测手段、隔离管控程序、涉医违法犯罪活动的联合惩戒措施等对公民人身、财产权利产生直接影响的行政决策、行政执法行为中有关权利救济和保障的实体要件及程序规定不完备，权力的事前监督的规定不充分，需要结合行政法的基本原理，从严格的程序规范和精细的实体规范两个层面，完善《传染病防治法》《突发公共卫生事件应对法》中预防与准备、法律责任、保障措施等章节的规定。

二、完善风险预防的评估研判机制

构建政社协同的风险预防机制是重大传染病风险预防法律制度的重要内容之一。重大传染病及其风险预防既是公共卫生领域的专业问题，又是行政管理的重要事项。面对传染病对群体健康的威胁以及防控不力可能引发的一系列社会风险，需要加强行政机关与专业机构之间的互动配合，将行政机关统筹规划与专业机构科学研判、有机结合。国家行政管理包括一般行政机关实施的跨部门综合性管理和由职能性行政机关实施的行业性专门管理。重大传染病风险预防应当是由国务院及地方各级人民政府实施综合管理以及由医疗卫生主管部门实施行业管理的行政事务。重大传染病防控属于公共卫生领域的问题，应由特定主体实施专门的调整或控制。[①] 可以看到，重大传染病的行政管理对专业性有较高的要求，根据我国传染病防控体制机制，专家、疾病预防控制机构、医疗卫生专业机构及其公共卫生医师等专业力量在重大传染病风险预防中发挥着重要的作用，是政社协同防范化解公共卫生风险的重要保障。

公共卫生专业力量的科学分析研判应得到行政机关的尊重和重视，不

---

① 参见苏玉菊：《"新公共卫生"法律规制模式研究——基于治理的视角》，法律出版社2015年版，第54页。

仅要保证相关领域专家的意见建议是完全在专业科学分析的基础上独立作出的，还要使这些专业意见能及时资政于行政机关的风险决策。专家论证、咨询制度是保证专家系统发挥作用和提升行政决策科学性的重要制度。[1]《法治政府建设实施纲要（2020~2025年）》中明确提出，各级行政机关要完善依法决策机制，规范决策流程，对专业性、技术性较强的决策事项，应当组织专家、专业机构进行论证。当前我国立法中，对专家参与决策论证的程序、疾病预防控制机构在风险预警中的自主权能以及公共卫生医师预警监测作用的充分发挥的法律规范还未充分实现推动行政管理优势与专业技术治理优势有机结合的指引效果，专业力量的研判充分及时资政，政社协同的风险治理制度系统性等相关实体性和程序性规范还有待完善。

三、促进风险预防与应急准备高效衔接

重大传染病风险应急准备是介于日常预防与应急处置之间的中间状态，较之日常预防，应急准备具有更高的紧迫性，相关预防措施的采取标准更多地向应急处置方向靠近。应急准备阶段的预防措施，强调政府作为应急活动的主导者，应在最大限度保障公共利益的基础上，率先对应急活动的各方当事者预先作出的一种程序上的制度安排。[2]

面对重大传染病风险的难预测性，做好科层制组织管理的同时，也必须有一套能够高效开展突发事件应急管理的非常态化行动机制，在最大限度维护国家和社会公共利益时，以最大限度缓解突发事件不确定性与应急管理及时、高效决策之间的矛盾。坚持预防为主，从时间和空间上构筑完备的风险防控常态化管理体制机制，完善日常预防与应急准备的紧密衔接机制，是提升重大传染病风险预防效能的重要内容。我国行政法以及

---

[1] 参见钟南山、曾益康、陈伟伟：《我国公共卫生治理现代化的法治保障》，载《法治社会》2022年第2期，第17页。
[2] 参见莫于川：《应急预案法治论——突发事件的应急预案的法治理论与制度构建》，法律出版社2020年版，第103页。

突发公共卫生事件和传染病防治的专门立法规范中，均对依法行政、合理行政的基本原理和要求进行了系统的规定，但多适用于日常的预防，对重大传染病应急准备状态下应当采取何种预防、如何防止过度预防的指引不明。

当前对应急准备阶段风险防控的规定较为笼统，相关权责配置的规范没有充分结合其作为一种风险发生的"中间状态"予以明确，导致风险行政应急决策的激励机制不足，应急准备存在或僵化或随意，难以实现效率与公平的最大化兼顾。可以说，较之普通场景，应急准备状态对依法行政和合理行政具有更高的要求，既要符合行政法治的基本原理又要满足应急法治的特殊要求。行政机关面临重大突发事件等紧急情况时实施行政应急措施，在追求风险高效防控的目的合法性之外，如何同时保障涉及权利让渡的预防措施目的合法、手段合理，最大限度地保护公民、法人和其他组织的权益，在及时控制风险的同时将对行政相对人的损害降到最低，目前行政法没有进行明确规定，传统行政法的基本原则难以完全形成对应急预防阶段依法行政、合理行政的具体指引。

第三节 完善重大传染病风险群防群控机制

传染病常传播于人群之中，并在社会面迅速扩散的特点给基层风险防控带来较大难度，城乡社区、村居民委员会是协助行政机关和医疗卫生专业机构开展重大传染病风险隐患排查、报告及防控动员等风险预防工作顺利开展的重要组织支持。规范村（居）委员会群众性自治组织的行为，防止其产生权力异化；提升基层群防群控能力，激发群众参与重大传染病风险预防的积极性和创造性，推动基层群众自治高效有序，既是重大传染病风险预防的重点，也是难点。我国现有传染病法律制度主要聚焦于行政法领域，集中于对政府自上而下风险预防的组织管理、协调统筹的指引，而对自下而上的基层群众风险预防的系统规范和指导不足，未将基层社会治理体系和治理能力现代化的要求及时融入法律规范中①，基层场域风险预防的组织保障规定不完善，基层群众性自治组织参与风险预防的规范性不足，激发群众参与积极性的制度供给不健全。

一、健全基层群众自治组织保障的制度供给

（一）促进基层组织管理体制统一规范

社会治理重心在基层，理顺基层治理组织机制，明确基层政府与群众性自治组织在治理中的互动机制，对于充分调动基层治理的内生力量，提升基层风险预防能力具有十分重要的意义。基层乡镇政府、街道办事处在传染病防控工作上具有属地管理优势，能够第一时间开展防控相关组织、协调和动员工作。根据宪法和村（居）民委员会组织法的规定，基层群众自治是基层政府指导下的自治。基层政府和居民委员会、村民委员会之间是指导关系，不是领导关系，加强乡镇、街道（社区）对村（居）民委员会的指导，是推动重大传染病风险防控群防群控高效有序的基础和关键。当前，居民委员会、村民委员会作为基层群众性自治组织的法律地位由宪法所明确，乡镇人民政府和街道办事处指导基层群众性自治组织开展传染病防控。根据村（居）民组织法的规定，基层政府和居民委员会、村民委员会之间是指导关系，不是领导关系。②

---

① 党的十九届四中全会《中共中央关于坚持和完善中国特色社会主义制度推进国家治理体系和治理能力现代化若干重大问题的决定》中关于坚持和完善共建共治共享的社会治理制度的内容提出"构建基层社会治理新格局，发挥群团组织、社会组织作用，发挥行业协会商会自律功能，实现政府治理和社会调节、居民自治良性互动，夯实基层社会治理基础。加快推进市域社会治理现代化。推动社会治理和服务重心向基层下移，把更多资源下沉到基层，更好提供精准化、精细化服务。"

② 《宪法》第一百一十一条："城市和农村按居民居住地区设立的居民委员会或者村民委员会是基层群众性自治组织。居民委员会、村民委员会的主任、副主任和委员由居民选举。居民委员会、村民委员会同基层政权的相互关系由法律规定。"《中华人民共和国村民委员会组织法》第五条："乡、民族乡、镇的人民政府对村民委员会的工作给予指导、支持和帮助，但是不得干预依法属于村民自治范围内的事项。"《中华人民共和国城市居民委员会组织法》第二条："不设区的市、市辖区的人民政府或者它的派出机关对居民委员会的工作给予指导、支持和帮助。居民委员会协助不设区的市、市辖区的人民政府或者它的派出机关开展工作。"

(二) 加强对公共卫生委员会地位和功能的关注

近年来，在加强基层社会治理背景下，城乡社区人民调解、治安保卫工作从实践做法到政策法规都取得较大进展，但相比之下，当前，公共卫生委员会作为村（居）委员会下设的专门开展基层公共卫生治理工作的群众性自治组织，在基层公共卫生治理中的独特作用和地位还未被充分认识，存在感较低，有关公共卫生委员会履职的具体指引难以匹配实践需求。历经疫情再一次让我们深切认识到基层群防群控在公共卫生治理中的重要性，同时村（居）委会日常要配合的工作领域众多，且人员、经费相对较少，缺少专门机构和人员负责公共卫生，导致省、市、区（县）部署的公共卫生工作难以有效落实的现实困境日益凸显。2020 年以来，我国各省区市总结疫情防控经验，陆续制订、修改地方健康促进和突发公共卫生应急管理方面的规范性文件，但从相关规定的具体内容看，直接涉及公共卫生委员会的内容较少，以村（居）委会代行相关职能的方式进行规定的情形较为普遍，在一定程度上反映出实践中对于公共卫生委员会重要性的认识不足（见表 4-2）。

表 4-2　我国关于健康促进和突发公共卫生事件的部分省区市规范性文件（2020~2021 年）

类型	名称	公布时间	对公共卫生委员会的具体规定
立法	《珠海经济特区突发公共卫生事件应急条例》	2021 年 9 月 27 日	无
	乌鲁木齐市突发公共卫生事件应急条例	2021 年 7 月 9 日	无
	河南省突发公共卫生事件应急办法	2021 年 4 月 23 日	无
	江西省突发公共卫生事件应急办法	2021 年 4 月 1 日	无
	山东省突发公共卫生事件应急办法	2021 年 2 月 7 日	无
	上海市公共卫生应急管理条例	2020 年 10 月 27 日	无
	浙江省突发公共卫生事件应急办法	2020 年 10 月 13 日	无

续表

类型	名称	公布时间	对公共卫生委员会的具体规定
立法	北京市突发公共卫生事件应急条例	2020年9月25日	第六条第三款：居民委员会、村民委员会应当组织辖区居民、村民和单位参与、协助和配合做好突发公共卫生事件应急工作，并根据需要设立公共卫生委员会或者由居民、村民较少的居民委员会、村民委员会成员分工负责公共卫生工作，健全公共卫生工作机制
	深圳经济特区突发公共卫生事件应急条例	2020年8月26日	无
	天津市突发公共卫生事件应急管理办法	2020年5月18日	无
	深圳经济特区健康条例	2020年10月29日	第五条第三款：区人民政府参照前款规定成立健康城区行动推进委员会，负责统筹推进健康城区建设。街道办事处成立健康社区行动推进委员会，社区基层组织成立健康社区工作小组，负责组织开展和实施健康社区建设工作

续表

类型	名称	公布时间	对公共卫生委员会的具体规定
规范性文件	《福建省人民代表大会常务委员会关于加强公共卫生工作、确保人民生命健康安全的决定》	2020年7月24日	强化村（居）民委员会公共卫生委员会建设，建立专职或者兼职的突发事件信息报告员制度，健全完善城乡社区网格化管理服务体系，推动公共卫生服务力量和配套资源下沉，协同做好应急状态下拉网排查、封闭管理、隔离转运、生活服务、人员照护等工作

从表4-2中部分省区市修改公布的有关公共卫生日常健康促进和应急处置的规范性文件看，主要为地方性立法和政策文件两大类。其中，只有《北京市突发公共卫生事件应急条例》和《福建省人民代表大会常务委员会关于加强公共卫生工作、确保人民生命健康安全的决定》在具体规定中明确提出"公共卫生委员会"；《深圳经济特区健康条例》虽然没有直接提及"公共卫生委员会"，但其中关于"成立健康城区行动推进委员会"的规定也在一定程度上反映出推进社区公共卫生治理专责化的趋势，与通过推进公共委员会建设进一步完善基层社会治理体系的内涵相一致；其他多数地方立法则未提及公共卫生委员会，其有关基层公共卫生群防群控的规定仍然以"村（居）民委员会"代行的方式为主。

虽然根据我国《村民委员会组织法》《城市居民委员会组织法》的规定，人民调解、治安保卫、公共卫生等委员会不是必须设立而是根据需要设立，但在当前推进基层社会治理体系和治理能力现代化的背景下，公共卫生委员会在基层治理中的专责性应被充分激发，直接用村（居）民委员会代替公共卫生委员会的做法不利于公共卫生委员会的推广及其功能的激活。长此以往,公共卫生委员会在组织开展群防群控,协助社区政府机构、卫生健康主管部门、医疗卫生专业机构开展公共卫生服务和管理等方面的工作效能大大萎缩,更加难以匹配疫情防控精细化、精准化的发展要求。未来,公共卫生委员会的作用应进一步激活而不是笼统由村(居)委员会代替。

二、推动基层合作共治充分高效开展

基层群众自治高效有序推进离不开群众的积极参与,也离不开政府的帮助与支持,基层群众自治应是政府主导下的自治。重大传染病作为一项公共议题,既是政府行政管理的重要任务也是群众参与社会治理的重要事项。重大传染病风险预防基层群众自治的规范体系,应对政府负责,支持引导传染病风险群防群控的制度保障予以明确,在基层社会治理体系和治理能力现代化背景下同时还应对群众的参与权、知情权提供充分的保障。进而从运行机制上看,基层群众自治的关键是政府负责和群众参与的合作共治,通过基层群众自我管理、自我服务的主动治理与政府支持引导提供外在帮助的路径予以实现。仅依靠政府管理的外在驱动或单靠群众自发组织,都容易使基层群防群控陷入形式主义或无序化。

(一)村(居)民委员会存在角色"行政化"与职能"去行政化"的困境

政府主导的基层群众自治是政府将其管理职能延伸至社区这一治理基本单元的表现,其目的是通过正式制度的严谨性、规范性和完善的考核评价机制,激发乡镇政府街道至村民居民委员会在社区管理中的使命,推动基层政府践行组织、指导、动员群众开展自治的义务,加强群众参与社区治理的制度保障。可以说,这种模式下的社区与政府间关系类似于传统居委会与街道政府间的关系。这种治理方式的目标更多侧重于提升管理效率而不是培育社区参与。批评者认为强化行政模式实质上增加了街道政府的权力而不是发展社区组织,因此这种模式是"内卷化"的。①

一方面,基层群众自治工作的需要在基层政府的领导下开展,在基层社区的队伍建设方面,城乡社区,包括村民、居民委员会主任,以及负责社区工作的专职和兼职工作人员需要政府提供,政府主导对于基层群众自治具有十分重要的意义。从方式上看,政府主导的基层群众自治以科层制的人才选拔机制为主,且主要担任社区书记、主任等管理职务。根据《事业单位人事管理条例》《中共中央、国务院关于加强和完善城乡社区治理的意见》等文件的规定,当前居民委员会主任、社区党组织书记可以选任或事业单位考试的方式配置岗位,通过对工作经历、专业、学历等进行相应要求,选拔能够胜任组织和推动社区工作较好开展的人员。② 从效果上看,政府主导的基层群众自治是正式制度,权责对等原则可作为评判治理合法性的直接依据。权责对等强调有权必有责,是对享有编制的工作人员履职的指引和约束,编制在给社区管理人员带来生存发展提供稳定保障的同时,也赋予其法定义务。根据《事业单位人事管理条例》《公务员法》等依法对执行上级命令、积极开展社区动员、宣教及群防群控工作的街道(乡镇)的社区(村)党组织书记、副书记和居(村)民委员会主任、副主任等进行绩效考核,相关考核的结果将直接影响其工资、晋升及奖惩等组织人事管理。

另一方面,在当前基层社会治理的实践中,村民委员会、居民委员会存在权能行使行政化思维与作为群众性自治组织属性定位的逻辑错位。实然层面行政化利用的传统路径依赖与应然层面作为基层群众性自治组织的

---

① 参见李慧凤:《中国城市基层治理:路径、方式与转型》,中国社会科学出版社2021年版,第22-23页。
② 中共中央、国务院:《关于加强和完善城乡社区治理的意见》(中发〔2017〕13号):"加强城乡社区党组织带头人队伍建设,选优配强社区党组织书记,加大从社区党组织书记中招录公务员和事业编制人员力度,注重把优秀社区党组织书记选拔到街道(乡镇)领导岗位,推动符合条件的社区党组织书记或班子成员通过依法选举担任基层群众性自治组织负责人或成员。"中共中央办公厅:《印发〈关于加强和改进城市基层党的建设工作的意见〉的通知》(中办发〔2019〕30号):"健全社区工作者职业体系,设立岗位等级序列,按规定落实报酬待遇,形成正常增长机制。加大从优秀社区工作者中招录(聘)公务员或事业单位工作人员、选拔街道干部力度。建立正向激励机制,加大表彰奖励力度,增强职业荣誉感,引导基层干部努力担当作为。"

法律定位冲突是居民委员会参与重大公共卫生风险防控的法治化困境。①尤其在面对重大传染病风险防控的考验时，村民委员会、居民委员会表现出职责范围内的组织动员能力不足、服务不到位，超越职责的层层加码现象频出，损害了其在社区治理中的凝聚力和社区群众的信任度，导致治理效能事倍功半。其作为群众性自治组织，对基层群众真实需求的回应与解决不足，不仅难以发挥其对基层群众组织、调动和激发的作用，反而会致使基层自治缺乏群众的参与，导致基层群众的冷漠，而陷入被动依赖行政管理提供支持的风险。而且，由于群众参与项目的设计和发起都是由政府进行的，当地方主政者调任或离任，这会在一定程度上导致相关项目不能持续进行，这在一定程度上会限制创新的可持续。②如同有学者指出，"虽然社区居委会名义上是自治组织，但实质上却一直在担当政府'形象代言人'角色"。③从治理方式上看，村民委员会、居委会更趋于命令性权力行使而非沟通服务式权益表达；从功能定位看，居委会更多地体现为政府职能在社区的延伸而非协助。实际上，无论是日常预防还是应急处置，居委会始终都是执行者而非决策者，其在如何协助政府和专业力量做好防控工作上具有自主决定权，政策本身的合法性和合理性瑕疵不会被视为认定居委会履职不力甚至是质疑其存在意义的根本，而日常预防和应急管理不同场景下群众参与式治理的自我管理、自我教育和自我服务能力则应成为评价居委会作用发挥的重要标准。

（二）加强基层群众协商共治制度保障

民主实践的发展和群众对美好生活的需求共同助力于作为非正式制度的群众自治的开展。自下而上的基层群众性自治组织以共同的利益为纽带，通过集体推选、个人自荐等灵活便捷的方式确定利益代理人或代理组织，

---

① 参见史增全：《论村委会在重大公共卫生风险防控中的法治化参与路径》，载《行政法学研究》2021年第3期，第42页。
② 参见李慧凤：《中国城市基层治理：路径、方式与转型》，中国社会科学出版社2021年版，第24页。
③ 王岩、魏崇辉：《基层社会治理的理性认知与实践路径探究》，载《中国行政管理》2016年第3期，第81–85页。

代表群众参与社区治理,表达意见和建议,督促反馈和落实。"从群众中来"自下而上自治能够较好反映出群众真实意愿,从而推动基于信赖的群防群控更具凝聚力。因此,推进基层合作共治,需要多元主体的参与和正式制度的保障。基层政府的支持是群众自治的外在驱动,村(居)民委员会、业主委员会等各类委员会的自我培育和发展是内在驱动。政府需要基于基层群众民主协商更多的制度支持和政策保障,激发群众的主人翁意识。

从形式上看,自下而上的群众驱动式自治更加关注沟通和交流的主动性,通过成立各类群众性委员会,如业主委员会、公共卫生委员会等,以为社区群众利益表达和享有更多的社区事务决策权搭建平台,提升群众参与社区自治的主动性、积极性,进而保障自我服务、自我管理的自治实践具有较强的可行性和针对性。从效果上看,自治作为非正式制度的维系,主要依靠群众民主实践推选的代表基于道德感、使命感的服务意识和群众的有效参与。且根据社区类型的不同,自治的效果也会因此大相径庭。例如,在商品房居多的规模化小区,业主委员会的成立和运行能够被较好保障,并与街道、居委会形成互动式沟通关系,实际开展社区自治。但在一些老旧小区,业主委员会则很难自发形成,通过"等靠要"依赖街道和村居委会是其主要管理方式,此种情况下自治的内在驱动是对美好生活的需求,但践行自治的外在客观条件却难以匹配。

自下而上群众主导型治理的运行逻辑能够激活基于真实意思表达的民主协商和沟通互动,以通过充分推进群众参与自治的积极性和创造性,实现以最小的治理成本换取最大治理效果。但其存在的短板是非正式性所带来的治理结构不稳定,导致长效化、系统化、规范化、专业化的组织管理机制构建和相关人员的培育难以保障,也成为影响自治效果的重要因素。未来,需要以完善政社互动沟通机制丰富社区多元共治的形式、载体为路径,围绕促进政府自上而下支持引导和群众自下而上积极参与契合衔接,对《村民组织法》《居民组织法》以及基层社会治理法规进行完善。

综上所述,当前较为突出的问题是对于村(居)民委员会权力异化的现象,现有法律规定的制约和规范机制作用发挥不充分。虽然根据我国《宪法》《民法典》及村(居)民委员会的规定,村(居)民委员会是基层群众性自治组织，但在实践中其权力异化现象较为普遍，现有法律规定没有对村（居）民委员会正确履职提供完备的指引，如在推选机制、意见建议反馈机制等方面的规定较为宽泛。此外，完善重大传染病风险预防法律制度，还需要对政府权力介入风险预防和基层群众参与风险预防的组织体制、运行机制法律规范进行系统规定。政府主导、统筹重大传染病风险预防的核心是权责配置和权力规制；基层群众群防群控的核心是参与权、知情权的激发和保障，即明确基层群众性自治组织如何充分有效参与到与健康权、自由权与密切相关的公共卫生事项的探讨和行动上。未来，应立足精细基准防控和合作协调防控，坚持依法防控的目标导向和预防为主的问题导向相结合，从国家安全和人民健康发展的战略高度来认识防范重大传染病风险的重要性，从内容和程序上体现出对重大传染病风险规制的力度、从运行效果上体现对健康权保护的温度，推动形成协调统一、科学完备的重大传染病风险预防法律制度。

第五章

提升我国重大传染病风险预防政府治理效能的规范进路

行政机关依法防控形塑着法治政府在突发公共卫生事件领域的治理体系和治理能力现代化。低效的治理本身就会成为风险社会产生的原因。政府及其相关部门作为权力的行使者和公共服务的提供者，如何用确定的因素（依法治理）规制不确定的因素（突发公共卫生风险），既是重大传染病风险预防的难点，也是重点。预防为主语境下重大传染病风险预防高效治理以促进和保障公众健康为目标，既包括在疾病发生前，政府应当采取预防措施减少或控制健康风险，以提高国民健康水平，也包括在疾病发生后，为避免疾病流行及发展为突发公共卫生事件，政府应当采取预防控制措施以减少、控制、消除公共卫生风险和危害。[1] 根据我国公共卫生领域的现实情况，结合《基本医疗卫生与健康促进法》《传染病防治法》的立法目的，当前我国公共卫生治理任务主要有两个面向：一是实现传染性疾病预防控制等以秩序维系为导向的控制治理；二是提供多样化的公共卫生服务，健全以服务供给为导向的促进治理。[2] 以此为基础探讨提升国重大传染病风险预防政府治理效能的规定进路，首先应研究完善政府公共卫生风险治理的行政规制的规范体系，确保一切风险预防政策和手段都在合法合理的前提下审慎实施。其次，考虑到较之普通场景的依法行政，重大传

---

[1] 杨雯：《我国公共卫生法预防为主原则的解释论》，载《法治社会》2024年第6期，第117页。
[2] 邢昕：《论公共卫生治理的政府责任》，载《求是学刊》2024年第2期，第117页。

染病风险预防对于行政效率有更高的要求，但同时也必须充分兼顾公平，此种情形下需要对政府风险决策的权责划分进行更为科学设计。最后，还应立足加强监督制约，明确如何将监督机制贯穿到政府风险治理全过程。

第一节 提升重大传染病风险预防政府治理效能的法理逻辑

法治政府依法行政离不开科学、合理的权力规制。现代公共卫生不断地突破原有的疾病预防的层次，政府作为公共卫生政策的组织者、领导者、制定者、执行者，是整个公共卫生体系维护的支柱，包括资源分配、人员配备、责任承担。政府将预防性手段应用于重大传染病风险治理，需要正确把握预防性措施的复杂性与正当化适用，明晰政府基于重大传染病风险预防目的下权力行使的边界。在面对风险是不确定的、多变的情况下，政府及其相关部门不仅应当积极采取措施进行治理；同时应当对管制的成本与收益进行评估，根据收益最大化来衡量所采取的风险预防措施或手段是否妥当、合理。

当权利和制度结合时，制度应为权利而存在，制度的建构和实施应以维护个人权利为要义。风险规制措施应当与突发事件可能造成的社会危害的性质、程度和范围相适应；有多种措施可供选择的，应当选择有利于最大限度地保护公民、法人和其他组织权益，且对他人权益损害和生态环境影响较小的措施，并根据情况变化及时调整，做到科学、精准、有效。[1]

一、加强权利保障

风险规制之兴起着眼于使公共行政行为提供一种新的、能够使风险规

---

[1] 参见：《突发事件应对法》第十条。

制过程合法化的解释框架以及相应的权利义务配置制度。① 公共卫生在本质上既是技术性的（关注科学技术的运用），更是政治性的（关注社会资源的分配，处理造成健康差异的社会决定因素）。② 公共卫生研究的内容包括：政府为确保人们享有健康生活（包括识别、预防与降低人群的健康风险）的条件应拥有哪些权力、承担哪些责任；政府为公共利益而限制个人自治、隐私、自由、所有权以及其他合法利益时，其权力应当受到何种限制。③ 法治国家、法治政府、法治社会一体建设，行政机关作为公共服务的提供者和公共事务的管理者，加强权利保护要坚持运用法治思维和法治方式预防处置、应对重大突发事件，着力实现越是工作重要、事情紧急越要坚持依法行政。④ 没有法律和行政法规依据，不得设定减损公民、法人和其他组织权利或者增加其义务的规范。⑤ 行政规制的过程也是基于被规制对象会对自身行为作出理性选择的假设而展开的，针对公共利益与个人利益之间的冲突，规制者必须坚守公平、合理、公共利益、自由、秩序、安全、人权等基本价值。⑥ 当政府基于风险预防的严格责任而必须面对未知进行决策时，如何高效行使权力，最大限度降低履职的主观随意，推进行政决策和行政行为向精准化、高质量纵深发展，是风险社会语境下政府治理现代化不可回避的问题。

为了保障公共利益，确保社会风险维持在可接受风险水平限度之内，行政机关可以介入私主体自我规制，为其提供必要的组织、程序规范，或者提供经济激励，并加强对自我规制的监督，以保证自我规制的可问责性。进而，基于加强权利保障的政府风险治理法逻辑的运行机理，表现为用法无授权即禁止的用权逻辑约束政府风险治理的行政行为，并根据目的正当

---

① 参见刘明全：《环境司法中预防性责任方式的分层建构》，载《华中科技大学学报（社会科学版）》2019年第3期，第81-93页。
② ［美］劳伦斯·高斯汀、林赛·威利：《公共卫生法：权力、责任、限制》，苏玉菊等译，北京大学出版社2021年版，第560页。
③ 同上，第5页。
④ 中共中央、国务院印发：《法治政府建设实施纲要（2021—2025年）》，2021年8月11日发布。
⑤ 中共中央印发：《法治社会建设实施纲要（2020—2025年）》，2020年12月7日发布。
⑥ 参见江必新：《国家治理现代化与行政法治》，中国法制出版社2016年版，第88-93页。

性和手段必要性，评判政府风险规避和风险化解的决策、执法行政行为（尤其是涉及权利克减的行政行为）是否依法合理。

发布规范性文件是行政机关履行管理职能的重要方式，也是风险治理语境下政府风险规制的基本手段，加强对政府部门规范性文件的备案审查，是促进行政决策更加科学、合理的重要举措。政府防控突发公共卫生事件风险通常需要在面对较大不确定性的情况下及时决策，较之立法修法程序烦琐、周期长，规范性文件的灵活性能够降低风险防控的时间成本，提高政府风险预防处置的效率。但是通过制定行政规范性文件实施公共卫生治理也带来了制定主体及行政万能、规避法定程序、创造制裁种类、乱设义务与责任等问题。[①] 无论是解决风险应对面临的知识不确定性问题，还是解决风险治理面临的社会不同群体认知和承受力差异问题，都对解决问题的程序制度具有很强的依赖性。透明度高、商讨型的风险治理过程让各类群体的利益得到充分表达和考虑，大大降低了可能触发的社会冲突。[②] 当前，对政府部门规范性文件是否需要报送人大常委会备案审查没有明确的规定，但其作为行政规范性文件的权能是明确的，从做好疫情防控及时快速的需求看，可在合理预见的基础上，对法律、行政法规、地方性法规、自治条例、单行条例的规定进行细化。进而，如果政府部门规范性文件规定的权利克减内容涉及超越上位法随意增加公民义务、转嫁政府责任的情形时，就可以通过备案审查程序予以及时发现和制止。

二、坚持职权法定

风险治理的国家立场强烈要求政府尽可能地承担起公共安全风险防范责任，坚持预防为主成为行政机关加强重大传染病风险防控的首要考量。法律作为一种规范制度，以制度来保障基本权利的存在和实现，它要求国

[①] 参见关保英：《疫情应对中行政规范性文件审查研究》，载《东方法学》2020年第6期，第77-89页。

[②] 参见王万华：《我国行政法法典编纂的程序主义进路选择》，载《中国法学》2021年第4期，第103-122页。

家必须建立某些法律制度,以确保基本权利的实现。对于这些法律制度赖以存在的基本规范,不得任意变更。依法行政目标的实现需要严格按照法律优先和法律保留明确权力干预的合法性依据。预防概念本身就是对结果发生之前的先期判断,用预防原则指引行政机关开展风险规制活动是在风险没有发生、即将发生或有很大发生可能性时做好提前预测、防范。没有法律和行政法规依据,不得设定减损公民、法人和其他组织权利或者增加其义务的规范。正如学者们在对风险社会与行政法治互动关系的研究中提出的,风险预防是面向未知而决策,传统法治的法律保留和比例原则不可避免地会受到冲击和挑战。对法律保留而言,根据具体风险特点来形成规制对策;对于比例原则,要验证规制手段符合比例也会极度困难。[1] 对私权主体的权利进行必要保障与对公权主体的依法特别限制之间,充斥着权利与权力的博弈,共同构成了看似二律背反、实则并行不悖的紧急状态下的法治图景。[2] 维护正当的法律价值追求与消除危机状态是一对客观存在的矛盾,处理不当就可能产生顾此失彼的恶果,通常表现为突发事件导致公共危机时政府对法治价值的偏离、对法律秩序的破坏。[3] 在依法行政的客观要求下,法律优先和法律保留就是评判行政行为合法性的唯一标准。

(一)防止权力肆意

行政行为的强制性和权威性应助力于恢复和维持公共权力与公民权利之间的良性互动关系,从根本上维护公民权利。政府出于维护安全等政治目标而规制当事人的行为时,需要受到严格的检视,必须满足非常严格的标准,以防止对基本权利的侵害。[4] 同时,风险预防是面向未知而决策,

---

[1] 参见赵宏:《城市治理中的"良法善治"如何展开》,载《探索与争鸣》2021年第7期,第52-55页。
[2] 参见谢晖:《论紧急状态中的国家治理》,载《法律科学》2020年第5期,第31-48页。
[3] 莫于川:《应急预案法治论——突发事件的应急预案的法治理论与制度构建》,法律出版社2020年版,第90页。
[4] 赵鹏:《风险社会的行政法回应以健康、环境风险规制为中心》,中国政法大学出版社2018年版,第98页。

其中的挑战既包括根据具体风险特点来形成规制对策，也包括比例原则的适用，需要验证规制手段符合比例。① 我国公共卫生预防为主的原则以促进和保障公众健康为价值目标，针对健康影响因素和公共卫生风险，要求国家履行预防义务并作出符合成本效益的预防措施。根据行政比例原则适度、必要，权利侵害最小的基本要求，体现为风险预防中行政指导、行政许可、行政处罚等行政行为的作出应当依法严格规范。聚焦到重大传染病风险预防中，既如何组织开展效率优先又不显失公平的预防措施，防止公权力的过度或随意行使对公民权益造成侵越，实现风险预防效果好、权利救济效能高的突发公共卫生事件依法治理目标。此外，政府在进行风险治理时，应尊重市场与社会主体自治的权利，对于"公民、法人或者其他组织能够自主决定的""市场竞争机制能够有效调节的""行业组织或者中介机构能够自律管理的""行政机关采用事后监督等其他行政管理方式能够解决的"，此时无须行政介入。简言之，风险治理行政规制应优先适用干预强度更低的规制工具。②

（二）推动决策合目的性和权利最小损害比例均衡

政府的风险预防政策的实施是政府主导、社会配合的机制，其中命令性、强制性政策会对公民基本权利进行不同程度的限制。推进政府治理体系和治理能力现代化，坚持以人民为中心的视角下，重大传染病风险预防需要走依法高效的精细化、精准化的路线。最小损害原则，要求行政决策采取对公民权利损害最小的方式设计有关风险预防的决策。例如，《突发事件应对法》第十一条规定："有关人民政府及其部门采取的应对突发事件的措施，应当与突发事件可能造成的社会危害的性质、程度和范围相适应；有多种措施可供选择的，应当选择有利于最大限度地保护公民、法人和其他组织权益的措施。"对于最小损害原则，学者认为，当政府实施应急

---

① 参见赵宏：《城市治理中的"良法善治"如何展开》，载《探索与争鸣》2021年第7期，第52-55页。

② 宋华琳、唐曼：《论行政许可事项的合理设定》，《思想战线》2024年第2期，第141页。

的疫情防控措施时,必须在多种方案、多种手段中选择对行政相对人权益损害最小的方案、手段来实施,即适用"最小损害(损失)原则",也称为比例原则中"必要性"原则。① 比例原则或"最小损害原则"的理解可能导致审查者对成本的理解和想象趋于片面,特别是可能由于过度纠结于防控措施施加于行政相对人的私人成本有无最小化,而忘记合理的公共政策应关注总体社会成本。② 在立法政策选择、行政举措权衡以及法院处理民事纠纷等语境中,比例原则也不应被广泛适用,而经济学的成本收益分析才是更适当的理性思维和决策方法。③ 虽然学界对最小损害原则的适用看法不一致,也提出最小损害目标的实现要考虑"社会成本",特别是比例原则将均衡性原则(要求通过该措施实现政策目标的收益大于其对行政相对人造成的损害成本和执法成本之和)的审查放在必要性原则(要求选择对当事人或行政相对人权益损害成本最小的措施)之后,可能使那些对行政相对人的权益损害成本较大但却能导致社会总成本较小的防控措施无法被采用。但本书认为,当重大传染病由风险转为实害,即由日常预防进入重大传染病暴发应急准备状态时,可以更多地立足于防控效率,适当考虑投入成本而放宽政策对权利的限制比例,但在日常预防阶段则必须严格遵循最小比例原则,即基于先手预防的行政决策,必须符合权利克减的最严格要求。因为,当处于重大传染病有较大发生可能性时,应急准备阶段的预防手段所强调的及时快速,易迫使行政机关以实施对公民权利克减的措施来保证行政效率。因为一味地强调权利,会导致行政应急效能难以保障。进而,基于最大限度降低重大传染病传播的风险,个人利益要服从公共利益,这意味着公民权利需要受到比平时更为严格的限制,包括禁止迁徙、出境、集会、游行、限制人身自由或财产自由等。④ 限权措施最终都指向对个体人性尊严的保障,这些限制构成了疫情防控下个体权利收缩的

---

① 叶必丰:《行政行为原理》,商务印书馆2019年版,第83页。
② 黄昭元:《宪法权利限制的司法审查标准——美国类型化多元标准模式的比较分析》,载《台湾大学法学论丛》2004年第3期,第128页。
③ 戴昕、张永健:《比例原则还是成本收益分析法学方法的批判性重构》,载《中外法学》2018年第6期,第1519页。
④ 杨开峰:《统筹失策:疫情之后的公共为主之治》,中国人民大学出版社2020年版,第115页。

边界,也同时确保抗疫工作能够在法治的框架下有序进行。① 从行政法视角出发,比例原则的具体适用,应慎重检视每一项行政行为在紧急状态发展全过程中是否契合该行政紧急举措初始设定的目的。② 对于易导致个人权利限缩的情形,应进行系统完备的规定,促进权力运行和权利保障都符合应急法治、行政法治的要求,保障权力干涉必须满足正当性,权利限制必须具有必要性。③

可以看到,重大传染病风险预防的政策大多符合目的性,但依法防控的难度主要在于对权利最小侵害和成本收益均衡的自由裁量权之把握,即,在保障人民群众生命安全和身体健康,高效防范重大传染病风险和保障行政相对人基本权利之间,如何进行损益均衡,如何尽可能削减疫情防控给经济社会发展带来的影响。需要将"最小损害原则"嵌入风险预防政策制定中,使政策的干预要促进比例原则和预防原则的平衡,满足人民的需求,实现经济和社会的自由。其中,按"最小损害"来进行文义理解,往往可以得出在应对那些造成性质严重、较高程度和较大范围社会危害的重大传染病时,应使用应对力度较大和实施成本较高的应对防控措施,反之,则应使用应对力度较小和实施成本较低的应对防控措施。对于后一种情形,使用实施成本较低的应对防控措施当然具有正当性;但在前一种情形下,那些能更有效地阻断或延缓传染病传播的防控措施并非一定需要更高的实施成本。

三、促进政社协同

在公共卫生治理过程中,行政机关通过政府责任承担的是秩序维系型控制治理以及服务供给型促进治理的低标准,市场和社会等多元治理主体在此基础上可以进行补充和升级。行政机关根据宪法和法律的规定,承担

---

① 赵宏:《疫情防控下个人的权利限缩与边界》,载《比较法研究》2020年第2期,第11页。
② 张妍妍:《行政紧急权力行使中比例原则的适用位阶分析》,载《人权研究》2020年第23卷,第57页。
③ 杨彤丹:《权力与权利的纠结——以公共健康为名义》,法律出版社2014年版,第102–113页。

秩序维系的最低保障，基层群众性自治组织、行业协会等可以通过民主决策等方式自主设定更高标准。对于公共卫生服务供给而言，行政任务承担基本公共卫生服务供给，而市场和社会可依据公众需要，供给满足有个体需求的进阶性公共卫生服务。[①] 重大传染病风险预防既是一项重要的公共政策，也是医疗卫生领域的专门性问题，政社协同的风险预防，要求专业力量充分有效参与政府重大传染病风险预防行政规制，这不仅是依法行政的内在要求，也是防范化解公共卫生风险的客观要求。

一方面，我国已经建立起较为完善的风险信息科学监测机制，具备技术服务行政决策的客观条件。常规传染病监测信息主要由各级疾病预防控制机构负责收集、分析、报告，由政府卫生行政部门负责通报。[②] 疾病预防控制机构的风险评估、健康提示等常规监测，是行政管理的重要技术支持，为政府及其相关行政部门做好职责范围内的风险预防工作提供重要技术参考，也是评价行政行为必要性、正当性的重要标准。《传染病防治法》（修订草案二次审议稿）在第五十一条、第五十二条也对此予以进一步明确。该法规定了由各级疾病预防控制机构负责评估疫情发生的风险，对于可能形成疫情发生态势的，由卫生健康主管部门组织专家研判；同时各级疾病预防控制机构可以根据日常监测和评估结果，向社会发布健康风险提示。

另一方面，政府在促进知识—权力高效互动的风险预防技术治理实践中发挥着重要的组织和推动作用。在具有高度科学技术性和政策性的风险治理领域，面对多元社会下的多元利益，有必要设计包容多元利益的审议程序，让所有重要利益在行政程序中得到代表和衡量，从而汲取专业意见，引入公众参与，凝聚社会共识。可接受风险水平的设定，应是行政、企业、协会、专家和消费者等具有不同立场的群体之间达成合意的统合性过程。[③]

---

① 邢昕：《论公共卫生治理的政府责任》，载《求是学刊》2024年第2期，第117页。
② 参见谢志勇：《公共卫生预警原则和机制建构研究》，载《中国法学》2021年第5期，第228页。
③ 宋华琳：《规则制定过程中的多元角色——以技术标准领域为中心的研讨》，《浙江学刊》2007年第3期。

从我国突发公共卫生事件风险预防机制的建设看，行政机关在突发公共卫生事件风险防范组织、决策、运行机制完善方案的设计上已充分认识到专业研判、专业风险评估等专业技术力量是行政决策的支持这一重要性，通过立法修法活动推动行政机关和专业力量协调互动，将各级疾病预防控制机构风险评估、卫生健康主管部门风险论证以及专家论证等作为政府发布突发公共卫生事件相关政策的必经程序，完善风险预防技术治理体制机制建设，是促进重大传染病风险预防效能提升的重要方向。在当下相关法律法规有关传染病监测、报告、预警等实体性规定已经较为完备的基础上，应进一步完善以下方面的程序性规定，为科层赋能和规制技术治理提供完备的客观保障。首先，需要优化科学研判机制，保障技术治理能够充分参与，使前述我国已建立的重大传染病预防体制机制能够充分运作，医疗卫生专业人员能够充分参与；其次，需要完善部门间权责配置和协同行动机制的政策、法规，明晰条块管理中的权责，侧面推动政府将技术研判作为决策前的惯性，克服行政决策主观随意。

综上所述，推动专业力量充分参与重大传染病风险预防，重在完善专业研判参与行政决策需要完备的程序保障。基于防范应对突发公共卫生风险的行政决策，需要加强与专业力量、社会公众等风险利益相关方以互信互助和理解的方式对未知风险进行有效沟通，以更好避免因行政决策风险交流自觉力不足而易引发的公众信任危机，防止损害政府公信力的消极决策效应的产生。因此，重大传染病风险防范语境下的依法高效行政，从风险点发现到风险评估再到面向社会开展风险防控，是政府及其相关部门、医疗卫生科研专业力量、社会公众作为风险利益相关方，在充分沟通的基础上各有侧重地发挥功能的过程，也是各方基于防范和化解风险的共同目标而保持协同和联动的过程，尤其对于临时性作出的附义务性、强制性行政措施。据此，未经过充分风险沟通和论证的决策，应以违反实体正义和程序正当的法治要求而被认定为无效。此外，还需要完善突发公共卫生事件网络直报系统、互联网、大数据信息化预警监测技术等在内的突发公共卫生监测预警和早期响应机制，使基层医疗机构、社区和企事业单位、社会公众报告突发公共卫生事件的通道更加顺畅。① 从当前我国突发公共卫生实践中的具体建设看，可从完善风险报告机制，健全药店、学校等主体的风险信息报告渠道、科学设计风险信息报告激励机制等方面着手，促进社会成员依法规范发挥风险预警作用。

四、引入行政应急原则

常态管理和应急管理虽然都需要坚持依法行政的底线，但在合理行政的要求上有不同侧重。常态管理通常是线性的单向度管理，应急管理则是非线性的、多向度的管理，常态管理一般奉行层级授权、区域分界、例外干预原则；应急管理则需要坚持跨层级管理、跨区域管理、直接干预原则；等等。② 非常状态下的行政行为，除了坚持行政合法性与行政合理性原则外，还应适当根据行政应急原则，增强对应急准备状态下行政行为的规范与指导。当前的法律规范中预防为主，防治结合的传染病防治基本原则没有在具体法律规定中得到充分的贯彻和体现，就非常状态下的应急准备阶段而言，预防原则能动适用的标准不明确，当重大传染病进入"有较大发生可能"的阶段时，基于依法预防和及时预防的预防限度指引不清晰，过于原则的规定亦无法激励决策主体的积极性。

行政应急性原则是突发事件应急状态下，行政机关基于最大限度维护公共利益、社会秩序和公民根本利益，所实施的应急性行政措施。行政应急原则指导下的行政行为，既包括在法律法规明确授权下作出的行政行为，也包括没有具体明确的法律依据，甚至会中断部分法律规范实施的行政行为。需要注意的是，对于第二种情形的行政行为而言，必须有相应的法律授权以及充分的法律救济机制作为保障。③ 出于应急紧迫性的需要，行政

---

① 李雪峰：《防范化解社会领域重大风险》，国家行政管理出版社2020年版，第135－141页。
② 高小平、刘一弘：《中国应急管理制度创新 国家治理现代化视角》，中国人民大学出版社2020年版，第45页。
③ 莫于川：《公共危机管理·行政指导措施·行政应急性原则——公共危机管理中的行政指导措施引出的行政法学思考片断》，载《公法研究》2005年第1期，第199页。

应急原则对于行政效率有着较为苛刻的要求，进而压缩了行政法一般原则在权力约束和程序严格上一直秉承的审慎要求。行政应急原则指引下的防控措施，呈现重效果轻过程，扩大了权力扩张的空间。行政应急性行政原则一直未被纳入行政法的基本原则中，主要源于行政原则从实体上和程序上对传统行政法中的法律优位原则和法律保留原则进行了削弱。① 可以看到，行政应急性原则的核心和最大特色是允许应急状态下可以优先考虑以让渡个人权益的方式确保行政效率，这与依法行政、合理行政原则强调的权力制约第一性不同。那么，结合依法、高效及时开展防控实践的重点和难点，本书的研究认为应急准备阶段，应急行政可以作为应急准备阶段的指导原则，但适用的范围必须严格控制和限缩，且应构建科学合理的评价机制，否则易引发基于应急防控的乱作为，造成公众对政府的信任危机。因此，重大传染病风险预防语境下，行政应急原则只能适应于应急准备阶段而不适用于常态化预防，其目的在于最大限度激发和提升政府应对风险及时决策的勇气和能力，同时需要根据相关防控措施所取得的效能与限制的权利是否符合比例原则，对该项行政措施的合法性进行评估。

因此，《传染病防治法》《突发公共卫生事件应对法》应在对法律责任追究机制中，根据行政应急原则的指导对应急准备状态下政府风险决策及时性的行政裁量权是否合理的评判标准适当放宽，在确保行政目的合法的前提下，对于法益保护、风险防范效果大于权利克减范畴的应急决策，应适当增加免责条款，并在后续通过规范性文件备案审查机制对该措施的存续、废除作出明确规定。

第二节 完善政府重大传染病风险预防组织管理机制

在重大传染病风险预防中，政府作为公共事项的管理者和服务者，就

---

① 戚建刚：《我国应急行政主体制度之反思与重构》，载《法商研究》2007年第3期，第79页。

风险预防的权力运行需要快速、及时回应社会关切,有关重大传染病风险预防的决策、综合管理及执行的行政组织管理结构不仅应体现科层制的规范性,也应兼具高效应对风险韧性的灵活性。立足风险治理系统性,从完善风险决策、风险评估再到风险沟通的组织互动出发,对重大传染病风险预防行政组织进行规范和再造,是政府应对重大传染病风险不确定性、社会外溢性、社会无差别性等传播扩散特点,做好先手防范的重要着力点。以公共行政为基本任务取向的行政组织法律制度变革,要满足中央事权与地方事权相统一,技术性与管制性相协调,可持续性、常态法治与非常态法治衔接转换等要求。① 具体来看,主要涉及央地间层级配合、部门间协同联动的决策执行组织管理法律制度,对"关键少数"的人事管理法律制度以及权力监督制约法律制度。

一、完善央地高效互动管理机制

我国《宪法》《国务院组织法》《基本医疗卫生与健康促进法》以及《传染病防治法》《突发事件应对法》等突发公共卫生事件专门性法律规范中,均明确规定了国务院及国家卫生健康委员会在公共卫生行政管理中发挥着管理、协调以及指导作用,地方政府及其卫生健康委员会负责属地管理工作。其中,国务院根据宪法和法律的规定统一领导管理全国卫生行政工作,对相关部委就公共卫生风险预防的方针、政策及重大行政措施进行综合把控;国家卫生健康委员会作为公共卫生工作的直接主管部门,主责公共卫生领域专门行政工作,指导疾病预防控制、医疗救治、健康促进工作科学开展,管理并协调医疗卫生领域政社互动充分高效;地方各级人民政府和县级以上地方各级人民政府有关部门根据有关法律、法规、规章,结合本地区的实际情况,对省、市、县、街道四级公共卫生行政事务进行统筹管理。②

---

① 崔俊杰:《公共行政任务取向的疾病预防控制体系改革》,载《行政法学研究》2020 年第 5 期,第 102 页。
② 参见《宪法》(2018 年修正文本)第八十九条、《国务院组织法》第四条、《传染病防治法》第五条、《突发事件应对法》第九条。

从组织法视角看，中央领导与地方负责高效互动组织联动的实现要以明确的组织属性、规范的组织机制、权责清晰的归责机制为基本要件。国务院以及地方各级人民政府、国家卫生健康委员会以及地方卫生健康主管部门作为传统行政组织机构，其在行政组织管理中作为行政主体的法律地位清晰明确，具有稳定的组织管理机制和清晰的权责归属标准。同时，为更好应对突发、未知的传染病，成立临时性指挥机构，构建以"效率—责任"为特征的征迁工作体系，以实现"组织权威强、组织整合度高"的治理效果也是必要的。① 可以看到，较之传统科层制行政管理体制，指挥部、领导小组以及工作专班等基于应急管理紧迫性而衍生的新型组织主体在应对风险时能产生更高的行政效率。但是，在组织规范方面，不少地方重复设置指挥部和领导小组，双重权威之间关系不明、职权划分不清，不利于统一指挥和统一领导，也不利于指挥机构的形象塑造和权威性的维护。未来，公共卫生专门法律规范有必要从组织法角度对新型行政组织的法律地位、组织形式、权责归属等进行明确规定。通过法律明晰各防控指挥部、工作专班等行政主体的权责和职能，以保障临设指挥机构、领导小组发展的科学性、稳定性、规范性。一方面，考虑哪些主体可以被作为常设机构确定下来，进而被赋予相应的行政主体权能，如组织要件（机构规格、人员编制、办公场所设置、经费支持）、常规职责、履职机制、责任追究机制（能够独立作出行政行为、承担行政法律责任）。另一方面，对于无须成为常设机构的组织，则需要进一步明确其归属部门。

二、完善条块协同贯通的决策执行

国务院及其有关部门重大传染病的决策与地方执行间的高效配合是央地间事权配置的核心内容。加强全周期健康保护的公共卫生健康发展策略进一步明确了重大传染病防控应当坚持走精细化的发展道路，在此基础上，提

---

① 任宇东、王毅杰：《指挥部的运作机制：基于"合法性—效率性"的视角》，载《公共行政评论》2019年第1期，第151页。

升重大传染病风险治理行政规制效能的方案也不断完善,为各地及时防范及应对突发公共卫生事件,高质量把控防控措施限度提供了统一规范的指引。

(一)优化重大传染病事权配置与财政支出协调统一

在我国传染病防控公共卫生事权的配置中,决策权主要归属于中央,执行权坚持属地管理原则,划归地方政府或地方政府的卫生行政部门。[①]在条块管理机制下,需要地方政府统筹,坚持目标导向,将国务院及其有关部门的防控政策方案转化为地方防控的实际成效。在重大传染病风险治理分级管理的风险防控机制和条块管理事权划分的综合作用下,公共事务领域中地方在承接中央任务上存在积极性、主动性不足的问题。其主要表现为中央部委在所专责的国家事务领域中,决策被地方政府所遵照执行的程度更多地依赖财政支持力度,进而那些由中央财政支持的防控事项较易依法推行,而需要地方财政自给的事项,如国家卫生健康委员会防控方案中需要地方投入较大人力、物力、财力资源的精准隔离管控事项,常会因增加地方财政负担被地方以消极变通的方式粗放化执行。对于重大传染病此类需要实施央地联合行政管理的公共事务而言,实际上体现为中央决策与地方执行在条块管理体制机制运行上的衔接互动不畅,主要障碍在于地方基于事权划分承接的事项与财力保障匹配不足。因此,可立足优化地方承接中央事权与财力保障的合理配置,探索条块管理机制下推动公共事务央地决策执行高效互动的方案。

当前重大传染病法律制度根据分级管理,条块结合对事权和财政支出责任进行了相应规定。《传染病防治法》根据风险程度及其影响范围不同,对重大传染病事权划分进行了明确规定,地方性疫情以地方政府管理为主,国务院及有关部门提供指导,跨省区的疫情,则由国务院及相关部门直接负责,地方政府予以支持协助及配合。《医疗卫生领域中央与地方财政事权和支出责任划分改革方案》(国办发〔2018〕67号)规定了"全国性或

[①] 刘丽:《论我国传染病防控公共卫生事权配置的优化》,载《湘潭大学学报(哲学与社会科学版)》2021年版第3期,第49页。

跨区域的重大传染病防控等重大公共卫生服务由中央财政承担支出责任，传染病及突发公共卫生事件报告和处理由中央和地方共同负责。"《传染病防治法》第六十条第一款规定"县级以上地方政府负责本行政区域内传染病预防、控制、监督工作的日常经费。"《基本医疗卫生与健康促进法》将基本公共卫生服务的财政保障责任匹配给相应级别的政府，但未对财政事权归属与支出分配进行明确的规定。

可以看到，传染病防控领域的事权和财政责任按照央地分级进行制度化管理，有利于充分激发中央统筹和地方负责的优势，在我国防控应对突发、偶发性传染病中发挥了重要的作用。但是，基于应急防控及时阻断风险的客观需要，使地方在防控上人、财、物的投入上都在短期内达到了峰值，不同地方政府由于财政情况对于国家要求的依法防控政策的执行差异较大，省级政府及其主管部门能够较好地落实方案，但地方政府尤其是财政承载力相对薄弱的市县以及基层政府，在执行上级政策易以最严格的方式进行被动防控。即，面对风险的不确定性，坚持精细化防控，维护社会秩序的重任与财政支出之间的平衡不足是地方高质量执行职责的困境。对此，有学者也提出"决策者强化激励和约束机制，对全面执行者给予奖励，变通性执行者则追究责任，可促使地方政府转向行政性执行模式。"① 此种举措是风险治理语境下提升政府，尤其是地方政府担当负责意识，更好落实属地管理职责的必要手段。但同时也需要进一步聚焦条块管理运行机制嵌入重大传染病风险防控的央地间决策执行阻力，消除传染病防控公共投入中事权和财政支出具体适用衔接上的障碍，进一步提升央地间协调配合的政府重大传染病风险预防能力。央地财力与事权相匹配是公共资源优化配置的重要手段，在清晰合理划分央地事权的基础上，选择适当的财力匹配方式，形成事权划分改革与财力保障机制的良性循环。② 一方面，要考虑央地共享的公共事务领域，也表现为中央将部分事权委托给地方承担，

---

① 杨宏山：《政策执行的路径——激励分析框架：以住房保障政策为例》，载《政治学研究》2017年第1期，第90页。
② 王浦劬：《中央与地方事权划分的国别经验及其启示——基于六个国家经验的分析》，载《政治学研究》2016年第5期，第57页。

事权主体仍然是中央,央地之间原则上根据"分事权—定支出责任—配财力"的逻辑确定承担事权支出责任的主体,明确共享事权下的财政支出责任,推动财力与事权更好匹配,实现事权和支出责任相适应。① 另一方面,也须认识到传染性疾病的跨区域性、传播性以及外溢性使其在法理上具备央地共同事权的特征和外观属性,在遵循中央与地方共同事权划分模式的基础上,应充分考虑传染病的特殊性进一步优化常态预防和应急的事权与支出责任,将涉及公民基本权利直接相关的健康服务、常规免疫、预防接种、卫生紧急救治等均纳入中央与地方共同事权。进一步强化省级政府在地方的调控权,充分发挥其在任何等级传染病防治中的统筹和支出责任。② 此外,还需要充分认识到,提升政府上下级之间决策执行高效互动的活力和动力的关键因素离不开财政制度的改革,完善的现代财政制度之于社会秩序稳定具有十分重要的影响。建立在社会主义民主法治基础上的现代财政制度,对多元社会整合、建设良好公共秩序具有重要作用,财政支出制度要社会参与、保护社会;政府间财政关系要寓活力于秩序。③

因此,除了公共卫生领域相关法律规定外,还需要在优化财政激励制度设计的基础上不断推动财税体制改革,完善财政税收领域相关法律规定。根据《预算法实施条例》,明确上级政府对下级政府的转移支付及定期评估和退出机制。④ 进一步厘清中央和地方政府、省本级和市县级政府的财政关系,完善政府间收入划分方案,合理调整税收分成方案,从而形成有

---

① 参见刘剑文、侯卓:《事权划分法治化的中国路径》,载《中国社会科学》2017年第2期,第117-118页。

② 陈雷:《传染性公共卫生领域事权与支出责任划分的法治进路》,载《行政法学研究》2021年第2期,第52页。

③ 吕冰洋:《现代财政制度的构建:一个公共秩序的分析框架》,载《管理世界》2021年第10期,第100页。

④ 《预算法实施条例》(2020年8月3日中华人民共和国国务院令第729号修订,2020年10月1日实施)第十条:"预算法第十六条第三款所称专项转移支付,是指上级政府为了实现特定的经济和社会发展目标给予下级政府,并由下级政府按照上级政府规定的用途安排使用的预算资金。县级以上各级政府财政部门应当会同有关部门建立健全专项转移支付定期评估和退出机制。对评估后的专项转移支付,按照下列情形分别予以处理:(一)符合法律、行政法规和国务院规定,有必要继续执行的,可以继续执行;(二)设立的有关要求变更,或者实际绩效与目标差距较大、管理不够完善的,应予以调整;(三)设立依据失效或者废止的,应予以取消。"

效的激励机制，引导地方政府行为，充分调动中央和地方两个积极性，以发挥财政在国家治理中的基础和支柱作用。①

（二）推动重大传染病决策执行协同规范

良好的政策执行体系是政策本身的科学性、可操作性和规范化执行综合作用的结果。重大传染病防控央地间、地方上下级之间在决策和执行事权上体系化、制度化是日常风险预防工作平稳推进的关键支持。在法治政府风险治理语境下，重大传染病决策执行的协同规范应不仅体现为对于公共政策的决策理性和执行规范，更直接表现为推动政策效果转换的手段和方式的合法性及合理性。需要在政策制定和执行之间搭建良好的互动衔接机制，完善政府间、部门间统筹协调，形成风险预防的合力，避免行政过程中条块管理上呈现纵向的消极作为和横向部门利益保护。

1. 优化科层制行政决策与执行的事权配置机制

科层管理是自上而下的条块管理运行机制围绕决策和执行的功能侧重，配置不同等级的政府事权，是政府开展公共事务管理的重要组织逻辑。上级行政决策强调宏观性、整体性，下级行政执行强调准确性和效率性，分级、分类推进决策与执行相对分离，有利于决策者和执行者各司其职，各负其责，从而促进行政管理效能的提升。

一方面，科层制组织管理的属性决定了行政上下级间事权的决策和执行功能侧重明显，需要分级赋能。科层制组织需要逐层向下分解目标，在目标纵向分解中必须以权力纵向分享为配套保障条件，为了促进每个层次均努力去实现组织目标，组织高层就在分解目标的同时，赋予其与目标任务相匹配的权力，以便调动各类资源来实现组织目标。② 从中央和地方各级政府的科层制组织机制运行看，上级政府发挥决策功能，并就下级政府的执行进行指导、督促和监督。地方治理中，省级政府是决策者，地方市、

---

① 吕冰洋、陈怡心：《财政激励制与晋升锦标赛：增长动力的制度之辩》，载《财贸经济》2022年第6期，第45页。
② 尚虎平：《国家治理现代化过程中科层组织的内生风险及防控——"秩序—绩效"的矛盾运动与调节》，载《学术月刊》2022年第1期，第89页。

县（区）级及基层政府是具体的执行主体，省级政府应当通过完善财政、组织建设，加强对市县（区）执行决策的支持和保障。

另一方面，决策和执行事权的结构性分离是相对的而并非绝对的，应根据决策事项本身的需求分类实施。政府权力结构中决策与执行不分，不仅不利于相互之间的理性制约，也导致对助力决策和执行的相关要素缺乏足够支持，主要表现为信息搜集统计分散化、研究咨询上交流互通不足、人员配置上专业化不足、资源配置上缺乏针对性和整合性，最终影响决策、执行功能的发挥。[1]

进而，省级政府与市县（区）政府对于决策权和执行权的分离有不同的要求。省级政府作为地方最主要的决策层级，对地方事务拥有大量的决策权。相对于市县级地方政府而言，由于决策职能随着政府层级的下降呈递减趋向，执行权是县市级政府的主要职能，决策职能相对较弱，执行并高质量落实地方省一级政府的决策是其主要的职能。值得注意的是，县、市级政府是执行主体的地位并不意味着决策权对其不重要，只不过决策职能在县市级的表现更为间接、其对决策权的主要诉求是有权利参与决策的制定，在决策中表达意见。[2] 县级政府决策权较少，权力结构应侧重于执行权，部分地方可实行决策权与执行权的合一。由于县级人民政府承担了更多的政策执行功能，其执行能力也面临着严峻的考验，执法队伍总体执法水平不高、一些执法领域专业性又很强，需要专业的人员和技术设施；等等。这些因素都影响县级政府的政策执行能力，可以考虑通过购买服务、行政合同、委托专业的机构和行业协会进行，通过专业委托解决行政执法的技术上的难题，同时可以减少相关机构的设置，因此，行政委托未必会加重政府的财政负担。[3]

2. 完善相关部门间协同联动的事权运行机制

部门间协同联动是在综合性事项上开展行政管理的内在要求，强调

---

[1] 参见薛刚凌：《法治视野下的政府权力结构和运行机制研究——决策权、执行权、监督权的制约与协调问卷调查数据分析》，中国人民大学出版社2021年版，第790页。
[2] 同上，第21页。
[3] 同上，第345页。

政府各部门之间在具体行业或专门事项上形成对应行政主管部门主导、相关部门配合的联动机制，是治理能力现代化背景下条块管理机制"块"的高效能动的要求，应表现为政出多门、规范性文件纷繁冗杂的现象的减少，部门合作效率逐渐提升，还需人、财、物等方面的优化配置来保障实现。

不同于政府上下级间决策执行事权衍生的领导服从关系，平行部门间事权平等，加之科层制归责原则易引发的事权真空，部门合作共治的障碍主要表现为主动、担当的互动自觉不足，权能行使呈现消极、分散、割裂，难以充分有效回应现代社会风险防控应对合作、协同及联动的需求。立足加强风险预防，提升风险治理质效，完善横向部门间综合协调、联合执法的机制和手段，各行政主管部门不仅应严格规范处理职责范围内的政务，还需协同合作，就跨部门、跨行业、跨区域的公共事务管理领域形成规范、高效联动的互动机制，提升风险应对的可期性，同时防止因政府职能缺位而引发公众信任危机的情形出现。

首先，完善协同联动的制度设计。一方面，技术分析是多渠道信息共享风险评估的客观要求，完善与重大传染病有关的风险信息、个人信息等收集、反馈的系统和平台建设，是发挥科技、智慧反哺行政管理的重要机制，既是当前部门协调合作加强风险预防的重点，也是难点。因此，对现有信息分析、收集、反馈的技术平台和设备的归属、功效进行整理，并在此基础上进行相应整合，最大限度地避免部门各自为政，促进共享和协调，保障决策的综合性和执行的高效。另一方面，要加强综合性研究咨询机构的建设，如整合国务院和部门的研究、咨询力量，设置各种专家参与的综合性的研究咨询委员会，同时还须注重发展和培育体制外的社会决策咨询机构，为政府决策提供不同的视角和观点。[①]

其次，在重大传染病法律规范中明确协同联动的体制机制。多点触发、互联互通是加强部门间风险预防协同联动的重要内容，当前相关立法修改

---

① 参见薛刚凌：《法治视野下的政府权力结构和运行机制研究——决策权、执行权、监督权的制约与协调问卷调查数据分析》，中国人民大学出版社2021年版，第793页。

中就此问题进行了回应。《传染病防治法》（修订草案二次审议稿）进一步强调了部门间就传染病风险信息相关数据的获取、共享、通报应建立常态化机制。第四十三条提出建立疾控机构、医疗机构、相关部门间的信息数据共享获取机制，以及规范跨部门、跨地域间传染病监测信息共享机制，实现卫生健康、农业农村、畜牧、林业草原、海关、移民等相关部门间传染病联动监测。第四十二条规定了卫生健康主管部门与农业、教育、民政部门之间通过共享传染病疫情相关信息，建立传染病疫情常规通报制度。①《突发公共卫生事件应对法》（草案）规定了多渠道信息共享和多部门协同健全的突发公共卫生事件风险评估制度。② 以上两部法律均从运行机制上提出了完善方案，但对组织机制的规定不清晰，不利于从根本上消除部门间协调不畅的障碍。因此建议，未来在《传染病防治法》《突发公共卫生事件应对法》的规定中，进一步围绕确权、定责，完善对重大传染病风险预防部门协同规范开展的明确指引。

一方面，确定地方推进部门协同联动的统筹机构，保障重大传染病风险预防协同机制能够得到持续推进。依照国务院联防联控常态化综合协调机构的设立思路，考虑在地方省级政府中设立部门协调联络委员会，专门负责推进和监督部门间的沟通、会商、通报机制的落实，形成枢纽统筹和部门协同的格局。具体看，省级政府协调联络委员会可以组建共享联络协调小组，明确各业务部门的日常联络人员，负责本部门基础信息的提供，持续跟进重大传染病风险信息的共享、分析、处理、应用的沟通和建设方案推进。另一方面，进一步细化重大传染病风险预防协调联动的技术标准，明确规定按照风险源确定风险识别、评估、管控的主责部门和配合部门，

---

① 《传染病防治法（修订草案二次审议稿）》：第四十三条：国家建立跨部门、跨地域的传染病监测信息共享机制，加强卫生健康、疾病预防控制、生态环境、农业农村、海关、市场监督管理、移民管理、林业草原等部门的联动监测和信息共享。国家建立临床医疗、疾病预防控制信息的互通共享制度，加强医防协同，推动医疗机构等的信息系统与传染病监测系统互联互通，建立健全传染病诊断、病原体检测数据等的自动获取机制，规范信息共享流程，确保个人信息安全。第五十四条第二款：毗邻地区以及相关的地方人民政府疾病预防控制部门，应当及时相互通报本行政区域的传染病疫情以及监测、预警的相关信息。

② 参见《突发公共卫生事件应对法（草案）》第十三条。

科学精准赋权、追责。当前，重大传染病领域协同不畅的一个困境还在于除了卫生健康委员会外，其他部门的监测能力较为不足，导致难以及时获取风险信息，许多传染病都是在规模化发生之后由以卫健委进行倒查的被动防控开展的，而非主责部门先期预防。

（三）完善行政决策人事任用机制

领导干部作为"关键少数"的法治思维和担当意识是防范化解风险的重要组织保障。科学决策能力是干部特别是年轻干部解决实际问题的重要能力之一。[1] 法治思维是法治国家领导干部应具备的基本素养，法治思维的形成依赖于对法治的敬畏和自觉遵循。敬畏法治，要求形成严格规范的依法用权意识。用理性思维，即依靠规则和程序而非依靠直觉、情绪、传统或尝试来解决问题。[2] 自觉遵从法治，要求领导干部关键少数自觉接受法律的刚性约束。权力行使既要遵守实体法治、又要尊重程序法治。《党政领导干部选拔任用工作条例》围绕建设忠诚干净担当的高素质专业化干部队伍，对党政领导干部选拔任用的原则、基本要求和条件予以明确规定，提出要形成有利于优秀人才脱颖而出的选人用人机制，完善干部队伍革命化、年轻化、知识化、专业化的选任机制。《中国共产党组织工作条例》也明确规定选任"好干部"要把政治标准放在首位，同时坚持精准科学选人用人。信仰法治、忠诚担当是领导干部关键少数充分发挥引头作用的客观要求，聚焦重大传染病风险预防，主要表现为选拔出勇于积极决策、能够正确决策的"关键少数"。基于此，建议从以下两个方面完善我国公共卫生领导干部选拔的组织法律制度。

（四）优化卫生行政干部选拔任用机制

选任卫生行政部门主管负责人时适当增加对相关专业知识背景的要求。

---

[1] 习近平：《在中央党校（国家行政学院）中青年干部培训班开班式上发表重要讲话强调 年轻干部要提高解决实际问题能力 想干事能干事干成事》，载《旗帜》2020年第10期，第5页。

[2] 参见宋功德：《行政法哲学》，法律出版社2000年版，第31页。

党的十九大报告明确提出"建设高素质专业化干部队伍"的目标要求。充足的忧患意识、对社会风险及其演化具有的敏锐感性认识能力、作出合理推断的理性思维能力、可靠的知识基础、技术支撑和价值指引是预警主体有效从事预警活动应具备的主体素质。① 同时，学者研究显示，有过半的被调查者认为提高决策人员的决策能力和综合素质，对于政府决策权配置的完善而言是比较合理的方案。决策人员的决策能力和综合素质，尤其是对各方利益的平衡协调能力，以及对决策可能会造成的社会影响等各方面的综合统筹能力会影响决策权行使效果。② 进而，选任具有医疗卫生专业背景的人员担任领导职务，能够从客观上充分保证行政裁量权高质量行使。相比于不具有医疗卫生专业背景的官员，具有医疗卫生专业背景的行政人员对公共卫生的决策具有更强的专业敏感性和更精准的专业判断力，能够对当下处境和未来可能面临的风险及其走向进行较为准确把控，也能够基于对自身专业知识的充分尊重与认同，更重视相关专业力量、技术监测工具、实验研究数据等在行政决策中的参谋作用。例如，任命具有卫生专业背景和丰富卫生行政管理经验的领导为卫生行政部门主管人员。因此建议严格按照专业优先的标准选任官员，更有利于为突发公共卫生事件及时高效处置提供组织人事保障。

（五）构建权责对等的免责容错机制

权责对等是权力配置的基本原则，应当在法律规定中予以充分体现。突发公共卫生事件具有较大的风险且难以预测，政府在早期信息不确定的情况下要做到及时预防，需要一定的勇气和担当。当前我国突发公共卫生法律规范中，明确规定了政府应当及时、准确、全面发布预警信息，同时也对履职不力设置了相应的行政责任、刑事责任，但缺乏有关"特权免责"的规定。上下级政府间防疫治理权自上而下的集权和自下而上的分权

---

① 参见欧阳康、孟小非：《社会预警问题的哲学透析——多维内涵、系统结构及其认知发生过程》，载《哲学动态》2019年第11期，第7页。

② 参见马怀德：《行政法前沿问题研究：中国特色社会主义法治政府论要》，中国政法大学出版社2018年版，第423页。

博弈状态在达到均衡前,易出现中央和上级的政策激励难以有效传导至地方,进而引发问责和激励难题,影响属地管理实效。① 正如在面对突发公共卫生事件预防或应急准备的决策风险时,一味地对政府决策错误问责而忽视对应有免责的豁免规定,极易造成官员体系中无人敢决策、敢担当的局面。进而,官员体系尤其是地方官员为降低自身决策风险以"层层上报""层层加码"的方式完成任务的现象也就较易出现。

"特权免责"强调"如果特权是在相当程度上为了它的本来的目的,即为了人民的福利而被运用,而不是明显地与这一目的相抵触时,人民很少会或绝不会在细节上从事苛求或斤斤计较。"② 因此,在做好重大传染病风险预防语境下,引入"特权免责"机制,明确政府在重大传染病风险预防决策中自由裁量权的行使即便存在瑕疵,但只要出于为公众谋福利并且在客观上达到了维护公众利益的效果,就应当予以免责。

因此,建议在《突发公共卫生事件应对法》(草案)、《传染病防治法》(修订草案征求意见稿) 等涉及重大传染病风险预防的法律规范中根据"特权免责"原理,围绕公共卫生伦理中效用原则所强调的"公共卫生方面所采取的措施必须使其给目标人群带来的收益尽可能大大超过可能的风险"③,优化政府及时发布预警信息的"免责"条款,如在《突发公共卫生事件应对法》《传染病防治法》的修改中,增加以下的规定:"政府及时发布预警信息,保护公众健康权、维护社会秩序稳定的良好社会效果大于因预警信息发布所造成的难以预料的损害时,可免于承担行政责任。对造成的损害,依法进行相应补偿。"④ 从而通过构建较为完善的政府风险决策的激励机制,保障政府尤其是地方政府在风险面前勇于担当。

---

① 李雪松、丁云龙:《健康码"码上加码"的形成机制与双重效应——一项基于制度性事实的解释》,载《公共管理学报》2021 年第 4 期,第 113 页。
② 孟涛:《我国非常法律研究》,清华大学出版社 2012 年版,第 244 页。
③ 翟晓梅、邱仁宗:《公共卫生伦理学》,中国社会科学出版社 2016 年版,第 62 页。
④ 褚宸舸、王阳:《突发公共卫生事件政府预警信息发布制度的完善——兼论我国〈传染病防治法〉的修订》,载《厦门大学法律评论》2022 年第 1 期,第 173 页。

第三节 完善政府重大传染病风险预防权力运行机制

突发公共卫生事件风险治理的重点在于常备不懈、做好预防，较之应急状态下的及时、快速应对，常态化防控对精准化、精细化有着更高的要求。立足风险预防目的合法性的前提，对基于预防的相关行政许可、行政强制、行政处罚、行政指导和行政奖励等行政行为的实体规范和程序规范需要进一步完善。

一、提升重大传染病风险研判效能

对传染病的风险评估应当建于客观、可靠的科学证据之上。[1] 促进专门化管理体制嵌入传统科层政府体制，充分体现突发公共卫生技术治理在现代风险预防中的作用，提高重大传染病风险预防决策的精准性。对此，可紧紧围绕风险预防中风险预警、风险评估决策以及风险日常监测三个环节，提高疾病预防控制机构、相关领域专家以及公共卫生医师在风险治理中的参与效能。

（一）提高疾病预防控制机构风险预警参与效能

随着我国突发公共卫生事件体制机制建设的不断完善发展，疾控机构已成为我国传染病预防体系的重要抓手之一，其作为开展突发公共卫生事件预警信息专业研判的重要主体，通过运用国家传染病"直报系统"为突发公共卫生事件预警信息专业研判提供了重要技术支持。其设计初衷是便于医院、疾控中心等医疗卫生机构对临床病例即时监测和汇报，及时从专

---

[1] 参见［美］劳伦斯·O. 戈斯廷、林赛·F. 威利：《公共卫生法：权力、责任、限制》，苏玉菊等译，北京大学出版社2020年版，第51页。

业研判角度给政府预警信息发布决策提供重要参考。

当前,疾控中心作为事业单位,对其专业领域中的事项应有自主决定权,在突发公共卫生预警信息的处置上,既可对内向其所属卫生健康主管部门报告,也可在形成评估报告的基础上直接对外向社会发布风险提示。有专家指出:"应以立法授予疾控机构必要的外部职能,并明确疾控机构的法定职责与法律责任。还应重构行政机关与疾控机构间关系,理性认识疾控机构的专业性和相对自主性。"① 那么,如果通过将疾控中心由事业单位转制为行政机关的方式完善其治理效能,会涉及人员编制、待遇等一系列问题,各地情况不同,处理起来容易久拖不决。更为重要的是,以疾控中心为代表的专业知识机构要想真正发挥对于行政决策的智库、制衡作用,反而更应保持自身的独立性。本书也不赞成将疾控中心确定为行政机构,同意按照当前《传染病防治法》(修订草案二次审议稿)第五十二条之规定,以立法形式授予疾病预防控制机构享有一定程度上的对外信息发布权限(如发布风险防范提示、警示),同时保证其在对预警信息的监测以及风险评估结果的运用方面享有自主决定权。

(二) 提升专家在风险评估决策中的参与效能

在现代社会风险治理中,专业力量参与风险评估、研判能够加强政府决策的科学性。"应对突发公共卫生事件需要科学决策,既期望负责官员是内行专家,也要有畅通机制,让专业机构和专家参与到决策之中。"② 为了通过信任减轻风险沟通的负担,人们要求专家系统提供双重保证,既有特定的专业人士在品行方面的可靠性,又有非专业人士所无法知晓的知识和技能的准确性。③

政府涉及专业问题的行政决策,应当尊重专业技术判断增强科学性,促进政府与专业力量之间形成合作治理的格局。因此,建议将专家论证会、

---

① 宋华琳:《疾病预防控制机构法律地位的反思与重构》,载《探索与争鸣》2020年第4期,第195页。
② 赵鹏:《疫情防控中的权力与法律——〈传染病防治法〉适用与检讨的角度》,载《法学》2020年第3期,第100页。
③ [英]安东尼·吉登斯:《现代性的后果》,田禾译,译林出版社2011年版,第74页。

专家咨询会设置在省级决策机构下,同时规定其为卫生行政决策的法定前置程序。经过协商过程形成的决策结果,可以在参与者之间产生更多的政治支持、正当性与信任,推动社会公共政策的执行,并为以后的合作互动积累起长期的信任与社会资本,促使民主政治朝着良性的方向健康发展。①当前,我国中央和地方的卫生健康主管部门都成立有专家组、专家委员会,但是其对重大传染病预警决策发挥的作用不够明显,主要因为专家直接与决策者进行对话的机制不完善。对此,一方面可以直接在省级人民政府中成立"突发公共卫生事件应急咨询委员会",从风险管理、舆情应对、依法防控方面与政府直接沟通、反馈,保障其专业评估和科学意见能够被决策者及时知晓;另一方面,为避免专家论证会、咨询会形同虚设,还应强调决策过程应具有可回溯性。对召开的专家论证会、咨询会要形成档案记录,同时将政府对专业意见建议的采纳情况作为法治政府建设的一项重要评价指标。

(三) 提升公共卫生医师在风险监测中的参与效能

《中华人民共和国执业医师法》第二十九条规定,医师发生医疗事故或者发现传染病疫情时,应当按照有关规定及时向所在机构或者卫生行政部门报告。结合本次疫情的经验教训,专家负责人、医师等作为医疗卫生专业人员,理应承担传染病防治预警的角色。本次《传染病防治法》修法中也积极回应社会关切,在"监督管理"专章中进一步细化,明确了国务院卫生健康主管部门、省级卫生健康主管部门、基层医疗卫生机构中公共卫生医师就此应承担的传染病预警职责。

《传染病防治法》(修订草案二次审议稿)第七十一条规定:"国务院卫生健康主管部门设立首席公共卫生医师,负责组织制定国家人口健康状况评估和重点疾病预防控制策略;省级卫生健康主管部门设立总公共卫生医师,负责组织制定本区域具体防控策略。基层医疗卫生机构预防保健科室和二级及以上医疗机构公共卫生科室至少应有1名公共卫生医师。"第七十一条的规定存在两个方面的问题。

---

① 陈剩勇:《协商民主理论与中国》,载《浙江社会科学》2005年第1期,第29页。

第一,公共卫生医师在预警报告中专业性发挥体现不充分。根据《中华人民共和国执业医师法》的规定,公共卫生医师是指通过执业医师资格考试,取得医师资格,准予从事医师工作的专业人员。其具备从事医疗卫生专业工作所必需的专业知识与技能,与疾病预防控制机构、卫生健康委员会一样,都在传染病防控工作中扮演着十分重要的角色,其专业研判是及时预警、防控疫情的重要环节。因此,公共卫生医师除了需要组织、制定基本预防控制策略之外,其在突发公共卫生事件中的预警报告权限也应直接在相关条款中予以明确规定。第二,基层医疗卫生机构预防保健科室和二级及以上医疗机构公共卫生科室所设立的公共卫生医师的职责范围并未明确。本条文中,国家级、省级设立的公共卫生医师均明确了其职责范围,而未对基层公共卫生医师的职责范围明确规定,从条文的表述看有些戛然而止。当前我国按照医疗水平,将医疗机构分为一级、二级和三级。一级医疗机构主要指城市社区卫生院,农村乡镇卫生院,企事业单位的医疗机构职工医院等。它具有处理常见疾病的能力,直接为社区居民提供使用等医疗、预防、保健等服务。二级医疗机构主要指县、区级医院,具有较高医疗水平,可接受一级医疗机构的转诊病人,是县、区医疗预防服务中心。三级医疗机构,指国家或者省、市直属的大型医院及医学院校的附属医院,医疗水平高,具有解决疑难病症能力,承担着医疗、教学、科研机构等多重任务。[①]

预防是各级医疗机构的重要职责,尤其是针对二级以上医疗机构,从空间上看,其负责更大范围内的传染病预防工作,防控的任务更为艰巨,在此环节上明确公共卫生医师的防控责任,能够为疫情防控做好源头治理提供有效保障。因此,对于二级以上医疗机构公共卫生科室的公共卫生医师,其对本区域内的人口健康状况评估和组织执行本区域内的防控策略的责任,也应在法条中予以明确。

综上所述,建议《传染病防治法》(修订草案二次审议稿)进一步赋予公共卫生医师可以基于专业而进行预警通报的权限,并明确基层医疗卫生机

---

① 樊立华:《中华医学百科全书(公共卫生学卫生法学卫生监督学)》,中国协和医科大学出版社2018年版,第296页。

构预防保健科室和二级及以上医疗机构公共卫生科室所设立的公共卫生医师的职责范围，规定其负责对本区域内的人口健康状况评估和具体组织执行本区域内的防控策略。即，将本条修改为："国务院卫生健康主管部门设立首席公共卫生医师，负责组织制定国家人口健康状况评估和重点疾病预防控制策略和基于专业的预警通报；省级卫生健康主管部门设立总公共卫生医师，负责组织制定本区域具体防控策略。基层医疗卫生机构预防保健科室和二级及以上医疗机构公共卫生科室至少应有1名公共卫生医师，负责对本区域内的人口健康状况评估和具体协助组织执行本区域内的防控策略。"

二、提升重大传染病风险预防行政规制效能

面对重大传染病隐蔽性强、传播速度快的特点，开展医学筛查是防范风险的必要手段和关键环节。高质量的预防蕴含着对政府精准组织统筹制定重大传染病预防的风险筛查治理方案的期待。在行政管理实践中，通过政府部门发布的规范性文件实施管理是一种重要方式，较之行政复议、行政诉讼等事后救济，加强对政府部门规范性文件的备案审查，有利于完善事前监督，加强权利事前救济。在预防为主语境下，政府突发公共卫生事件风险防控事项更多的是对防微杜渐的常态化坚持，通过行政规范性文件制定风险防范措施完善风险治理的行政规制制度体系，应当严格围绕"最小损害"的精神，尤其是以限制公民基本权利和自由的方式实施的政策，在程序上应充分保障公民对于政策的知情权、监督权。因此，限权性、附义务性规范性文件出台、实施之前要历经内容正当性和手段必要性的论证程序。

（一）健全政府部门规范性文件备案审查

1. 依照现有备案审查机制加强对政府部门规范性文件的备案和审查

党的十八届四中全会决定提出"把所有规范性文件纳入备案审查范围"，禁止地方制发带有立法性质的文件。[①] 与政府部门规范性文件备案审

---

① 刘作翔：《论建立分种类、多层级的社会规范备案审查制度》，载《中国法学》2021年第5期，第141页。

查相关的内容有：第一，《国务院关于加强行政规范性文件制定和监督管理工作的通知》中，对地方各级人民政府部门行政规范性文件的制定和监督管理工作进行了明确的规定，是政府部门规范性文件制定、审查、实施的必要参照；第二，2017年修改后的《行政诉讼法》第五十三条第一款规定：公民、法人或者其他组织认为行政行为所依据的国务院部门和地方人民政府及其部门制定的规范性文件不合法，在对行政行为提起诉讼时，可以一并请求对该规范性文件进行审查。第三，2019年国务院公布实施了《重大行政决策程序暂行条例》，将合法性审查确定为重大行政决策出台、实施前的法定论证程序，围绕法定权限和程序审查决策事项的合法性。[1]将合法性审查设置为重大行政决策的前置程序，进一步将集体讨论、风险沟通、专业评估、公众参与和监督等府际间、政社间、行政机关与专业力量之间的沟通交流机制进行系统化串联，不仅能够降低条块管理机制下行政机关在重大风险上的决策压力，克服科层制的被动、消极决策，也有利于增强技术治理、公众参与等风险利益相关方在行政决策中形成外部正向干预。

2. 进一步完善地方政府和人大对政府部门规范性文件审查的协调配合

可以考虑在地方性法规中，明确规定将政府部门发布的规范性文件纳入备案审查的范围，由政府对其合法性、合理性加强事前监督。主要包括部门根据地方性法规授权制定的配套性文件、部门根据授权对地方性法规具体应用问题做出的解释以及经政府批准、由部门发布的文件等。在特定情况下，可以考虑直接由人大常委会实施备案监督。例如，有公民、组织向人大常委会提出审查建议或人大常委会在工作中发现部门规制存在问题的，人大常委会可视情况督促政府进行监督或直接进行备案审查。[2]

---

[1] 《重大行政决策程序暂行条例》第二十五条："决策草案提交决策机关讨论前，应当由负责合法性审查的部门进行合法性审查。不得以征求意见等方式代替合法性审查。决策草案未经合法性审查或者经审查不合法的，不得提交决策机关讨论。对国家尚无明确规定的探索性改革决策事项，可以明示法律风险，提交决策机关讨论。"

[2] 全国人大常委会法制工作委员会、法规备案审查室：《规范性文件备案审查理论与实务》，中国民主法制出版社2020年版，第46页。

(二) 围绕民法典加强权利救济和保障

全面加强依法行政能力建设的要求之一是坚持把民法典作为行政决策、行政管理、行政监督的重要标尺,不得违背法律法规随意作出减损公民、法人和其他组织合法权益或增加其义务的决定。[①]《民法典》第一千零四条明确规定了自然人的健康权不可侵犯。规定了自然人享有健康权。任何组织或者个人不得侵害他人的健康权。从积极层面看,健康权的内容强调政府的保护义务和实现义务;从消极层面看,健康权要求政府不得干预公民对健康权的享有。其包括获得基本医疗服务保障、基本公共服务保障、基本药物保障、基本医疗保险、医疗救助权利等。[②] 可以看到,行政机关赋权性公共卫生福利的积极行政行为和附义务性限权措施的消极行政行为决定了社会成员保障自身健康权的质量。即便是消极行政行为,也不得负面干预个体享有基本医疗服务的权利,此类行政措施应直接被列入附义务性行政行为的紧张事项。

一方面,立足加强健康权保护严格控制日常状态下风险预防的限度。促进突发公共卫生风险早发现的事先预防,应围绕风险预防的必要限度,结合日常行政管理和风险预防前置化干预的需要综合开展。行政机关在公共事务的管理上具有动员各方力量、调整利益分配、协调利益冲突等方面的权威,在突发公共卫生领域集中体现为其在保障公众健康、促进社会秩序稳定的总体控制力和依法担负起的突发公共卫生风险防控责任。进入常态化防控阶段后,预防为主要求政府基于重大传染病风险防控的综合施策应进一步优化、细化、精准化。不应单单以增设行政许可或行政强制、行政处罚等方式转嫁风险防控责任、转移管理风险,应根据平战结合的防控需求和工作侧重,在常态化防控状态下优先考虑以行政指导、行政奖励等非强制性行政行为开展重大传染病风险防控,推进重大传染病风险预防依法高效应对。另一方面,围绕合比例性厘定精细化防控下的行政裁量基准。

[①] 中共中央、国务院印发:《法治政府建设实施纲要(2021—2025年)》,2021年8月11日发布。
[②] 参见王晨光:《健康权的源流、理论与制度》,北京大学出版社2020年版,第126-127页。

全面推行行政裁量权基准制度，规范执法自由裁量权是政府治理的重要内容。① 突发公共卫生事件具有不确定性强、防控难度大的特点，有关风险防控的行政裁量限度更难以用具体、明确的标准划定。比例原则要求预防措施的裁量标准以行政许可行使效果与公民权利克减的最小公约数为基准。为此，要坚持预防为主，强化突发事件依法分级分类施策，增强应急处置的针对性和实效性。根据不同领域特点和风险程度确定监管内容、方式和频次，提高监管精准化水平，做到标准公开、规则公平、预期合理、各负其责。② 同时，对于可容忍的风险应禁止干预，最大限度保障权利。《宪法》第 33 条第 3 款规定："国家尊重和保障人权。""尊重"侧重国家对公民权利的不予侵犯。如果行政机关不容许任何风险存在，容易造成对公民基本权利的过度限制，因而不符合《宪法》关于尊重和保障人权的规定。行政机关必须在不同的价值之间进行权衡，并采取与风险程度相匹配的规制措施，对于"剩余风险"，则须予以容忍。③

综上所述，我国法治国家、法治政府、法治社会一体建设目标持续推进的过程中，政府治理的规范化和现代化既是手段也是目标。政府应对重大传染病未知风险的预防性治理行为，不应单单立足于采取较为容易或看似方便快捷的路线来解决，需要秉承以人民为中心，在深入理解、应用、把握预防性措施复杂性及正当化适用的基础上严格坚持法治政府依法行政，从最大限度保障社会主体合法权益、推动行政执法效果与社会效果和谐统一的角度出发，优化、细化、量化行政裁量的标准、幅度，选择对社会成员损害最小的治理策略规划行政行为，做到认真对待权力、审慎使用权力、高质量行使权力。此外，还应积极转变职能，推动政府、社会协同合作，减少行政权的不当干预，引导医疗卫生机构、基层社会组织、社会主体等社会力量在常态化防控中更好地发挥各自在风险预警、监测、报告中的作用，推动社会共治协调联动的常态化防控机制行稳

---

① 中共中央：《法治中国建设规划（2020～2025 年）》，2021 年 1 月 10 日发布。
② 中共中央、国务院印发：《法治政府建设实施纲要（2021～2025 年）》，2021 年 8 月 11 日发布。
③ 宋华琳：《可接受风险理念下行政制度的法律改革》，载《社会科学》2024 年第 6 期，第 185 页。

致远。

三、完善提升重大传染病传播阻却效能

构建依法行政的政府治理体系，建立健全行政执法风险防控机制①的背景下，行政机关应当以严格遵循依法行政的实体性和程序性规定为基本，立足精细化、精准化防控，对增加公众义务，限制公众权利的行政措施的必要性、合法性进行充分论证，规范权力约束、加强权利保障，确保一切突发公共卫生事件风险预防的政策都在合法、合理的前提下审慎实施。

（一）完善明确隔离用房选定的标准和程序

突发传染病后，及时实施隔离措施是有效控制疫情的关键举措，选定相关场所作为隔离用房在疫情期间有相当多的现实需求，也是《传染病防治法》有关疫情控制之规定的重要内容。《传染病防治法》（修订草案二次审议稿）稿第六十二条对隔离措施的设定、解除以及费用承担进行了明确，规定了"对已经发生甲类传染病病例的场所或者该场所内的特定区域的人员，所在地县级以上地方人民政府可以实施隔离措施，同时向上一级人民政府报告，接到报告的上级人民政府认为实施的隔离措施不适当的，应当立即调整或者撤销"。对于在政府指定地点进行强制隔离的人员，政府应当保障他们的基本生活，包括安全的食物和饮用水和住房的供给。②因此，需要注意的是，隔离措施是在应急状态下对公民人身自由的一种限制手段，疫情发生后，政府除了要及时设定隔离、适时解除隔离外，还要考虑到隔离地点的安全性，对于被隔离观察的人员，政府应当为其提供安全的临时居住场所，为被隔离人员隔离期间正常生存、生活提供必要保障，但是此内容却未在第四十九条之规定中充分体现出来。因此有必要对选取

---

① 中共中央印发：《法治中国建设规划（2020～2025年）》，2021年1月10日发布。
② 常健：《疫情防控中的人权保障》，载《学术界》2020年第2期，第41页。

具备相应资质的隔离场所，保证隔离用房符合相关标准进行明确规定和有效的程序规制，以充分体现应急法治中隔离措施对生命权、健康权的尊重和保障。避免实践操作中出现因隔离场所选定不当而引发的不必要的人身或财产损害，如将非法建设违规改造的酒店选定为隔离点。

首先，传染病疫情发生时行政机关对被隔离人员采取集中观察的隔离措施属于广义上《行政强制法》中规定的行政强制措施，应当符合《行政强制法》的相关要求。《行政强制法》第三条第二款："发生或者即将发生自然灾害、事故灾难、公共卫生事件或者社会安全事件等突发事件，行政机关采取应急措施或者临时措施，依照有关法律、行政法规的规定执行。"第四条："行政强制的设定和实施，应当依照法定的权限、范围、条件和程序。"其次，在疫情防控的特殊期间，临时选取特定场所作为隔离点是人民政府的责任。在传染病疫情暴发后，政府要及时制定隔离措施，最大限度减少传染病的扩散。《传染病防治法》第四十一条："对已经发生甲类传染病病例的场所或者该场所内的特定区域的人员，所在地的县级以上地方人民政府可以实施隔离措施。"第四十五条："传染病暴发、流行时，根据传染病疫情控制的需要……县级以上地方人民政府有权在本行政区域内紧急调集人员或者调用储备物资，临时征用房屋、交通工具以及相关设施、设备。"因此，政府作为公权力的行使主体和公共服务的提供者，为防止疫情扩大，临时选定相关场所、设施作为隔离用房，对公民的人身自由实施暂时性限制的隔离措施必须以保障被隔离者的生命权、健康权为第一位，严格按照法定的权限和程序进行，既要立足及时控制疫情，对相关人员进行医学观察隔离，也要统筹协调，做好隔离点资质的审查和评估。

综上所述，《传染病防治法》作为传染病防控处置的基础性法律，在条文修改中应当明确规定县级以上人民政府在隔离用房的确定上要有严格规范的程序。建议第四十九条增加一款作为第三款："实施隔离措施的县级以上人民政府应就隔离用房的确定进行评估论证，并报上级人民政府备案。"

（二）规范对传染病防控违法人员实施的信用记录联合惩戒措施

《传染病防治法》（征求意见稿）在第六章《监督管理》中规定了对传染病防控违法人员实施信用记录联合惩戒措施。第七十三条规定："县级以上人民政府卫生健康主管部门联合有关部门建立传染病防控违法人员信用记录制度，纳入全国信用信息共享平台，依法实施联合惩戒。"面对突发公共卫生事件，尤其是传染病防控，及时有效控制疾病传播扩散十分关键，通过对传染病防控违法人员实施信用记录有关的联合惩戒，能够加强对社会成员行为的约束，有利于促进疫情防控的顺利开展。但是，信用记录惩戒涉及公民财产权，一旦实施对个人生活影响较大，需要依法审慎。笔者认为，征求意见稿第七十三条中，将信用记录联合惩戒的对象确定为"传染病防控违法人员"的规定有待斟酌，至少需要进一步明确。因为传染病防控的内容涉及面较广，就人员的管理而言，既包括对居家、出行的管控，也包括对相关个人、法人、组织等社会主体从事生产、经营和交易活动的监管。根据征求意见稿第七十三条之规定，只要是在传染病防控中有违法行为的，都可以被采取信用记录联合惩戒措施。那么，此规定是否符合当前我国信用记录联合惩戒制度规范？对于信用记录联合惩戒此种对公民生产生活会产生重大影响的惩治措施，公权力行使的权限和边界应当如何规制？

随着市场经济的繁荣发展，信用记录作为社会信用体系的重要内容，是衡量和评价社会主体信用度的关键参照，也为行政机关、司法机关依法处理"老赖"提供了有力支持。[①] 例如，最高人民法院2017年出台的《关于公布失信被执行人名单信息的若干规定》中就明确规定，针对被执行人具有履行能力而拒不履行生效法律文书确定的义务，将其纳入失信被执

[①] 如最高人民法院2017年出台的《关于公布失信被执行人名单信息的若干规定》中就明确规定，针对被执行人具有履行能力而不履行生效法律文书确定的义务，将其纳入失信被执行人名单，限制被执行人的出行、高消费行为。

行人名单，限制被执行人的出行、高消费行为。当前，我国在社会信用体系及信用记录联合惩戒领域，有国家出台制定的指导性政策文件；相关部门、部分省区市也依照国家规定制定了各自的实施意见、管理条例等规范性文件。当前我国公共卫生领域实施信用记录联合惩戒时，其惩戒的对象、措施等内容的确定也有明确的标准和规范性参照，如表5-1所示。

表5-1　　　　我国公共卫生健康领域有关信用
联合惩戒的现行政策法规

名称	主旨	惩戒内容
《社会信用体系建设规划纲要（2014~2020年）》（国发〔2014〕21号）	完善社会主义市场经济体制改善市场信用环境，构筑诚实守信的经济社会环境	加强医疗卫生机构信用管理和行业诚信作风建设；惩戒收受贿赂、过度诊疗等违法和失信行为；加快完善药品安全领域信用制度，严厉打击制假贩假行为
《国务院关于建立完善守信联合激励和失信联合惩戒制度加快推进社会诚信建设的指导意见》（国发〔2016〕33号）	促进市场主体依法诚信经营，维护市场正常秩序，营造诚信社会环境	严重危害人民群众身体健康和生命安全的行为（包括食品药品、生态环境、工程质量、安全生产、消防安全、强制性产品认证等领域的严重失信行为）
《国务院办公厅关于加快推进社会信用体系建设构建以信用为基础的新型监管机制的指导意见》（国办发〔2019〕35号）	进一步规范市场秩序，优化营商环境，推动高质量发展	对被列入失信联合惩戒对象名单的市场主体，依法依规对其法定代表人或主要负责人实际控制人进行失信惩戒，并将相关失信行为记入其个人信用记录
《关于对严重危害正常医疗秩序的失信行为责任人实施联合惩戒合作备忘录》（发改财金〔2018〕1399号）	加快推进医疗服务领域信用体系建设	联合惩戒对象是指因实施或参与涉医违法犯罪活动，被公安机关处以行政拘留以上处罚或被司法机关追究刑事责任的严重危害政策医疗秩序的自然人

续表

名称	主旨	惩戒内容
《关于对食品药品生产经营严重失信者开展联合惩戒的合作备忘录》发改财金〔2016〕1962号	加快推进食品药品领域信用体系建设	联合惩戒对象为食品药品监督管理部门公布的存在严重失信行为的食品（含食品添加剂）、药品、化妆品、医疗器械（以下简称食品药品）生产经营者
《内蒙古自治区公共信用信息管理条例》（2021年6月1日起实施）	促进社会信用体系建设，优化营商环境，弘扬社会主义核心价值观	第十五条：（一）严重危害自然人身体健康和生命安全行为的信息
《辽宁省公共信用信息管理条例》（2020年2月1日起实施）	营造社会诚信环境，推进社会信用体系建设	第十九条：（一）严重危害人民群众身体健康和生命安全的行为
《湖北省社会信用信息管理条例》（2017年7月1日起施行）	应当被纳入严重失信名单的行为	第二十九条：（一）严重损害公众身体健康和生命安全的行为
《浙江省公共信用信息管理条例》2018年1月1日起施行	规范公共信用信息的归集、披露、使用，激励守信、惩戒失信，营造社会诚信环境，降低社会治理和市场交易成本	第二十四条：（一）以欺骗、贿赂等不正当手段取得关系人身健康和生命安全的行政许可而被依法撤销的信息；（二）因损害人身健康和生命安全的行为，严重破坏市场经济秩序和社会管理秩序的行为，或者危害国防利益的行为，而产生的本条例第十一条第二项和第三项规定的信息

从表5-1中可以看出，有关信用记录联合惩戒的政策法规是围绕规范市场秩序、优化营商环境制定实施的。社会信用的作用是规制市场经济活动，通过信用联合惩戒，对失信主体进行打击和惩治，进一步维护市场秩序，营造诚信的生产经营环境。具体到公共卫生领域，严重危害人民身体健康和生命安全的失信行为，可由卫生健康行政部门主导，联合其他相关

行政部门实施信用联合惩戒。同时，违法失信行为的危害性以及是否受到行政处罚，也应当成为卫生健康行政部门实施信用联合惩戒时自由裁量的重要依据。并且，传染病防控本身不是市场行为，作为一项市场化程度并不高的工作，公权力通过信用记录实施对相关违法人员的惩戒，应当慎之又慎。因此，笔者认为即便在突发传染病此类重大公共卫生事件的防控中，对违反传染病防控的行为不能一概而论地适用信用记录惩戒措施，应当严格根据现有政策法规的规定，将惩戒的对象限定在严重危害人民身体健康和生命安全的涉医违法犯罪以及医疗卫生市场活动等方面的失信行为。

此外，失信惩戒发展至今也存在被泛化和滥用的情形。公共卫生行动不应为了产生最大的健康受益的结果而任意、没必要地伤害某些个人利益，而是在伤害某些个人或者某些群体的利益无可避免，并使这种伤害最小化的情况下，使整个人群的受益最大。① 当前，我国的信用体系主要包括国家发展和改革委员会主导的社会信用体系及中国人民银行主导的征信体系。前者涵盖的范围非常广泛，涉及社会主体生产、生活的方方面面，能够实施和惩戒的行政主体较为多元，也是导致当前信用惩戒被滥用的原因之一；后者的适用领域则严格限制在与银行信贷业务有关的业务中。"一处失信、处处受限"的联合惩戒措施，对失信人的社会生活进行严格的限制，大到限制招投标、参与政府采购，小到限制乘坐火车、飞机。为防止失信惩戒被滥用，《国务院关于建立完善守信联合激励和失信联合惩戒制度加快推进社会诚信建设的指导意见》（国发〔2016〕33号），从健全约束和惩戒失信行为机制角度明确了行政机关采取联合惩戒措施的对象是严重危害人民群众身体健康和生命安全等四种行为。

对行政主体的治理是行政法治的关键环节②。公权力通过信用记录实施联合惩戒，必须符合依法公正严格规范执法的要求。对于涉及公民人身权、财产权等重大利益的行政行为，首先应当对适用信用记录惩戒的传染

---

① 参见翟晓梅、邱仁宗：《公共卫生伦理学》，中国社会科学出版社2016年版，第63页。
② 参见关保英：《行政法时代精神之解构：后现代行政法理论的条文化》，北京大学出版社2017年版，第184页。

病防控违法行为进行明确界定，将惩戒措施的实施对象限定为严重危害人民身体健康和生命安全的涉医违法犯罪以及医疗卫生市场活动中的失信行为。不应将"违法"与"失信"完全等同，也不应将违法、违纪、违反道德、违反职业规范等都列入失信范畴。[①] 应当根据对行政相对人权利影响的大小将行政许可、行政处罚等行政权力赋予相匹配的行政主体，增加报备、审批环节，将违法人员信用记录惩戒的权力适当上移，经过层层把关，更有利于促进应急行政中比例原则的贯彻落实，规范联合惩戒机制，保证行政机关能够采取利大于弊的危机管理举措，有效化解危机。

综上所述，建议将《传染病防治法》（征求意见稿）第七十三条修改为："经县级报备、市级人民政府批准后，由县级以上人民政府卫生健康主管部门联合有关部门建立传染病防控违法人员信用记录制度，对有严重危害人民身体健康和生命安全的涉医违法犯罪活动、医疗卫生失信行为的主体纳入全国信用信息共享平台，依法实施联合惩戒。"

四、优化重大传染病防控行政奖励方案

医护人员是重大传染病风险预防工作最主要的防控力量之一，他们付出的辛劳乃至牺牲，是全社会有目共睹的。因此，保护加强关爱一线医护人员，落实对他们的待遇保障，成为全社会共识。2020年2月22日，中央应对新冠疫情工作领导小组印发《关于全面落实进一步保护关心爱护医务人员若干措施的通知》，在对医务人员的表彰中明确提出"要开展烈士褒扬和先进表彰。依法做好因疫情防控牺牲殉职人员的烈士评定和褒扬工作，全面做好抚恤优待。开展医务人员及时奖励和表彰，对于获得表彰以及被认定为烈士的医务人员的子女，在入学升学方面按规定享受相关待遇。"此后，各地纷纷贯彻中央精神，出台系列奖励政策，快速落实奖励措施，帮助医务人员解决实际困难和问题，对在抗疫一线辛勤工作的医务予以表彰，包括提高疫情防治人员薪酬待遇、实施晋升倾斜、做好工伤认定和待

[①] 参见沈岿：《社会信用体系建设的法治之道》，载《中国法学》2019年第5期，第41页。

遇保障等多项举措，得到了全社会的认可和好评。但是一些地方在具体执行奖励的过程中也出现了因某些认定标准不规范而引发争论，尤其是实施的有关一线医务人员子女高考加分的奖励政策的具体标准应以何种标准认定（如有部分省区市发布文件规定："一线医务人员子女参加普通高考报考我省省属本专科高校被录取的，由高校根据考生意愿在同批次优先调整专业；安排省内部分优质高职院校专项招收一线医务人员子女，实行计划单列"），对于高考录取来说，同等条件下优先调整专业、计划单列都大大增加了录取率，此规定是否符合当前我国的高考政策和相关法律规范的规定，值得探讨。

我国有关高等学校入学方面的加分情形规定在1987年原国家教育委员会颁布的《普通高等学校招生暂行条例》中，此法规虽然在2004年10月12日被废止，但是对于具有某些特殊情况的考生，可以在录取时，适当降低分数，择优录取的规定被保留，成为一项稳定的高考政策延续下来并明确规定在相关法律规范中。主要包括：第三十七条的"边疆、山区、牧区、少数民族聚居地区的少数民族考生、散居于汉族地区的少数民族考生"；第三十九条的"退出现役的义务兵、荣立二等功以上的退役军人、烈士子女"。结合传染病防治工作中做出显著成绩和贡献的单位和个人来说，有关烈士子女在录取上所享有的优待适用于当前高考政策的规定。同时，我国《烈士褒扬条例》在第十九条第二款规定中也进行了明确规定："烈士子女报考高等学校本、专科的，可以按照国家有关规定降低分数要求投档"。

可以看到，我国高考政策中关于优先录取、加分等方面已经形成了稳定的制度，实际上也有相关省区市按照规定制定了合理的政策。例如，黑龙江省政府办公厅于2020年3月19日发布《黑龙江省人民政府办公厅关于全面落实进一步保护关心爱护医务人员若干措施的通知》，其中规定，被认定为烈士的医务人员子女，享受就近就便入读公办义务教育阶段学校和当地中考照顾政策；参加普通高考、成人高考的，在文化课统考成绩总分的基础上加20分。① 黑龙江省的政策则严格按照现有法律规范,制定了更加公平公正、稳定有序的奖励政策,从情理和法理上都体现了对医务人员牺牲和奉献的肯定,也对其他医务人员形成了激励。

综上所述,在突发公共卫生事件中对做出突出贡献的单位与个人进行奖励是十分必要的,但也需要依法依规,既要体现对医务人员辛勤付出的肯定和激励,也要体现奖励政策的公平正义,不能随意做出,应当制度化和规范化。当前我国高考加分政策以及《烈士褒扬条例》中有关烈士子女在录取时可以适当降低分数、同等条件下优先录取的相关规定具有较强的合理性,应当成为各地出台实施对医务人员奖励表彰政策,尤其是具体制定对一线医务人员倾斜政策时的必要遵循和积极限制。《传染病防治法》在修改中也应当进一步明确表彰和奖励必须严格按照有关规定实施,建议《传染病防治法》(修订草案二次审议稿)在相关规定中,加强各地在制定对传染病防治工作中作出显著成绩和贡献的单位和个人表彰和奖励政策的规范性,防止政策规定显失公平。例如,对涉及子女高考加分的政策,应当将奖励对象限缩为烈士,除此之外,可以规定对医务人员本人给予精神上和物质上的奖励。

第四节 完善政府重大传染病风险预防权力监督机制

重大传染病风险预防依法、科学、高效推进离不开规范有效的内外部监督。党的十九大报告提出要构建党统一领导的权威高效的全方位监督体系,将党内监督同其他监督衔接配合,实现党和国家监督、群众监督的贯通,形成监督合力,共同将公权力置于阳光下。人民至上、生命至上,尽

---

① 黑龙江省政府办公厅:《黑龙江省人民政府办公厅关于全面落实进一步保护关心爱护医务人员若干措施的通知》,黑龙江人民政府网,https://credit.jms.gov.cn/317/14212.html,访问时间:2021年8月7日。

快遏制疫情才是真正敬佑每一个生命。除了《传染病防治法》《基本医疗卫生与健康促进法》等公共卫生领域立法的专门规定外，党的十八大以来我国颁布实施了《监察法》《重大行政决策程序暂行条例》《政府督查工作条例》等法律、行政法规以及根据《中共中央关于加强党内法规制度建设的意见》陆续制定修订党内法规，确立了较为全面的公共卫生事权监督体系，构建了纪委监委对党政领导干部纪检监察、行政督察对政府履职监督、卫生行政主管部门对其下级卫生行政部门、疾控机构以及医疗机构的指导督促体制机制。

一、纪检监察监督

（一）党内法规监督

党内法规立足全面从严治党，较之一般法律，突出的特点是更加关注对党政领导干部"关键少数"选任、履职的考核、监督、制约，有利于从源头上提升公权力依法严格规范履职的效能，在推动新时代党委领导各项事业发展，坚持和完善中国特色社会主义制度、推进国家治理体系和治理能力现代化中发挥着至关重要的指导作用。其也是防范化解风险，促进国家治理、政府治理、社会治理良性互动的组织廉洁预防机制和制度保障。

着力强化监督问责、压实执规责任是党的十八大以来党内法规治理效能日益彰显的重要体现。[①] 从完善组织保障看加强履职规制层面，坚持顶层和基层监督共同推进，系统规定了上级党组织对下级党组织和党员领导干部履行执规责任情况的监督机制。《中国共产党党内法规执行责任制规定（试行）》，以"统分结合、各司其职，一级抓一级、层层抓落实"为原则，明确了党的各级各类组织和党员领导干部的党风廉政建设、党建工作、

[①] 中共中央办公厅法规局：《充分发挥依规治党的政治保障作用——以习近平同志为核心的党中央加强党内法规制度建设纪实》，载《人民日报》2022年6月26日，第1版。

法治建设等严格监督的执规责任制。①《中国共产党组织工作条例》第二十三条、第二十五条中进一步强调了将考核和监督相结合,规定了干部选拔任用的考核机制,并明确对广大干部履职的担当作为、依法行使权力情况要加强日常监督。②《中国共产党党和国家机关基层组织工作条例》专门对机关基层党组织对党员领导干部遵守和执行制度、忠诚干净担当的日常监督机制进行了系统的规定。③ 2021年3月,党中央印发《关于加强对"一把手"和领导班子监督的意见》,充分认识加强对"一把手"和领导班子监督的重要性紧迫性,明确了党中央要加强对高级干部的监督,各级党委(党组)要加强对所管理的领导干部特别是主要领导干部的监督。④

(二) 国家纪检监察

党的十九大以来,我国整合反腐力量,确定了纪检监察合署办公的组织架构,有序颁布实施《监察法》《中华人民共和国监察法实施条例》以及《监察官法》,为纪检监察工作依法高效开展提供了规范指引,深化国家监察体制改革取得重大成果。监察机关通过预防和惩治腐败来对公职人员实施监督性监督,各级监察委员会在国家宪法层面上对公职人员行使监

---

① 《中国共产党党内法规执行责任制规定(试行)》第三条:"在党中央集中统一领导下,建立健全党委统一领导、党委办公厅(室)统筹协调、主管部门牵头负责、相关单位协助配合、党的纪律检查机关严格监督的执规责任制,统分结合、各司其职、一级抓一级、层层抓落实。"

② 《中国共产党组织工作条例》第二十三条:"建立健全日常考核、分类考核、近距离考核的知事识人体系,贯彻新发展理念,坚持正确政绩观,把区分优劣、奖优罚劣、激励担当、促进发展作为基本任务,优化考核内容和考核指标体系,完善考核方式方法,统筹开展平时考核、年度考核、专项考核、任期考核,全方位、多渠道了解干部,注意掌握干部在重大任务、重大斗争一线的表现。强化考核结果运用,把考核结果与干部选拔任用、教育培养、管理监督、激励约束、问责追责等结合起来,推动形成能者上、优者奖、庸者下、劣者汰的正确导向。第二十五条:建立健全管思想、管工作、管作风、管纪律的从严管理体系,聚焦领导干部特别是党政正职,突出对干部做到"两个维护"、遵守党章党规党纪和宪法法律法规、执行党的路线方针政策、贯彻落实党中央决策部署、遵守党内政治生活准则等情况的政治监督。坚持抓早抓小抓经常,加强日常管理和对履职尽责、担当作为的监督,推动广大干部严格按照制度履行职责、行使权力、开展工作。"

③ 《中国共产党党和国家机关基层组织工作条例》第二十六条:"机关基层组织应当加强对党员特别是党员领导干部的日常监督,保证党员严格遵守党章党规党纪、严格遵守和执行制度、做到忠诚干净担当,维护党的团结和统一,增强党组织的创造力、凝聚力、战斗力。"

④ 《中共中央关于加强对"一把手"和领导班子监督的意见》:载中国政府网,http://www.gov.cn/zhengce/2021-06/01/content_5614784.htm,访问时间:2022年2月10日。

督、调查和处置职能的国家监察机关。① 在监察机制的具体运行中，纪检监察干部不仅是党规党纪的执行者，也是国家法律的执行者。监察官具有执纪执法的双重职责，通过监督、调查、处置对所有行使公权力的公职人员进行监督。《监察法》规定监察对象为"所有行使公权力的公职人员"，《监察法实施条例》特别就系统性、行业性的突出问题，规定了专项检查的监督和督促机制。②

重大传染病防控是综合性权力与行业性权力交叠行使的领域，监督对象既包括国家机关工作人员也包括行使公权力的其他主体。国家监察制度改革对于重大传染病领域反腐败工作的推进意义深远，能够对重大传染病领域中所有行使相关权力的公职人员形成监督，是促进平战结合、精准防控有效推进的重要制度保障。此外，立足坚持党的领导的根本原则，可从立法沟通、协同审查、整合解释方面推动《中国共产党党内监督条例》的党内监督与《中华人民共和国监察法》国家监察有机衔接，以发挥党规国法各自制度特色、吸收对方制度优势，形成反腐败工作的制度合力。③

二、行政监督

（一）政府督察

政府依法全面履职对于提高行政效能，提升人民群众幸福感、获得感具有十分重要的意义。国务院和省级政府担负着统筹推进全国和地方依法行政及法治政府建设的重任。市县级基层政府对作为落实政策、具体行使执法权的一线政府，执法行为直接涉及人民群众具体利益，各种社会矛盾

---

① 陈瑞华：《论国家监察权的性质》，载《比较法研究》2019年第1期，第1页。
② 《监察法》第一条："为了深化国家监察体制改革，加强对所有行使公权力的公职人员的监督，实现国家监察全面覆盖，深入开展反腐败工作，推进国家治理体系和治理能力现代化，根据宪法，制定本法。"《监察法实施条例》第十九条："监察机关对于发现的系统性、行业性的突出问题，以及群众反映强烈的问题，可以通过专项检查进行深入了解，督促有关机关、单位强化治理，促进公职人员履职尽责。"
③ 冀明武：《论党内监督法规与国家法律制度的衔接——以〈中国共产党党内监督条例〉与〈监察法〉为视点》，载《江汉学术》2020年第2期，第38页。

和纠纷大多数发生在基层并需要市县政府处理和化解，但市县政府对国家法律法规、政策的贯彻落实易出现基于地方官员系统利益保护的选择偏好和被动执法，引发人民的不信任，从而产生自下而上的政府信任危机。

政府督察作为行政机关自我监督机制，是保障行政活动依法、合理、公正，防范行政违纪违法行为的重要内部监督。行政上层政府的考核失当，下层政府自身的动力错位，以及上下层政府间的共谋与妥协等，是基层政府形式主义本质的底层逻辑。[①] 完善行政督查就是要促进政府上级对下级监督的主动性、制度化及规范化，中央和上级决策部门对地方和下级偏离决策目标的执行行为，能够随时予以纠正并通过行政督查手段进行积极干预。2019年5月，中共中央办公厅、国务院办公厅印发了《法治政府建设与责任落实督察工作规定》，规定了保障政令畅通，提高行政效能，有序推进发展的行政督查制度。2020年12月26日中华人民共和国国务院令第733号公布《政府督查工作条例》，自2021年2月1日起施行。《政府督查工作条例》完善了对政府依法履职的行政监督的主体、内容和方式。第二条规定："县级以上人民政府在法定职权范围内根据工作需要组织开展的监督检查"，第四条规定："政府督促的主要内容包括，党中央、国务院重大决策部署落实情况；（二）上级和本级人民政府重要工作部署落实情况；（三）督查对象法定职责履行情况；（四）本级人民政府所属部门和下级人民政府的行政效能"。第十二条规定了政府督查可以采取访谈、暗访、听证、评估、约谈、调阅复制材料、"互联网＋督查"等方式。2022年7月19日，中央全面依法治国委员会办公室在京启动市县法治建设工作督察。聚焦推进市县两级法治建设，进一步夯实基层法治基础、加快推进市县法治政府建设。

（二）卫生健康主管部门监督

在我国，国家和地方卫生健康委员会是重大传染病防控工作的主管部

[①] 文宏、李慧龙：《府际关系视角下基层形式主义的本质与逻辑重思》，载《探索与争鸣》2019年版第11期，第102页。

门，各级疾病预防控制机构是国家卫生健康委所属事业单位，承担重大传染病的报告、预警、研判等专业技术类工作。2021年5月国家疾病预防控制局成立，是国家卫生健康委员会管理的国家局，为副部级单位，负责贯彻落实党中央关于疾病预防控制工作的方针政策、决策部署，防止误判、延误情况的发生，并对相关执法工作的实施及时、有效的监督。① 为重大传染病领域依法严格工作规范文明执法提供更完备的制度保障。《传染病防治法》《突发公共卫生事件应对法》（草案）在法律责任专章中，还需要与国家疾病预防控制局的成立相衔接，根据预防与控制的不同要求，进一步明确卫生行政主管部门及其下设行政单位和主管医疗卫生机构的责任。

传染病病毒的隐秘性、传播途径的多样性、临床症状的非典型性以及变异性状的不确定性决定了其对专业研判科学分析具有很强的依赖性，对此卫生健康主管部门作为重大传染病防控的专责机关，主要通过评估重大传染病风险预防及控制相关技术治理、科学研判行为及时性和高效性，实施重点监督和专门监督权。完善《传染病防治法》《突发公共卫生事件应对法》法律责任专章中对涉及传染病预防的疫情监测、风险评估、通报、发布以及未及时采取预防控制措施等失职渎职行为的相关规定，不仅有利于督促疾控机构、医疗卫生机构等专业力量与行政机关的决策执法充分联动，也是推动科学技术能够充分资政公共卫生的外部保障。

三、社会监督

突发公共卫生事件关乎公民生命健康。在数字化时代的政府转型中，数字技术为政府治理现代化提供了重要的科技驱动，继而也完成了公民和社会组织在信息获取、参与表达和采取行动方面的自我增权。② 加之重大

---

① 参见《国家疾病预防控制局职能配置、内设机构和人员编制规定》第二条、第四条。
② 孟天广：《政府数字化转型的要素、机制与路径——兼论"技术赋能"与"技术赋权"的双向驱动》，载《治理研究》2021年第1期，第10页。

传染病风险预防手段呈现权利干预前置的特点，完善社会监督机制，既是风险沟通的客观需要，也是加强权利保障和救济客观要求。忽视与社会的共识，排除公民的监督权参与权，单纯的信息垄断和信息封锁，只会加剧社会恐慌和混乱。

完善社会监督机制，为公众对行政决策过程提出合理质疑营造宽松的制度环境，不仅能够更好满足法治政府保障公民知情权、参与权的客观要求，也有利于构建起政府决策与社会公众建言献策的良性互动局面，从而在强有力的社会凝聚力下，形成政府—社会内外合力积极应对危机、有效化解危机的高效治理格局。应从制度设计上畅通公众参与政府决策，行使监督权的渠道，在法律规范中增加有关预警信息发布公众监督的实体规定和程序规定。一方面，可设置法律监督专章或在对法律责任的规定中明确公民、社会组织进行申诉、控告、检举、听证的方式和程序。另一方面，围绕构建"用户体验"行政效能评价机制，将政府预防措施的发布、实施等实体法制、程序法制的情况纳入评价机制中，进行公众知晓度、满意度的调查，并将公众结果作为衡量政府预警信息发布行为合法性、合理性的重要指标。

综上所述，党内监督、国家纪检监察、政府督查、卫生健康主管部门监督检查以及社会监督的内部和外部相结合的问责、追责和惩处的监督机制，形成了对重大传染病风险预防依法行政，依法执法的全面监督和制约，各类监督方式各有边界同时又具有加强对公权力规制的目的一致性。不同监督机制根据不同的框架限定各有侧重地履行监督职能，对公权力的监督从身份、角色、权能等进行多角度评判。尤其是在面对风险不确定性上实施的预防性行政决策和执法中，在一定程度上表现出监督权介入不及时、监督机制未能充分有效运作，未来应围绕落实和贯彻好法律、党内法规、行政法规，完善监督机制。相关立法在法律责任的专章中，需要更多的关注各类监督机制的有机衔接，推动各类监督更好地形成合力，在对党员干部违纪行为、行使公权力人员既违纪又违法的行为以及技术研判机构单纯的违法行为进行监督制约中，需要围绕相关主体组织管理有关规范体系的要求及时行使监督权，推进党内法规、监察法律、行政法规在突发公共卫生事件中的适用,及时公布政治问责、政务处分、行政处罚的典型案例。同时依照法治国家、法治政府、法治社会一体建设的逻辑,充分保障公民的监督权和知情权,畅通对违法违纪行为的发现和处置机制。

第六章

提升我国重大传染病风险群防群控治理效能的规范进路

坚持群防群控是我国传染病防控法律制度的重要组成部分，也是预防为主、防治结合的传染病防控理念的基本内容之一。① 在共治法治理念的影响下，《基本医疗卫生与健康促进法》第12条规定的法人或其他组织、《居民委员会组织法》第3条和《村民委员会组织法》第7条规定的基层群众性自治组织等，都能依法参与到公共卫生治理之中。《宪法》规范将公共卫生治理界定为保护公共利益的公共任务，依循多元共治理论，其既需要作为国家机器的行政机关积极履行权责，也鼓励基层群众性自治组织、企事业单位、社会组织等积极参与的合作共治。根据流行病学基本原理以及社区治理的客观需求，坚持预防为主，群防群控，发动和依靠群众是遵循科学态度、发扬专业精神的内在要求。实现政府治理和居民自治良性互动，是当前我国加强基层治理体系和治理能力现代化建设，构建基层社会治理新格局的重要内容。② 群防群控能够激发基层社会主体与行政机关形

---

① 《中华人民共和国基本医疗卫生与健康促进法》第二十条第一款："国家建立传染病防控制度，制定传染病防治规划并组织实施，加强传染病监测预警，坚持预防为主、防治结合、联防联控、群防群控、源头防控、综合治理，阻断传播途径，保护易感人群，降低传染病的危害。"

② 党的十九届四中全会《中共中央关于坚持和完善中国特色社会主义制度推进国家治理体系和治理能力现代化若干重大问题的决定》中关于坚持和完善共建共治共享的社会治理制度的内容提出"构建基层社会治理新格局，发挥群团组织、社会组织作用，发挥行业协会商会自律功能，实现政府治理和社会调节、居民自治良性互动，夯实基层社会治理基础。推动社会治理和服务重心向基层下移，把更多资源下沉到基层，更好提供精准化、精细化服务。"

成公私合作的突发公共卫生事件社会合作规制模式。① 行政机关通过"放管服"推动职能由管理迈向治理，需要将更多的精力聚焦到对基层防控的引导、激发和促进中来，促进风险治理自下而上的高效互动格局的形成。完善基层治理体系，巩固社区防控，对于增强重大传染病风险预防总体效能意义重大。需要加强群防群控体制机制建设，健全群众在突发公共卫生事项上的自我管理、自我服务、自我教育、自我监督的制度供给。② 可以看到，面对重大传染病风险预防、应对的复杂性和长期性的要求，以城乡社区为基本单元的群防群控成为加强基层治理能力的建设的重要着力点。群防群控是我国基层社会治理的基本路线，也是推进基层治理体系和治理能力现代化的客观要求。进而，应当围绕依靠人民、服务人民、最大限度激发人民群众参与社会治理的积极性和创造性的核心要义，从行动机制、组织保障、制度供给等方面对重大传染病风险预防基层自治高效有序推进的规范体系进行完善。

第一节 完善社区风险预防合作共治机制

社区建设是支撑中国社会治理体系、国家治理体系最为重要的因素。③ 城市化带来城镇人口急剧增加，社区成为人们活动的重要场所，从空间上看，社区是突发事件的第一现场和前沿阵地，随着社会治理重心向基层下移，提升社区综合治理水平，增强居民和社区组织自我防护、自救互救的能力，对于共建共治共享社会治理成果，提高全社会重大传染病风险预防能力具有至关重要的意义。作为社会合作新模式的疫情群防群控，已经让

---

① 邹焕聪：《社会合作规制在突发公共卫生事件防控的运用》，载《法学》2022年第10期，第6页。

② 《中共中央、国务院关于加强基层治理体系和治理能力现代化建设的意见》："要认真总结新冠肺炎疫情防控经验，补齐补足社区防控短板，切实巩固社区防控阵地，加强群防群控、联防联治机制建设。进一步提出在基层公共事务和公益事业中广泛实行群众自我管理、自我服务、自我教育、自我监督，拓宽群众反映意见和建议的渠道。聚焦群众关心的民生实事和重要事项，定期开展民主协商。"

③ 刘建军：《社区中国》，天津人民出版社2020年版，第87页。

社会（特别是基层社会）与政府通力合作，在平时常态治理实践中大显身手，在非常时期治理实践中也大有用武之地。①

一、基层风险预防与社区合作共治的逻辑耦合

（一）社区合作共治的基本要义

滕尼斯提出，"血缘共同体逐渐分化为地缘共同体；地缘共同体直接体现为人们共同居住在一起，它又进一步地发展分化成精神共同体，精神共同体意味着人们朝着一致的方向、在相同的意义上纯粹地相互影响，彼此协调。"② 社区分析工作分为两步，第一步是在一定时空坐标中去描画出一个地方人民所赖以生活的社会结构，第二步是比较不同社区社会结构的配合原则。③ 基于地缘的社区共同体具有以下特点：

首先，从属性上看，社区合作共治与政治性关联度较低。社区是由基层居民自建并管理的公共空间，社区空间的扁平性是理解社区治理的逻辑起点。社区对等级具有天然的排斥性，政治辨识度低、议题与个人利益关联度高是社区治理的一般规律。在社区居民、各类正式或非正式的治理主体彼此之间没有行政关系，因此社区治理更强调多元主体之间的平等互动和协同共治。④

其次，从运行机制看，社区合作共治以构建互动配合式治理为主要模式。现代社区的核心理念是自治和参与，从威权式治理向参与式治理转型是社区治理转型的发展方向。⑤ 在"社区"这一基本单元内，社区治理是包括基层政府、企业和各类社会中介组织在内的多元主体的多形式协同，

---

① 邹焕聪：《社会合作规制与新行政法的建构——从疫情群防群控切入》，载《政治与法律》2022年第2期，第4-8页。
② ［德］费迪南·滕尼斯：《共同体与社会》，张巍卓译，商务印书馆2019年版，第87页。
③ 费孝通：《乡土中国》，人民出版社2015年版，第117页。
④ 刘建军：《社区中国》，天津人民出版社2020年版，第107页。
⑤ 周庆智：《论中国社区治理——从威权式治理到参与式治理的转型》，载《学习与探索》2016年第6期，第42页。

是政府社会管理与社会自主治理的统一。① 政府与私人组织和各志愿组织共同组成了社区治理的主体体系，政府与其他组织的关系也不仅仅是单一的"领导—服从"关系，而是平等的互动与协调发展关系。②

最后，从存在场域看，社区合作共治是上接基层政府、下连社区群众的基层社会中端的治理。居民委员会是基层党组织和政府组织政治系统、社区居民和社区中介组织社会系统、业主委员会和物业公司经济系统这三种关系的连接点，并促使其相互作用，推动着中国的社区治理不断走向成熟。

（二）风险治理嵌入社区合作共治的应因

预防是积极的风险治理，是风险社会高效治理的重要理念和手段。基层场域预防性治理的动因主要源于社区成员基于对美好生活的追求而自觉形成的风险防控需求。在高自治聚合性、低行政科层性的基层治理体制机制中，风险预防由观念转为具体的治理手段并充分发挥其先手防范的作用，更多地依赖于社区成员在自愿参与和自主选择基础上的共建、共治、共享。此外，还需要权威力量提供有力支持和必要的组织引导。

一方面，合作共治是基层社会风险预防性治理的内在要求。风险社会基层微观治理中，社区合作共治是主要的治理形式。让社区自治运作邻里内部和外部事务，被看作提升更具有回应性的地方政府和使地方代议制民主重新合法化的途径。③ 通过合作共治，能够将群众自治内源性动力和政府治理外源性支持有效结合，全面提升基层社会风险应对的能力。社区自治的运转需要在村居民委员会、业主委员会群众性自治组织、社会组织、企业等多元社区主体间构建起自我服务、自我管理的互动，并通过对涉及共同利益事项的决策参与、对社区资源分配和交换方案的实践参与、对社区服务需求的表达等协同方式实际运作。可以说，社区合作在社区治理中

---

① 任晓春：《论当代中国社区治理的主体间关系》，载《中州学刊》2012年第3期，第6页。
② ［美］奥斯特罗姆：《制度激励与可持续发展》，毛寿龙译，三联书店2000版，第73页。
③ Steve Connelly, *Constructing Legitimacy in the New Community Governance*, Urban Study, Vol. 48, 2011, p. 929.

具有第一性，这是社区成员"自己事情自己决定"的主观意愿和"自身真实需求自己最了解"的客观实际共同作用的结果，这也是合作共治筑牢基层社区防控阵地的重要机理。

另一方面，风险预防机制的完善为社区合作共治提供了更有力的制度保障。稳定的协商机制、科学的合作机制、高效的风险排查化解机制既是风险预防的基本要素，也是推动社区合作共治朝着制度化、法治化发展的重要着力点。因为，对于以非制式制度为主的社会合作共治而言，村居民委员会、业主委员会及包括物业在内的各类组织，社区成员自发组建和成立只是合作共治的第一步，其后真正决定运行效能的是治理主体的合法性查明和相关制度供给的构建。预防性法律制度的提出，是新时代"枫桥经验"风险预防法治化和制度化的重要体现。一方面，有利于推动社区合作共治中"合作"的稳定性和规范性。预防性法律制度从正式制度和权威引领层面完善了社区成员内部开展民主协商、治理实践以及社区与基层政府、相关机构之间的沟通表达互动的方式、渠道。另一方面，有利于保障社区合作共治中"共治"的正当性和合法性。预防性法律制度要求规范化做好预先防范，并最终落脚于法律制度，则强调预先处置的措施和手段应当符合适当性、必要性和比例性原则。[①] 这不仅是对基层权力行使的规制，也是对基层各类主体开展治理实践的约束。

二、完善社区合作共治组织建设机制

党的二十大报告在完善基层社会治理体系中明确提出"健全共建共治共享的社会治理制度，提升社会治理效能"。党的二十届三中全会在健全社会治理体系中继续强调"完善共建共治共享的社会治理制度"。围绕"人人有责、人人尽责、人人享有"的基层社会治理内在机理，加强社区工作组织机制建设，优化社区工作队伍结构，促进形成政府治理和基层群众性自治组织高效配合、良性互动，构建基层社会治理新格局，既是我国

---

① 刘军：《预防性法律制度的理论阐述与体系建构》，载《法学论坛》2021年第6期，第98页。

推进基层治理体系和治理能力现代化建设的手段也是目标。随着我国城乡一体化的不断发展,以城乡社区为主的生产生活场域已成为基层社会治理的最基本单元。近年来,党和国家围绕提升基层治理体系和治理能力现代化,从顶层设计和队伍建设方面进一步完善了基层社会治理相关政策保障和制度供给。2024年3月28日,中共中央办公厅、国务院办公厅印发《关于加强社区工作者队伍建设的意见》,进一步聚焦完善和充实社区治理力量,从健全职业体系、加强能力建设、完善管理制度、强化激励保障、加强组织领导五个方面,对社区队伍建设提出了具体要求。进而,目前社区治理组织主体主要包括党委和政府的基层派出机构、社区工作者队伍、业主代表机构、物业服务机构。可以看到,加强基层治理体系和治理能力现代化视野下传染病群防群控除了依靠基层党组织、街道办事处、居委会及其下设的公共卫生委员会之外,相关组织,如社区工作者队伍、业主委员会、物业公司等在公共卫生风险防控中的作用也应被重视和激发。《传染病防治法》《突发公共卫生事件应对法》在修改中,需要围绕党组织、基层行政机构、群众性自治组织和社会组织等功能侧重和相互关系,进一步明确重大传染病群防群控组织运行机制中的组织管理和制度支持。

(一) 健全上下贯通的管理体制

针对突发公共卫生事件尤其是重大传染病传播快、隐匿性强、变异率高的不可控性,社区是突发公共卫生事件风险预防分级分类管理和精准防控策略实施的基本单元,做好社区风险预防有利于抢占空间上的防控优势,也是防范突发公共卫生风险扩大的第一道防线。当前,基层党组织、街道办事处以及有关职能部门的政府组织、居委会和业主委员会等群众性自治组织、物业公司及社区商贸等营利性社会组织是社区治理的主体。随着我国基层治理现代化的推进和对防范化解突发公共卫生风险经验的不断总结,参与基层治理的各方在互动、合作、协调的动态调试中,不断寻求社区风险预防效能最优及有利于推动预防与应急管理高效衔接的运行机制,逐步厘清了社区合作共治组织体制的内在机理(见图6-1)。

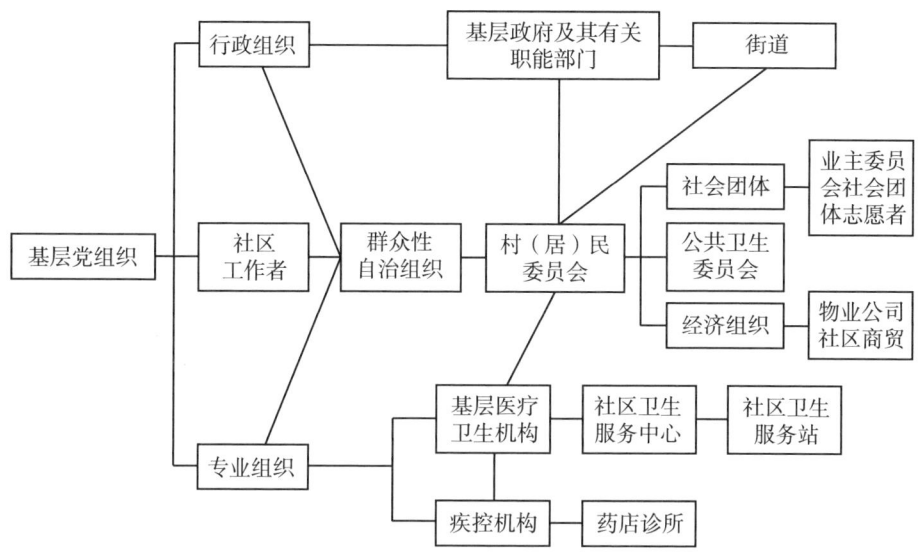

图 6-1　重大传染病突发公共卫生事件社区防控组织管理体制架构

从组织机制看，社区突发公共卫生事件风险防控相关主体的职能主要有以下四方面的侧重：第一，基层党建引领。党组织发挥着引领社区工作有序推进，整合、团结、凝聚各方力量参与社区防控的统领作用。第二，基层行政机关负责。基层政府及其职能部门和街道根据属地管理的要求实施综合管理，搭建平台、提供支持，引领基层群众性自治组织社区自我管理自我服务具体实践有序开展。第三，社会组织充分参与。由居委会、业主委员会、各类社会组织、志愿者构建起的社区群众性自治组织以及以物业公司和社区商贸为主体的有偿服务，是社区防控高效、可持续运转的关键。第四，专业机构技术保障。基层医疗卫生机构在风险监测、报告、检测、评估、救治、转运以及防控知识普及方面提供专业支持，是提升基层防控能力的必要保障。

（二）加强基层党组织的领导

基层善治首先需要基层党组织在领导、组织及协调中的政治作用。[①]

---

① 参见张师伟：《中国共产党基层组织在乡村协商民主治理格局的中心角色与领导作用》，载《学海》2021年第5期，第59页。

基层党组织通过"权力结构的一体化运作""党建元素的标识性感召"和"党群动员的人格化示范"为路径，巩固和强化了党组织与居民的血肉联系。①《中国共产党支部工作条例（试行）》是基层党组织领导基层自治的法律依据。根据其第二条、第十条的规定，社区、社会组织党支部担负宣传群众、凝聚群众、服务群众的职责。社区党支部全面领导隶属本社区的各类组织和各项工作，组织整合辖区资源，领导社区群众自我服务，共建共享美好家园。

一方面，党委领导社区自治中，基层党支部要做好组织动员工作，激发、凝聚力量开展社区治理。习近平总书记2021年6月在考察社区基层时强调，"社区要搞好，一定要有坚强的党组织领导的基层组织"。② 组织程度高的社区多种力量的融合程度就高、效果就好，反之则弱。③ 社区党组织在动员、统筹、组织各种社区力量参与防疫工作，提升社区治理效能上具有天然的优势，加强基层党建引领是社区治理行稳致远的关键，结合实践中的创新举措和国家相关政策的指引，基层党委领导组织动员，应着重完善以下三个方面：其一，教育、管理党员。推动党员、干部下沉社区一线，加强社区基层综合管理和人员力量。④ 其二，服务群众，凝聚力量。基层党组织统筹协调社区居民委员会、业主委员会、产权单位、物业服务企业等开展小区党组织引领的多种形式基层协商，主动了解居民诉求，促进居民形成共识，组织引导社区内机关、企事业单位积极参与。⑤ 其三，组织群众。加强对群众性自治组织的支持，把城市党建的源头从社区向小

---

① 参见王浦劬、汤彬：《基层党组织治理权威塑造机制研究——基于T市B区社区党组织治理经验的分析》，载《管理世界》2020年第6期，第106页。
② 《每日一习话：社区要搞好，一定要有坚强的基层党组织》，载中华网，https://news.china.com/zw/news/13000776/20210611/39663798.html，访问时间：2022年4月22日。
③ 王盛、罗璟：《社区组织程度和基层公共卫生体系构建——基于新冠疫情下社区居民心理状态及其影响因素的实证研究》，载《人文杂志》2022年第3期，第24页。
④ 《国务院联防联控机制2021年8月13日新闻发布会文字实录》，载中国政府网，http://www.nhc.gov.cn/xcs/yqfkdt/202108/6c77e46253b84b1f9cca2d5aa4a0f76b.shtml，访问时间2022年4月16日。
⑤ 参见《国务院办公厅关于全面推进城镇老旧小区改造工作的指导意见》（国办〔2020〕23号），载中国政府网，http://www.gov.cn/zhengce/content/2020-07/20/content_5528320.htm，访问时间2022年4月28日。

区延伸,把健康融入小区,依托社区"大党委",实现党建主导型小区业委会组建。①

另一方面,社区自治的公共财政支出还需要社区党组织的充分支持,加强对服务群众的经费保障。2019 年,中共中央办公厅印发《关于加强和改进城市基层党的建设工作的意见》强化了社区党组织在资源配置中的主导地位,提出"加强对社区的工作支持和资源保障,统筹上级部门支持社区的政策,整合资金、资源、项目等,以社区党组织为主渠道落实到位"以及"对社区内有关重要事项决定、资金使用等,要发挥社区党组织的主导作用"。公权力的支持在基层社会公共性建设中始终是不可或缺甚至是关键性因素,通过财政资金向基层下沉来完善社区服务和改善民生,巩固基层党组织权威,也是完善共建共治共享的社会治理制度的内在要求。②可以看到,基层党建引领作用发挥的重要一环,表现为党组织整合挖掘社区共治组织资源,积极促成社区公共财政供给稳定,从而推动服务群众的目标更好实现。

(三) 提升居民委员会的协助能力

居民委员会在基层社会治理中,是发挥承上启下作用的群众性自治组织。其作为基层群众性自治组织,是基层治理场域中连接行政组织与自治组织的桥梁,其同基层政府的相互关系是接受指导、提供协助,同社区自治力量间相互关系是组织和引领,居委会成员由居民选举产生,受居民监督、对居民负责。居民委员会的法律地位由《宪法》所明确,其与基层政权的组织管理关系由具体法律规定。根据我国《宪法》《民法典》及《居民委员会组织法》的规定,居民委员会是基层群众性自治组织,不是政府的组成部分,而是基层人民政府或者它的派出机构在社区治理中的辅

---

① 《国家卫生健康委员会 2020 年 12 月 11 日专题新闻发布会文字实录》,载中国政府网 http://www.nhc.gov.cn/xcs/s3574/202012/34e57fb6c8c44f50afeff5a0498fb199.shtml,2020 年 12 月 11 日发布,访问时间 2022 年 4 月 16 日。
② 参见肖林:《迈向"社区公共财政"?——城市社区服务专项资金政策分析》,载《社会发展研究》2020 年第 4 期,第 102 页。

助力量。① 居民委员会在基层政府的指导和支持下，以引领基层自治力量自我管理、自我教育、自我服务的方式，协助基层政府开展工作。

从居民委员会与重大传染病风险治理的规范依据和法定职责看，其无权代表行政机关，也不是被授权行使涉及居民具体法律上权利义务管理的主体。《突发公共卫生事件应对法》（草案）规定了居民委员会在公共卫生风险防控中应协助政府及医疗卫生机构做好健康监测、信息收集报告、公共卫生措施宣传落实以及隔离人员的观察及其生活保障等工作，积极履行社区网格化管理责任。可以看到，在社区治理中，居民委员会的权能是协助基层政府及相关职能部门、医疗卫生专业机构做好社区居民的正常生活保障、储备群防群控力量、开展有关健康、防疫政策的宣教、沟通、解释以及具体落实。

法律赋予基层政府和街道积极承担起为居民委员会工作提供人力、物力、财力支持的责任，其具有必要性，也具有可行性，是自上而下推动基层自治的重要保障。行政资源是居民委员会重要的物质获得感来源，产生行政化困境的原因在于居委会对外在物质获得感过分依赖，而奉献等精神所产生的内在获得感作用式微。② 因此，对于居委会而言，需要扭转行政化的尴尬，去行政性回归群众。首先，应以其在基层治理中作为群众性自治组织存在的法律地位为立足点，秉承服务群众的理念，发挥从群众中来到群众中去的组织优势，做好重大传染病群防群控的动员、协调、号召、整合工作，充分协助行政组织和医疗卫生专业机构开展工作。其次，还需要进一步完善居民委员会成员的推选机制，立足构建熟人社区，力求最大限度将了解社区情况、有较好群众基础的人员挑选出来，真正发挥居民委

---

① 《宪法》第一百一十一条："城市和农村按居民居住地区设立的居民委员会或者村民委员会是基层群众性自治组织。居民委员会、村民委员会的主任、副主任和委员由居民选举。居民委员会、村民委员会同基层政权的相互关系由法律规定。《民法典》：第一百零一条 居民委员会、村民委员会具有基层群众性自治组织法人资格，可以从事为履行职能所需要的民事活动。"《居民委员会组织法》第二条："居民委员会是居民自我管理、自我教育、自我服务的基层群众性自治组织。不设区的市、市辖区的人民政府或者它的派出机关对居民委员会的工作给予指导、支持和帮助。居民委员会协助不设区的市、市辖区的人民政府或者它的派出机关开展工作。"

② 沈立里、池忠军：《"去行政化"的限度：获得感视角下居委会社区治理困境论析》，载《理论月刊》2022年第3期，第49页。

员会在社区治理上传下达中的沟通、表达及反馈作用。

（四）加强社区工作者队伍建设充实社区风险防控力量

2023年3月，中共中央、国务院印发《党和国家机构改革方案》，组建中央社会工作部，赋予其统筹推进党建引领基层治理和基层政权建设，指导社会工作人才队伍建设的重要职责，至此，我国基层社会治理体制机制的完善有了更完备的顶层设计支持和制度激励。2024年3月28日，中共中央办公厅、国务院办公厅印发《关于加强社区工作者队伍建设的意见》（以下简称《意见》），明确了社区工作者队伍的人员结构①，并对社区队伍建设提出了具体要求，对于提升社会治理质效，有效缓解城乡基层社区"小马拉大车"的角色尴尬和履职困境具有十分重要的现实意义。

加强社区工作者队伍与提升社区突发公共卫生风险合作共治预防效能具有内在耦合性。2017年，中共中央、国务院印发《关于加强和完善城乡社区治理的意见》明确提出要基本形成基层党组织领导、基层政府主导的多方参与、共同治理的城乡社区治理体系。2019年中共中央办公厅印发的《关于加强和改进城市基层党的建设工作的意见》明确提出"健全党组织领导下的社区居民自治机制，建立党建引领下的社区居民委员会、业主委员会、物业服务企业协调运行机制，充分调动居民参与积极性，形成社区治理合力。"中央社会工作部的组建运行以及加强社区工作者队伍建设方案的实施，使城乡社区切实践行预防为主，推动公共卫生服务从以治病为中心向以人民健康为中心发展有了更广阔的施展空间和完善的制度保障。

可以看到，我国加强社区工作者队伍建设从理论到实践再到制度供给的不断完善使基层社会推进社区党建引领，基层群众性自治组织、社会组

---

① 中共中央办公厅、国务院办公厅《关于加强社区工作者队伍建设的意见》（2024年3月28日）：本意见所称社区工作者，是指在社区从事党建、治理、服务工作的全日制专职工作人员，主要包括社区党组织成员、社区居民委员会成员中的专职人员（以下简称社区"两委"专职成员）和社区专职工作人员。社区"两委"专职成员按照有关规定产生；社区专职工作人员由市地级或县级统一组织招聘，街道（乡镇）集中管理，社区统筹使用。规范相关部门（单位）多头设岗招聘行为，此前招聘的在社区工作的网格员等专职人员，符合条件的可按照公开招聘规定聘用为社区专职工作人员，县级层面统筹原招聘部门（单位）相关人员经费予以保障。

织、行业协会等力量积极参与的社区合作共治高效开展有了更高的可期待性。尤其是对于突发、未知性公共卫生事件难预测、对时间和反应效率要求较高的防控特点而言，社区作为风险防控的第一道防线，更加需要完善的体制机制建设保障从源头上做好风险预防工作。《意见》坚持"以人民为中心"的理念，从组织领导体制和运行机制上对社区工作者积极履职，切实开展社区治理工作进行了具体规定，从制度设计上，围绕服务群众和依靠群众的治理方法论，有针对性地对当前社会合作共治存在的无序化、凝聚力不足、缺乏制度保障的困境进行了回应。一方面，加强了社区工作组织领导体制建设，《意见》明确规定，"坚持和加强党对社区工作者队伍建设的领导，把社区工作者队伍建设纳入各级党委和政府加强基层治理体系和治理能力现代化建设的工作部署"，对于提升社区治理凝聚力、健全社区工作制度供给、推动社区工作朝着减负增质的方向不断优化发展意义重大。另一方面，完善了社区工作队伍组织建设，《意见》明确了"社区工作者应由社区党组织成员、社区居民委员会成员中的专职人员（以下简称社区"两委"专职成员）构成"，提升了社区工作队伍的稳定性、可持续发展能力，能够有效保障党委领导、党建引领的社区治理和服务工作有序高效开展。进而，在《意见》的指引下，围绕社区治理组织体制机制的完善方案，突发公共卫生事件社区防控中社区两委、群众性自治组织以及相关社会组织（如业主委员会、物业公司等）之间如何高效开展指导、合作、互动；如何充分激发社区合作共治在突发公共卫生风险治理中的作用，可以在当下《传染病防治法》《突发公共卫生事件应对法》修法立法中及时予以明确规定，这不仅是基层治理体系和治理能力现代化的要求，也是公共卫生治理领域推动群众路线规范高效落实的具体体现。

（五）推动业主委员会建设激发群防群治积极性

在城市化发展背景下，城市住房制度改革推动了城市社区由单位社区时代迈向商品房社区时代，也催生了业主与物业公司新型社区关系，业主对物业服务和管理的品质要求成为推动业主委员会成立的重要动因。随着基层社会治理现代化的不断推进，业主委员会成为群众行使城市治理权的专门组织和必要形式，是居民利益表达和权益保障的最直接载体。《民法典》第二百七十七条明确了业主委员会的建立机制，并规定了地方人民政府有关部门、居民委员会对业主委员会的设立和业主委员的推选负有指导和帮助义务。①

当前业主委员会面临的困境是，虽然有明确的规章制度，但是实践中也存在成立困难的情形，一方面受物业公司"单一代理"的影响，另一方面由于缺乏制度支持，对于业主而言遵循正式规则不如"以闹代谈"。② 未来，需要围绕促进业主委员会作用充分发挥，进一步完善有关法律法规，增强业主委员会在利益表达中的自主权、参与度，完善社区治理的活力，推动群防群控多元化、规范化。

1. 加强对业主委员会成立的指导和支持

业主委员会在基层治理中的参与度较低，主要问题是成立难。近年来，在国家政策的指导下，部分省区市立足推动老旧小区的改造，更加重视业委会的成立及其在居民自治中作用的发挥，如表6-1所示。

表6-1　我国有关业主委员会管理的新举措

实践主体	主要举措	具体内容
海南（2019年）	成立海口市业主委员会协会	有效衔接职能部门、社区居委会、小区业委会和物业关联方等多种资源，协助政府完善社区综合治理。特别是为减少"三无"小区作出了积极贡献
杭州（2022年）	创新设立"物管会"从制度上填补业委会缺位	公布《杭州市物业管理委员会组建运行实施办法（试行）》，物业管理委员会总人数为7人以上11人以下单数，包括街道办事处（乡镇政府）、居民委员会等单位指派的代表，以及已交付物业的业主代表，业主代表的人数不得少于总人数的1/2。物业管理委员会设主任1名，由街道办事处（乡镇政府）指派的代表担任

---

① 《民法典》第二百七十七条："业主可以设立业主大会，选举业主委员会。业主大会、业主委员会成立的具体条件和程序，依照法律、法规的规定。地方人民政府有关部门、居民委员会应当对设立业主大会和选举业主委员会给予指导和协助。"

② 参见刘建军：《社区中国》，天津人民出版社2020年版，第265页。

续表

实践主体	主要举措	具体内容
安徽 （2021年）	"四位一体"物业管理协调运行机制	社区党组织领导下的社区居民委员会、业主委员会、物业服务企业联动协作 业委会暂未成立的，鼓励由街道（乡镇）、社区居（村）委会、社区服务机构、建设单位、业主代表等
福州 （2021年）	完善业委会建设方面	提高业委会组建率，优化业委会人选，引导支持业主中的党员参选业委会成员 加强对业委会的监督，督促其接受乡镇社区的监督指导，公共收支按规定接受检查或审计
广州 （2021年）	颁布实施《广州市物业管理条例》	针对业委会成立难问题，创设物业管理委员会制度，通过物业管理委员会推动业委会的成立
南昌 （2020年）	完善业委会的成立和运作机制	成立以党支部为中心、党员牵头的业委会 利用线上社区"微信公众平台"以及线下"圆桌会"收集居民意见，上报"居民议事厅"讨论，列出清单并制定解决方案
佛山 （2022年）	将物业管理的自主权放还居民	社区党组织、社区居委会将指导小区成立业主大会、组建业委会或自治小组等基层协商自治组织，动员区域内各方社会力量参与老旧小区治理
威海市 （2021年）	区政府提供"老旧小区管理奖补"资金	按照应建尽建的原则，分类推进小区业委会组建工作，让业主参与小区事务管理，更好地发挥监督协调作用
山东省 （2022年）	督促驻在部门牵头起草有关业主委员会的制度文件	《业主大会和业委会指导规则》《业主管理规约（示范文本）》和《业主大会议事规则（示范文本）》等

注：表中信息及数据均来源于中华人民共和国住房和城乡建设部官网：https：// www. mohurd. gov. cn/ess/? ty = a&query = % E4% B8% 9A% E5% A7% 94% E4% BC% 9A&ukl = &uka = &ukf = % E4% B8% 9A% E5% A7% 94% E4% BC% 9A&ukt = &sl = &ts = &te = &upg = 1。

围绕提升业委会组建率开展的相关实践，主要有以下四个方面的特点：

第一，基层政府通过提供奖补资金的方式对业主委员会的成立进行支持和鼓励。同时，制定相关制度文件，明确业委会的成立和运行机制。

第二，地方在《物业管理条例》中对业委会的成立及运作进行规定，不再针对业委会进行专门立法。

第三，对于"三无"小区和业委会难以成立的小区，提出两种方案：一类是鼓励由街道（乡镇）、社区居（村）委会、社区服务机构、建设单位等兼任。另一类是由物业管理委员会推动业委会的成立（杭州、广州）。业委会的主任通过党员业主参与换届，推动社区支部书记依法竞选兼任业委会主任；或者由街道办事处（乡镇政府）指派的代表担任两种方式产生。

第四，对于业委会线上议事的机制，还有待进一步完善。老旧小区业委会的成立比例较低，并且老年人居多，在信息技术手段的使用上是"短板"，对此，可以考虑在采取线上沟通的基础上，加强对使用讲解和操作技术的帮助。根据物业型、杂居型、单位型的不同情况，分类推进业委会的成立。

2. 完善对业主委员会行使物业管理自主权的规范指引

在基层社会治理中，居委会和业委会都是基层群众性自治组织，但两者的功能各有侧重，双方是合作关系，在维护社区群众利益的自治活动中相互衔接。居委会具有较强的组织能力，是小区事务的综合管理主体，主要负责社区日常事务，如调解纠纷、组织社区活动等。业委会则具体负责业主利益的表达、意见的收集和反馈，代表业主协商议事。但实践中更多表现出的是，日常代表群众与基层政府、相关国家机关沟通的主体往往是物业公司而非业主委员会，其中存在的冲突是，物业公司作为营利性服务机构，不仅与业主也存在利益冲突，从法律地位上看也不能代表业主行使权利，难以真实反映群众的真实意愿，长此以往不利于群防群控工作的有效开展。因此，需要进一步根据《民法典》《中共中央、国务院关于加强和完善城乡社区治理的意见》《中共中央办公厅印发〈关于加强和改进城市基层党的建设工作的意见〉的通知》《关于加强和改进住宅物业管理工作的通知》（建房规〔2020〕10号）相关规定，立足完善业主委员会的参与机制，从加强对业主委员会人选把关，鼓励"两代表一委员"参选业主委员会成员、扩大业主委员会决策事项范围，加强业主委员会监督、加大业主委员会决策事项公开力度，建立业主委员会纠错和退出机制等方面保障业主委员会的规范运行。

三、完善社区合作共治运行机制

重大传染病风险预防需要政府规制与社会规制共同作用，需要推动行政机关、社会主体、私人主体以及市场机制之间实现优势互补和协同治理，推动公法与私法间就重大传染病高效预防而走向协同合作。合作共治语境下的社区治理是一中心多主体的互动式治理，自我管理、自我服务的居民自治居于核心地位。其通过多元主体协同，将党委领导、政府负责、社会参与自治有机结合，以完备的制度供给、科学的互动机制、系统的服务体系为要素，构建有利于提升基层社会风险预防规范化、主动化、科学化的合作共治体制机制。

（一）软法硬法相结合促进社区风险防控规范有序

规范化有利于弥补自治理性不足的缺陷，其通过促进正式规则和非正式规则的有机结合，推动社区合作治理的系统化，增强自治的法治精神。对于基层治理而言，"主体性社会或公民社会构成其建制核心的，是一些非政府的、非经济的联系和自愿联合，它们使公共领域的交往结构扎根于生活世界的社会成分之中。"[①] 从此种层面看，合作共治的动力源于社区主体围绕满足自身真实需求而开展活动的自发行动。较之权威治理，社区成员基于自身利益维护而自觉产生的治理意愿虽然可以看作是社区合作共治的天然优势，但自治的随意性和弱约束性导致治理存在效果可预期性较低、稳定性不足的缺陷。规范化的运行机制以立法授权为主，是权威主体在正

---

① 参见［德］哈贝马斯：《在事实与规范之间：关于法律和民主法治国的商谈理论》，童世骏译，生活·读书·新知三联书店2020年版，第31页。

式制度中依法行使治理权的主要依据，其在我国基层社区治理中主要表现为基层街道政权组织对政策的执行。此外，对于基层政权组织对居民委员会和社区各类社会组织的指导，居民委员会、其他群众性组织及社区各类社会组织的自治而言，也需要从理性化、法治化的角度出发，考虑通过增强其治理的规范性，提高非正式治理效能的制度供给。

一方面，立足促进居民自治的积极性和规范性共同发展，将软法嵌入社区合作，完善社区协同合作的规则体系，具有广泛的实践基础和应用前景。社区治理是基层行政权力和居民自治权力共同应用的场景，街道办事处、居民委员会、社会组织是社区治理的主体。除了立法的指引外，我国基层治理规范化的亮点和特点还得益于"枫桥经验"坚持预防为主，通过对基层各类社会规范柔性治理优势的挖掘和激发，构建高效参与的基层协同治理规则。从功能上看，软法大体可以理解为一个与硬法和民间习惯法两面对应的法领域，具有宣教、设计、开拓权力空间的功能，通过丰富硬法细节、填补硬法空白、矫正硬法失灵等方式拓展法治领域。自律规范、专业标准、章程、守则等是软法的主要形式。① 对于政府或其职能部门的工作制度而言，《城市居民委员会组织法》作为组织法，主要功能是建立城市居民委员会的基本制度框架，有关居民委员会具体的发展举措、工作制度和行为准则等的规定可以通过软法的形式进行补充。在居民自治领域，软法可表现为将社区自治章程、社区公约、业主大会议事规则等更多地引入居民自我管理中。②

另一方面，立足保障居民自治的充分开展，发挥软法对硬法的补充功能，推动自上而下权威引领与自下而上群众驱动在基层治理中的耦合协调，既是手段也是目标。首先，应明确行政软法的形式和效力。权威引领模式的基层合作共治主要表现为街道办事处对上级决策的执行，街道办事处作为基层政权，对行政规范性文件只有执行权没有决策权，其在社区合作共

---

① 参见冯冬冬：《乡村振兴背景下农业知识产权软法保护》，载《西北农林科技大学学报（社会科学版）》2022年第2期，第124页。
② 参见陈光：《嵌入国家制定法的立法技术——以社区治理的相关规范为例》，载《地方立法研究》2018年第3期，第46–48页。

治中引领、指导、服务作用的发挥,更多地依赖行政决策的科学规范合理。需要对指导性意见、指南、指引等文件进行类型化处理,通过完善行政规则制定程序,对行政规则的名称、制定主体、基本程序、效力等方面建构相应的制度框架,防止"名义软法"混合"实质硬法"引发制定主体泛滥,制定程序非公开,规范效力不明确的法治紧张。① 其次,围绕一切为了人民、一切依靠人民的治理观念,完善柔性治理和协商互动机制。通过增加行政指导、行政建议、技术辅导、专业指导等治理方式的适用场景,最大限度防止治理负效能的产生。同时,通过完善民主协商的程序和畅通意见建议反馈渠道,更好地保障群众自治权的充分实现。例如,社区党组织、街道办事处等应对业主委员会的成立给予充分的支持和鼓励,并指导居委会、物业、业主委员会三方建立友好互动的日常沟通机制,促进重大传染病风险排查效能的提升。

(二) 完善公共卫生服务提升社区风险防控韧性

风险社会和治理能力现代化背景下基层风险防控效能的提升,需要进一步明确和完善政府、社区、社会等主体的作用及相互间的互动机制。有效的社区治理需要发挥政府、社区、社会组织、市场等多元主体各自的优势和作用,构建平等合作的联动伙伴关系,推动多元联动治理从工具任务型治理(浅层治理)迈向分工合作型治理(深层治理)。② 在城乡社区场域,通过主体间的谈判协商寻找制度和利益的均衡、建立强有力的领导者个人关系、通过资源拼凑获取可显示的实际成果,有利于摆脱原有体制束缚(脱嵌),逐步使政府、市场和社区治理机制相互嵌入。③ 对此,一方面,可以从完善政府购买公共服务角度出发,继续推进政府对社区自治的外部支持;另一方面,还须主动出击,考虑通过构建完善的社区商贸

---

① 参见沈岿:《软硬法混合治理的规范化进路》,载《法学》2021年第3期,第69-79页。
② 张开云、叶浣儿、徐玉霞:《多元联动治理:逻辑、困境及其消解》,载《中国行政管理》2017年第6期,第25页。
③ 参见张捷、王海燕:《社区主导型市场化生态补偿机制研究——基于"制度拼凑"与"资源拼凑"的视角》,载《公共管理学报》2020年第3期,第126-138页。

经营体系，提升社区自身的自治实力，增强自我服务、自我管理的可持续性。

1. 完善自上而下的政府购买公共服务

回应基层群众性自治组织和社会组织的需求是政府购买公共服务的重要内容，政府购买公共服务存在管理与服务供需不匹配、政府偏好取代公众偏好、公共需求表达受限的困境，需要以完善需求管理过程、加强各主体互动、利用现代信息技术为路径推进政府购买公共服务的优化升级。[1] 应以维护弱势群体的福利需求为基本原则，在社区居民和相关组织的积极参与中实现服务提供的多元化，除了寻求财政支持外，还要寻求企业捐赠以及相关公益组织的支持。同时，对资金的各个环节进行有效监督，以达成良性循环。[2]

首先，推动社会服务充分嵌入社区。当前，社工机构并未实质性地嵌入社区的情形较为普遍。这表现在以下四个方面：社工机构在社区的存在极不稳定，人员流动性也很大、社区居民与社区工作者对社工机构缺乏信任感、社会工作机构更加关注项目策划的目标而非居民的需求、社会工作机构仅仅参与所购买的服务项目，不参与社区的重大事件决策和民生事务管理工作。这进一步阻碍了社工机构在社区开展相关专业服务。社会工作机构嵌入社区治理体系，主要有以下两种方式：一是社区以岗位制的形式，将专业社会工作者吸纳进街区网络；二是社会组织以项目制的形式承接社区服务。相关研究表明，前者通常因为复杂的权力关系而难以发挥作用。[3]

其次，引入竞争机制优化社区资源配置。出于资源配置效益最大化的考虑，权力进场和权威资源配置在社区自治中不可过多占用和透支国家的公共资源和行政成本，以免形成治理赤字，同时，公共资源配置还要贯彻

---

[1] 参见王家合、张佳丽：《党的十八大以来政府购买公共服务需求管理研究回顾与展望》，载《学习时报》2020年第6期，第58-59页。

[2] 童峰、徐林、陈瑞：《政府购买公共服务的福利型治理逻辑研究》，载《上海大学学报》（社会科学版）2021年第6期，第93页。

[3] 参见陈锋、侯同佳：《政府购买社会服务的悖论——对社会组织参与社区治理的观察》，载《文化纵横》2020年第1期，第111-118页。

均等化的分配原则，以免形成马太效应。① 伴随现代性对传统社会结构的冲击，市场主义、公平竞争和利益机制等日渐成为陌生人社会中的主导性力量，要以公共服务体系建设为突破，在社区公共服务体系建设中积极引入市场竞争机制，着力提升社区服务质量，构建政府主导、社会参与、公平竞争的社区公共服务体制，要以智慧社区为方向，以业主为中心，打造幸福社区。②

2. 健全自下而上的社区公共卫生服务供给

基本公共服务供给对于社区生活、居家生活幸福感和安全感的提升具有最直接的影响。在传染病及突发公共卫生事件公共服务领域，辖区内居民健康建档、健康教育与健康素养促进、卫生监督、食品药品安全保障等是城乡居民公共卫生服务的主要内容，通过卫生健康、市场监管、药监等行政主管部门和疾病预防控制机构、乡镇卫生院、村卫生室和社区卫生服务中心（站）等专业机构与社区的政社协同、专群结合的方式开展，以中央财政和地方财政共同承担支出责任的方式保障实施。③ 其优势在于基层社会实现了国家基本公共卫生服务和保障的全覆盖，具有普惠性和可期待性，也能较好适应公共卫生服务对专业性、精准性的要求，满足了群众有所医的安全要求。随着突发公共卫生事件防控和群众健康发展多样化新需求的出现，为社区生活和突发状态下的居家生活提供便捷的服务，提升群众幸福感，也是基层治理体系和治理能力现代化背景下社区公共卫生服务效能提升的重要内容。因此，需要将基层治理中群众性自治组织、社会组织、经济组织等多样性组织模式的主动性和创造性融入公共治理的规则中，推动政府决策、基层选择与治理绩效形成正向激励，提升基本公共服务的

---

① 李宁、罗梁波：《国家的高地、社会的篱笆和社区的围墙——基于社区治理资源配置的一项学术史梳理》，载《甘肃行政学院学报》2020年第4期，第100页。
② 何绍辉：《场共同体：陌生人社区建设的本位取向》载《人文杂志》2015年第4期，第115页。
③ 参见《国家基本公共服务标准（2021年版）》，载中国政府网，http://www.gov.cn/zhengce/zhengceku/2021-04/20/5600894/files/a00506c9c55c4b71b9443a1508fef973.pdf，《国家卫生计生委关于印发〈国家基本公共卫生服务规范（第三版）〉的通知（国卫基层发〔2017〕13号）》：载国家卫生健康委员会网站，http://www.nhc.gov.cn/ewebeditor/uploadfile/2017/04/20170417104506514.pdf，访问时间：2022年5月11日。

可持续性。

此外，为了日常预防的持续稳定和及时做好常态与应急的衔接，除了实现与传染病预防有直接关系的基本公共卫生服务全覆盖外，能够为居民衣食住行提供更为便捷的服务和有力保障也是提升社区风险预防能力的重要面向，但社区治理能力的提升离不开活动资金的保障。当前，在社区自治的资金支持中，最稳定的来源为政府向街道发放用于定向支持社区基本工资的经费，虽然也会通过地方税收和社会捐赠获得资金支持，但受社区环境、成员结构以及社区性质的影响较大，差异也较大。未来，提升社区风险应对的韧性还需要进一步完善社区自我管理、自我服务的主动性。例如，根据《民法典》第101条赋予的居民委员具有法人资格，可以从事为履行职能所需要的民事活动的规定①，可以推动社区招商引资，培育社区商贸，提升社区在商业化及社会服务等方面的自给自足能力。同时，需要注重将社区治理创新、老旧小区改造、智慧社区和海绵城市建设等工作与社区韧性建设相融合，形成物质与社会、技术与情感相互促进的韧性发展体系。②

（三）健全社会组织参与机制提升社区风险防控精准

社会组织是社会资本在人与人之间形成信任和互助的载体，是将共情、关怀、热情等情感表达转化为具体社会服务的重要表现形式。灵活的组建方式、多样的活动场景、能动的准入要求使其能够较好地弥补行政的科层制和商业的竞争逻辑之于基层社会治理的不协调，也使其在社区风险治理中具有更广阔施展空间和更强的调试性。

从当前我国社会组织的成立要件看，主要分为登记类和非登记两大类，其中无须登记的社会组织因成立形式简单便捷，在社区社会组织中占有较大比例。一方面，根据《社会团体登记管理条例》《慈善法》《基金会管理

---

① 《民法典》第101条："居民委员会、村民委员会具有基层群众性自治组织法人资格，可以从事为履行职能所需要的民事活动。"

② 李雪伟、王瑛：《社会资本视角下的社区韧性研究：回顾与展望》，载《城市问题》2021年第7期，第81页。

条例》《民办非企业单位登记管理暂行条例》的规定，对具有一定规模、配备专职工作人员、具有稳定的资产或经费来源的公益慈善组织、行业协会及社会服务机构等，需要在民政局注册登记。另一方面，根据《民政部关于大力培育发展社区社会组织的意见》（民发〔2017〕191号）的规定，对未达到登记条件的社区社会组织，按照不同规模、业务范围、成员构成和服务对象，由街道办事处（乡镇政府）实施管理，加强分类指导和业务指导；对规模较小、组织较为松散的社区社会组织，由社区党组织领导，基层群众性自治组织对其活动进行指导和管理。进而，结合基层社会自治实践的内在特点，社区社会组织多以更加灵活多样的形式存在。其一，多表现为在社区备案的群众活动团体，其以自发性聚合有共同爱好的社区群众为主要方式，实现自我管理、自我服务，是增强社区自治力量的最前沿。实际是社区居民再组织化的一种表现形式，即在社区引导下居民自主、自愿形成各种组织的过程。① 其二，表现为无须备案，以一种更为松散和灵活方式存在的社区活动小组。此类社会组织也是由突发事件应对而催生出的新型社区社会组织。其中，各类有关生活物资供给和具体需求满足的"线上团购"群是比较典型的社会活动小组，其通过团长的组织，居民积极参与和支持的自我服务和自我满足，找到群众自治在社区中的归属感。对于此种成立形式过于简单的社会组织，既要保障其积极性和合法性，又要建立一定的指导和监督机制，以推动各类活动小组持续发挥正向力量。那么，根据《居委会组织法》及上述《民政部关于大力培育发展社区社会组织的意见》的规定，可由基层政府提供技术支撑，通过政府购买的方式开发相关操作简单便捷的软件或系统，由小组长或团长申报备案，由居委会进行审核，以便在居委会与社会组织间合作和指导的有效开展。

在预防为主、防控结合的风险治理原则之下，社会组织能够在社区自治活动中发挥出协助、补强的重要作用，但从疫情防控的具体实践看，其

---

① 赵琼、徐建牛：《再组织化：社会治理与国家治理的联结与互动——基于对浙江省社区社会组织调研的思考》，载《学术研究》2022年第3期，第71页。

应有功能未能被充分激发。其具体表现为，社会组织嵌入社区自治仍以街道分配为主，社区自我培育不足。当前社会组织参与社区治理以自上而下的街道统筹为主，即由街道向所辖社区居委会提供社会组织名录（清单），这类社会组织主要以登记类或备案类为主，对于清单之外的其他社会组织，居委会和群众不信任、不了解，缺乏主动培育的意识，也不利于政府对社会服务投入产出的效率比。此种做法有利于防止非法社会组织混入社区扰乱社区秩序，造成不利影响。从参与机制上看，社会组织多在突发事件应急状态下根据街道的分配，临时参与社区应急处置，对社区日常风险预防参与度有限，群众熟悉度不足，存在感较低。进而，对于社会组织自身而言，其在社区自治中定位不清晰，持续稳定融入社区的空间较小，在辅助社区日常风险预防上存在服务缺位；对于社区自身而言，充实自治力量仍停留在"等、靠、要"阶段，没有真正立足积极性和创造性，自下而上培育和发展了解社区真实需求、能够长期稳定参与社区风险防控全过程的社会组织。基于此，需要围绕构建熟邻社区，立足实现社区应急防控和日常风险预防能力同步推进和高效衔接，以社区培育和搭建平台为重点，研究有利于推动居民自发成立的各类自我服务性社区社会组织可持续发展的制度供给。具体看，可在涉及社会组织的法律规范和居委会组织法的修法中，从挖掘、激发和拓展社区自主培育社会组织的积极层面和警惕社区权力寻租的消极层面进行双重规范，完善促进社区社会组织长效稳定发展的稳定机制。

首先，完善社区社会组织发展的制度化建设。其核心是创新社区与社会组织的联动，建立有利于推动社区社会组织稳定发展的长效机制。《关于加强基层治理体系和治理能力现代化建设的意见》在提升基层治理能力中提出，要构建由居委会组织协调、以社会组织为载体、以社会工作者为支撑、以社区志愿者为辅助、以社会慈善资源为补充是行动框架。因此，良好的外部环境是社会组织持续稳定发展的必要支持。需要政府健全相关法律体系与制度建设，搭建政府与社会组织协同治理公共危机的机制与平台，而社会组织自身则应以完善内部治理结构、强化角色的公益使命、加强角色的整体功能与专业化建设，增强社会组织在公共危机治理中的话语权,提升公共危机治理的效能。① 细化在基层社会治理中,应在基层党委领导和街道指导下,推动社区居委会主动培养并营造益于社区社会组织长效发展的空间。其一,思想上要充分重视。组织开展社会组织培训工作时,能够有更多的街道领导参加,让他们意识到培育社区社会组织对于社区服务的重要性。其二,确立稳定长效的培育支持具体方案。对社会组织整个结构规划的定位都要更明确,业务主管单位和登记管理机关都要更好地发挥作用。民政部、社会工作部、残联等业务主管单位,应当在其所管社会组织发挥更好的指导作用。

其次,促进社区社会组织多样化发展。互联网、物联网技术的发展丰富了社会生活的样态,新型熟人社区发展趋势对社区自治的广度和深度提出了更高的要求,未来除应继续巩固以日常风险防范事项沟通为主的协调联络类社会组织之外,还需要围绕增进社区公益服务精准高效,更好满足社区生活的安全感、幸福感,汇聚各行各业积极力量,培育精英参与的社区社会组织。疫情期间,出现了小区业主按照企业管理手段和现代互联网技术解决日常生活实际问题的社区活动小组,其成员以具有较强的社会责任和社会能量的精英阶层为主,在某种程度上物资保供的能力要优于居委会,其自发建立联络机制,开展自我服务的过程实际上是社区社会组织服务社区事务的集中体现。对此类社会组织,社区居委会应立足长远,搭建联络平台,保障其持续发挥自我管理自我服务的作用,对此类社会组织,应当不拘泥于形式,更加关注其实际作用的发挥和对社区精英力量的汇聚和整合。因此,从成立形式上看,可按照前述,不以登记或备案为要件,通过采取较为灵活的方式使居委会知晓其存在即可;居委会也做好相关指导工作,保障社会组织的公益性和诚信度。从参与机制上看,可推举其主要成员为业委会的成员,一方面更好地促进其参与自治的积极性,另一方面也有利于开展必要的监督。

---

① 徐顽强、张婷:《公共危机治理中社会组织的角色审视与嵌入路径》,载《郑州大学学报(哲学社会科学版)》2021年第6期,第19页。

第二节 加强公共卫生委员会的建设

公共卫生委员会是我国基层公共卫生治理的组织保障，对推进基层公共卫生治理现代化，增强公共卫生服务体系韧性，充分保障人民群众健康权益，提升全民健康水平具有十分重要的现实意义。加强公共卫生委员会建设，健全公共卫生委员会的职能，不但有宪法、法律依据，也有充分的政策依据。我国《宪法》第111条第2款规定"公共卫生委员会是村（居）民委员会下设的专门负责基层公共卫生治理的群众性自治组织。"《村民委员会组织法》《城市居民委员会组织法》进一步明确了公共卫生委员会的设置及其主要职能。近年来，随着我国健康中国、爱国卫生运动、完善基层医疗卫生服务体系以及突发公共卫生风险防控工作的不断推进，加强和完善公共卫生委员会建设，提升基层公共卫生风险治理效能，成为党和国家有关基层社会治理决策部署中十分关注的问题。可以看到，加强公共卫生委员会建设对于完善我国基层公共卫生服务体系，提升人民生活幸福感具有较强的现实意义。围绕加强我国基层公共卫生治理组织保障这一重要问题，以公共卫生委员会的完善为视角，立足充分彰显和激发我国基层社会治理的优势和特色，在明确推进我国公共卫生委员会建设的指导思想的基础上，梳理当前我国公共卫生委员会建设的现状以及存在的问题，并进一步提出相应的完善方案。

一、在村（居）委会设置公共卫生委员会的意义及可行性

公共卫生委员会的性质决定了其是内生于群众的基层自治组织，具有积极服务群众的天然优势。我国相关政策和法律规定中，从表达群众基本公共卫生服务与健康促进需求、组织群众开展公共卫生风险群防群控、开展公共卫生宣传教育等多个方面，对公共卫生委员会的职能予以明确，能够为公共卫生委员会朝着规范化建设不断完善和发展提供明确指引。坚持

以人民为中心，一切依靠人民，一切为了人民；坚持群众路线，群防群控，体现了我国治国理政方略的精髓，更彰显了我国基层社会治理的优势和智慧。随着我国健康中国、健康村镇、健康社区建设的不断推进，随着我国医疗卫生事业向着以健康和发展为核心的疾病预防的方向不断发展，立足以人为本，促进人的可持续发展，提升人民生活幸福感、增强人民健康发展自信心应成为基层公共卫生治理的重要着力点，公共卫生委员会作为基层公共卫生治理现代化的重要组织保障，需要在我国基层社会治理先进理念的指引下不断完善。

二、公共卫生委员会的基本职能厘定

我国《宪法》规定公共卫生委员会是村（居）民委员会下设的专门负责公共卫生治理的群众性自治组织。村（居）民委员会组织法明确了公共卫生委员会的建制和基本职能，规定村（居）民委员会根据需要设立公共卫生委员会，协助人民政府做好为村（居）民公共卫生与健康发展提供服务与保障的公共卫生治理工作。① 从《宪法》的原则性规定以及村（居）民委员会组织法的基础性规定和政策依据的总体要求看，公共卫生委员会在基层公共卫生治理中的职能已较为清晰，一方面是执行公共卫生政策和提供公共卫生服务的配合者、推动者，另一方面是推动群防群控有序高效开展的组织者、参与者。2020年11月印发的《国务院关于深入开展爱国卫生运动的意见》明确将加强公共卫生委员会建设作为提升基层公共卫生服务能力的重要内容。2021年12月31日，民政部、国家卫健委、国家中医药局、国家疾控局联合印发《关于加强村（居）民委员会公共卫生委员会建设的指导意见》，进一步从建设规划和管理机制等方面明确了公共卫生委员会的推进方案。

综上所述，公共卫生委员会的职能主要体现在以下三个方面：

第一，通过信息上传下达连接群众和政府。组织社区群众开展公共卫

---

① 参见《中华人民共和国村民委员会组织法》第7条、《中华人民共和国城市居民委员会组织法》第3条、第13条。

生民主议事,畅通群众表达需求和监督的渠道。一方面收集群众对公共卫生和健康促进的需求及对基层公共卫生政策的意见和建议,及时向相关部门反映,推动更多贴近民生,真正满足人民群众需求的制度、措施落地;另一方面开展民主监督,组织人民群众开展对基层公共卫生治理效能的评议和监督,促进公共卫生事项民主协商更好地实现。

第二,组织公共卫生群防群控。动员、整合社区网格员、物业服务机构、志愿者、社工等基层自治力量,参与公共卫生风险日常预防工作(制定应急预案、开展应急演练等)。当公共卫生疫情突发时,公共卫生委员会协助社区(街道)做好疫情防控应急处置,及时组织相关人员开展信息收集、登记、核实、报送等有关工作。

第三,定期开展公共卫生宣传教育活动。协助行政机关、医疗卫生机构、新闻媒体等开展爱国卫生运动、健康政策宣教、健康知识普及、传染病防治以及公共卫生应急处置。

进而,根据法律和相关政策的规定,公共卫生委员会的独特作用在于调动群众积极性,同时协助政府及有关部门、公共卫生专业机构开展公共卫生服务和管理工作,为社区健康生活营造良好的环境,为贯彻为人民提供全生命周期健康服务的政策以及突发公共卫生事件的日常预防和应急管理储备群防群控、联防联控的群众性自治力量。

三、当前我国公共卫生委员会的运行困境

在当前基层公共卫生治理的具体实践中,公共卫生委员会作为村(居)民委员会下设的专门开展基层公共卫生治理工作的群众性自治组织,虽然其职能和法律地位已经由法律和相关政策进行了规定,但在实践中仍存在推广和发展缓慢甚至困难的问题。公共卫生委员会在具体运行中,其独特作用和地位还未被充分认识,在基层公共卫生治理中的作用未得到充分发挥,难以满足全面推进健康中国建设背景下提升公共卫生治理效能的现实要求。如有学者以目前已开展村(居)公共卫生委员会建设的省份作为样本进行分析研究,发现明确人员配置的基本要求、界定工作权责,搭

建有效的沟通联络协作机制,加强经费保障、提供技术支持等是加强公共卫生委员会能力建设的重要内容。①

(一) 公共卫生委员会的专责性未充分体现

当前由村(居)委会直接代替公共卫生委员会履行日常工作的情形普遍存在。

村(居)委会日常要负责的工作领域众多,且人员、经费相对较少,没有专门机构和人员负责公共卫生,导致与卫生行政机构、医疗机构缺乏工作联系,省、市、区(县)部署的公共卫生工作就难以在基层得到有效落实。

随着我国基层社会治理机制的不断完善,人民调解委员会、治安保卫委员会等群众性自治组织在矛盾纠纷化解及社会治安防范中的功能被不断激发,从实践做法到法规政策都取得较大进展,相比之下,公共卫生委员会则鲜少出现在基层社会治理的视野中。一方面是由于人们在日常生活中面临公共卫生问题时,需要寻求的更多是医疗卫生机构而非公共卫生委员会,支持公共卫生委员会正常运转的人员、经费、场地等都难以保证。另一方面,在非疫情时期的日常生活中,疾病预防、公共卫生宣教等方面的重视程度不足,这也进一步导致了公共卫生委员会存在感较低,多数情况下则实际由村(居)民委员会基于政策要求的上传下达,简单承担一些健康教育、爱国卫生运动等有关日常工作,未能形成长效稳定机制。

近三年来,我国各省区市总结疫情防控经验,陆续制定并公布了其关于公共卫生和健康促进的规范性文件。但从相关规定的具体内容看,直指公共卫生委员会的内容较少,对公共卫生委员会功能的强调也不足。从部分省区市已公布的有关公共卫生的规范性文件看,根据其主要内容可分为两大类:一类是涉及应急管理的文件,如上海市、北京市在2020年相继发布了公共卫生领域应急管理地方性法规;另一类是关于日常健康促进类的文件,如福建省、深圳市也在2020年相继发布了与全民健康相关的地方性文件和地方性法

---

① 欧新、杨佳:《基于政策文本分析的我国基层公共卫生治理体系研究:以公共卫生委员会为例》,载《中国全科医学》2023 第19期,第2346页。

规。但无论是日常防范还是应急处置的工作，除了福建、北京在涉及基层公共卫生治理的具体规定中明确提出由"公共卫生委员会"负责外①，其他规范性文件中都将可以由公共卫生委员会直接开展的公共卫生自治及相关协助性工作仍直接划分给"村（居）民委员会"。②

虽然根据我国村（居）民委员会组织法的规定，人民调解、治安保卫、公共卫生等委员会不是必须设立而是根据需要设立的，但是其在基层治理中应发挥的功能不应被忽略。笼统地用村（居）民委员会代替公共卫生委员会的做法，不仅不利于公共卫生委员会的推广及其功能的发挥，也不利于基层群防群控的具体化开展。

实际上，虽然相关规范性文件中没有明确指出公共卫生委员会在基层公共卫生治理中的具体职能，但从《宪法》的原则性规定、《村民委员会组织法》《城市居民委员会组织法》的相关基础性规定和《国务院关于深入开展爱国卫生运动的意见》（国发〔2020〕15号）等有关文件具体精神看③，已经明确了公共卫生委员会在基层公共卫生治理中具有专责性，并且这种作用需要进一步细化而不是直接整合给村（居）民委员会。

---

① 福建省人民代表大会常务委员会，《福建省人民代表大会常务委员会关于加强公共卫生工作、确保人民生命健康安全的决定》（2020年8月31日公布）：三、夯实公共卫生治理基层基础：强化村（居）民委员会公共卫生委员会建设，建立专职或者兼职的突发事件信息报告员制度，健全完善城乡社区网格化管理服务体系，推动公共卫生服务力量和配套资源下沉，协同做好应急状态下拉网排查、封闭管理、隔离转运、生活服务、人员照护等工作。北京市人民代表大会常务委员会，《北京市突发公共卫生事件应急条例》（2020年9月25日公布）：第6条第4款，居民委员会、村民委员会应当组织辖区居民、村民和单位参与、协助和配合做好突发公共卫生事件应急工作，并根据需要设立公共卫生委员会或者由居民、村民较少的居民委员会、村民委员会成员分工负责公共卫生工作，健全公共卫生工作机制。

② 上海市人民代表大会常务委员会，《上海市公共卫生应急管理条例》（2020年10月27日公布）：第15条，居民委员会、村民委员会应当发挥自治作用，协助政府及其部门、派出机关做好社区公共卫生宣传教育和健康提示，落实相关预防与控制措施。深圳经济特区健康条例：《深圳经济特区健康条例》（2020-11-05公布）：第5条第2款，街道办事处成立健康社区行动推进委员会，社区基层组织成立健康社区工作小组，负责组织开展和实施健康社区建设工作。

③ 中共中央国务院：《国务院关于深入开展爱国卫生运动的意见》，载中华人民共和国中央人民政府网站，http://www.gov.cn/zhengce/content/2020-11/27/content_5565387.html，访问时间：2022年10月11日。

（二）公共卫生委员会组织群防群控的优势未被激发

村（居）民委员会既是基层社会治理的重要阵地，也是信息上传下达的重要渠道、连接群众和政府的重要环节。公共卫生委员会作为基层公共卫生治理现代化持续稳定推进的重要载体，其履职过程是将群众对公共卫生服务和健康促进真实期待制度化、规范化的动态完善过程，也是行政机关、医疗卫生机构完善基层公共卫生服务、管理效能的重要支持。因此，在村（居）民委员会之下设立公共卫生委员会，加强其体制机制建设，能够充分调动公共卫生委员会在激发基层群众性自治组织协助开展基层公共卫生治理方面的职能，从而通过充实、整合基层力量，提高城乡社区公共卫生服务社会化参与度，以推动基层公共卫生治理朝着现代化的目标不断深化发展。因此，激发公共卫生委员会组织群防群控的优势不仅为公共卫生委员会的规范履职提供了明确指引，也有利于基层公共卫生协同治理的高效开展。

但从公共卫生委员会在协助社区政府机构、卫生健康主管部门、医疗卫生专业机构开展公共卫生服务和管理等方面的具体情况看，当前仅有宪法、村（居）民委员会组织法对其性质和地位进行的原则性规定的现状难以满足推进公共卫生委员会建设的现实需求，制约了公共卫生委员会功能的发挥。公共卫生委员会如何在组织民主协商、群防群控和协同共治中更好地发挥作用，如何更好地组织、调动和激发群众协助开展基层公共卫生治理的相关规范指引及制度保障还存在不足。从长远看，公共卫生委员会在基层公共卫生群防群控、专群结合、协同治理、民主决策和监督等方面的职能都应当被及时纳入公共卫生法律规范体系中（如正在审议的《传染病防治法》《突发公共卫生事件应对法》）。

四、我国公共卫生委员会建设的完善路径

通过前述分析可以看到，加强和完善公共卫生委员会的建设具有较强的现实意义、紧迫性及可行性。总结经验教训，对我国立足预防为主的治

理原则,在基层场域积极探索有序高效开展公共卫生治理的实践(包括加强公共卫生委员会的建设)有重要意义。如前所述,当前我国相关政策和法律厘清了公共卫生委员会的基本职能,并在此基础上逐步推进加强公共委员会建设的工作。未来,应紧紧围绕公共卫生委员会作为基层群众性自治组织的这一根本属性,充分发挥其源于群众的组织优势,重点从组织机构规范化、治理效能最大化两个方向加强对公共卫生委员会更好协助政府及其有关部门、公共卫生专业机构开展公共卫生服务和管理的保障与支持;同时激发公共卫生委员会的活力,推动其更好地组织动员群众开展基层公共卫生事项民主协商和民主监督,营造良好的基层公共卫生服务协商共建氛围。

(一)进一步明确公共卫生委员会的专责性

如前所述,多元共治的现代化社会治理机制中,进一步突出公共卫生委员会在基层公共卫生治理中的专责性,具有必要性和可行性。公共卫生委员会作为基层群众性自治组织,既要立足"人人有责"通过民主协商引导人民群众积极、主动参与基层公共卫生自治;也要践行"人人尽责"协助党委、政府、公共卫生主管部门完善社区基本公共卫生服务和管理,还要回归"人人享有"促进人民群众了解、掌握公共卫生政策法规、疾病预防和健康促进方面的常识。在此过程中,公共卫生委员会既是开展群防群控的主体力量,也是推动政社互动的协调力量。未来,围绕加强基层公共卫生治理组织保障,将人民群众对公共卫生服务、健康促进的真实期待制度化、规范化,需要完善促进公共卫生委员会专责性充分发挥的相关法律规范和政策规定。

对此,各省区市应当在公共卫生和健康促进地方立法中对公共卫生委员会的地位予以确认,并尽快出台具体方案。可借鉴《北京市突发公共卫生事件应急条例》对公共卫生委员会建设方案的规定,明确村、社区根据实际需求选择单独设立公共卫生委员会或是由村(居)民委员会成员兼任公共卫生委员会工作;或者按照《深圳经济特区健康条例》的思路,在街道、社区分级建立专责公共卫生与健康促进的委员会和工作小组,促进基层社会公共卫生工作专责化、规范化发展。

(二) 制定加强公共卫生委员会建设的方案

公共卫生委员会的职能及其法律定位已得到明确,在村(居)民委员会之下设置公共卫生委员会,已成为进一步完善基层场域公共卫生治理体制机制建设的客观要求。历经疫情并战胜疫情,基层群防群控在公共卫生风险防控中发挥出的重大作用和巨大能量,又再一次让我们深切认识到加强基层公共卫生治理的重要性。近两年来,我国部分地方出台了完善在村(居)民委员会下设公共卫生委员会的政策,进一步明确了地方在加强公共卫生委员会建设,促进其在基层公共卫生治理中充分发挥作用的体制机制(详见表6-2)。

表6-2 我国部分地区关于公共卫生委员会的建设方案

地区	组织架构	主要任务	工作机制
北京[a]	委员会主任由主管卫生计生工作的村(居)干部担任,并配若干兼职人员,办公场地设在各村委会和居委会内	协助上级政府和专业部门做好五个方面工作:一是开展国家和本市要求和倡导的公共卫生工作;二是做好辖区内公共卫生工作的组织和动员;三是组织发动群众开展各类健康促进活动;四是组织辖区村(居)民对政府部门卫生与健康工作进行民主评议和民主监督;五是协助完成其他卫生与健康工作	各区、各相关部门加强工作领导、夯实工作基础、强化工作保障、督导工作落实。市区两级卫生计生部门将对基层公共卫生委员会专兼职人员开展专业培训,普及公共卫生知识和健康理念,指导开展公共卫生工作。同时,针对国家和市区公共卫生政策及主要工作项目,定期开展村(居)公共卫生专干专业知识培训和培养。通过政府购买服务方式,支持村(居)公共卫生委员会建设,或引入第三方社会力量共同为社区居民提供专业化的公共卫生服务

续表

地区	组织架构	主要任务	工作机制
广州[b]	委员会主任由一名主管卫生健康工作的村（居）民委员会成员担任，办公场地设在村（居）民委员会	协调社区服务站或村卫生站（室）、物业服务企业、辖区单位、村（居）民代表及楼（栋、单元）长和社区志愿者等作为专（兼）职委员，发挥党群服务中心以及村（居）委会议事厅、（居）民小组等多样的基层群众自治形式作用，畅通群众诉求渠道，定期协商解决村（居）民健康需求和辖区内主要公共卫生问题，在专业部门指导下，完成各项卫生健康工作	各级政府要将加强村（居）民委员会公共卫生委员会建设纳入重要议事日程，作为村（社区）建设和基层综合治理的重要内容，研究制定具体实施方案和支持政策。 各级卫生健康行政部门要会同民政、政法、农办等部门加强督促指导，积极推进村（居）民委员会公共卫生委员会建设。 各乡镇（街道）要为村（居）民委员会公共卫生委员会开展工作提供便利和支持
山东[c]	委员会主任原则上由村（居）民委员会主管卫生健康工作的成员担任，并配备若干兼职人员，可充分吸纳村（社区）党员、村（居）民代表、楼门长、社区志愿者，一般由3~7人组成	负责协调社区服务站（中心）、村卫生室和社区卫生服务机构、物业服务企业等资源，定期协商解决辖区村（居）民卫生健康需求和问题，畅通群众诉求渠道，在专业部门指导下，完成各项卫生健康工作	乡镇（街道）具体负责指导和监督村（居）民委员会公共卫生委员会建设，提供便利和保障支持。 各县（市、区）卫生健康部门要统计本行政区域内村（居）民委员会公共卫生委员会设立情况，定期开展专业知识培训和工作指导。 乡镇（街道）要联合乡镇卫生院（社区卫生服务中心），加强专业知识培训，提高村（居）民委员会公共卫生委员会工作水平

续表

地区	组织架构	主要任务	工作机制
安徽[d]	1. 村（社区）公共卫生委员会由3~7人组成，办公服务场所设在村（社区）内，配备相应的服务设施 2. 县（市、区）相关部门明确村（社区）公共卫生委员会的岗位设置与绩效措施，统筹协调各方资源，给予必要人力、物资、经费支持，乡镇（街道）要加强村（社区）公共卫生委员会工作领导和经费支持	协助乡镇政府（街道办事处）、相关部门和机构做好公共卫生、人口与计划生育法律、法规和政策宣传等6项工作	建立工作例会、定期报告、财务管理等各项制度；通过开展骨干专业知识培训、鼓励报考相关资格认证

注：表中内容分别参见：北京市卫生健康委员会．进一步推进全市村（居）委会公共卫生委员会建设工作新闻发布会［EB/OL］．（2018-3-29）［2024-2-28］．http：//wjw.beijing.gov.cn/xwzx_20031/xwfb/201912/t20191215_1232742.html．广东省卫生健康委员会．关于全面推进村（居）民委员会公共卫生委员会建设的通知［EB/OL］．（2021-8-23）［2024-2-28］．https：//wsjkw.gd.gov.cn/zwgk/content/post_3494472.html．山东省卫生健康委员会．关于进一步推进在村（居）民委员会设立公共卫生委员会的通知［EB/OL］．（2021-5-18）［2024-2-28］．http：//fgw.shandong.gov.cn/art/2021/8/12/art_207185_10318342.html．安徽省卫生健康委员会．安徽省全面推开村（居）民委员会下设公共卫生委员会工作［EB/OL］．（2021-9-14）［2024-2-28］．http：//wjw.ah.gov.cn/public/7001/55906231.html．

a. 北京市卫生健康委员会：《进一步推进全市村（居）委会公共卫生委员会建设工作新闻发布会》，2018年3月29日发布，载北京市卫生健康委员会网站，http：//wjw.beijing.gov.cn/xwzx_20031/xwfb/201912/t20191215_1232742.html。

b. 广东省卫生健康委员会：《关于全面推进村（居）民委员会公共卫生委员会建设的通知》（粤卫疾控函〔2021〕169号），2021年8月23日发布，载广东省卫生健康委员会网站，https：//wsjkw.gd.gov.cn/zwgk/content/post_3494472.html。

c. 山东省卫生健康委员会：《关于进一步推进在村（居）民委员会设立公共卫生委员会的通知》2021年5月18日发布，载山东省卫生健康委员会网站，http：//wsjkw.shandong.gov.cn/zwgk/fdzdgknr/tzwj/202106/t20210607_3622674.html。

d. 安徽省卫生健康委员会：《安徽省全面推开村（居）民委员会下设公共卫生委员会工作》2021年9月14日发布，载安徽省卫生健康委员会网站，http：//wjw.ah.gov.cn/public/7001/55906231.html。

从我国部分地区实施的有关公共卫生委员会的建设方案看，地方围绕组织架构、主要任务、工作机制建设等内容，进一步明确了全面推动公共卫生委员会建设的基本内容和基本要求。结合我国基层社会治理形成的先进理念以及当下部分地方的具体实践，可以主要从以下两个方面对公共卫生委员会的建设进行完善。通过完善组织机构和工作机制，确保其在基层公共卫生治理中的专责性得以充分发挥，提升公共卫生风险常态化预防和应急处置效能；通过调动、整合基层群防群控力量，推动基层公共卫生各事项的民主协商和民主监督的有效开展，促进形成基层公共卫生共建、共治、共享的治理格局。

首先，各级政府、各级卫生健康行政部门、乡镇（街道）应为公共卫生委员会建设提供实际支持，加强其硬件设施配置、人员配备、业务培训等方面的保障，促进公共卫生委员会建设工作有序推进。其次，公共卫生委员会作为村（居）民委员会的内设机构，应当由村（居）民委员会负责落实保障其日常运转的相关工作，即在政府以及相关部门的支持下，村（居）民委员会应及时配齐开展基层公共卫生治理工作的负责人和工作成员并提供办公场所，确保公共卫生委员会充分发挥作用。最后，需要对公共卫生委员会的职能予以细化，明确其在基层公共卫生群防群控、专群结合、协同治理、民主决策和监督等方面的具体事项，推动公共卫生委员会高效有序运转。

（三）加强对公共卫生委员会履职的保障和支持

一方面，应根据《村委会组织法》《居委会组织法》的修订情况，做好公共卫生委员会的建设规划。从调整对象看，村委会和居委会组织法是我国基层治理法治化、现代化领域专门指导和规范基层群众性自治组织的重要立法。近年来"两委"组织法修订后，应及时在"两委"组织法实施办法中进一步明确公共卫生委员会的职权和建设要求，指导村（居）民委员会做好公共卫生委员会的组织建设，明确公共卫生委员会的人员安排和职能划分标准。

另一方面，地方政府及其相关部门应当为公共卫生委员会的建设和发展提供实际支持,逐步开展加强公共卫生委员会建设的具体实践,这也是自上而下完善基层社会治理体系的客观要求。《法治社会建设实施纲要(2020~2025年)》明确提出,基层政府应当按照减负赋能原则进行基层治理,从而为基层群众性自治组织赋权明确了方向,并赋予公共卫生委员会充分的自治空间和足够的权利保障。进而,应明确地方各级人民政府应积极对公共卫生委员会的人力、物力和财力建设提供保障,并对此负主要责任。例如,根据基层城乡社区的实际情况和具体需求,为公共卫生委员会配置专职或兼职人员、划定办公场所和经费、制订有关公共卫生服务的培训计划等。同时,也可与高校合作,拓宽人才招募渠道,吸引高素质的志愿者来补充人力资源的不足。①

(四)推动公共卫生委员会组织动员优势充分发挥

公共卫生委员会是内生于群众的基层自治组织,其在组织动员开展基层公共卫生事项的民主协商和民主监督上具有得天独厚的优势,其既是基层政府履行公共卫生服务责任的重要抓手,也是群众参与公共卫生治理,达成多元共治表达意见与建议的目标的重要渠道。坚持预防为主,立足全民健康促进和提供全生命周期的卫生与健康服务,推动群策群力的基层公共卫生治理是国家治理体系中的重要环节,也被视为兼顾经济和实用的颇为有效的治理方式。

一方面,坚持以群众需求为导向,推动基层公共卫生治理精准服务人民。通过公共卫生委员会及时收集反映群众对公共卫生服务的意见和建议,明确群众的公共卫生服务需求,促进公共卫生治理政策法规的拟定及相关项目的实施在广泛听取居民的意见和建议的基础上开展,不仅能够激发群众参与公共卫生治理的积极性,推动更多便民利民政策的出台和落实,也是自下而上完善社会治理体系的内在要求。从实施逻辑上看,应拓宽基层协商共治的渠道,丰富群策群力的具体形式。例如,公共卫生委员会通过

---

① 高小平、刘一弘:《中国应急管理制度创新:国家治理现代化视角》,中国人民大学出版社2020年版,第111页。

动员基层治理力量，组建各类疾病预防与健康促进的协会等，并鼓励各类协会定期召开会议，推进专群结合的公共卫生协调治理高效开展，营造人民群众积极表达公共卫生需求的良好社会氛围。

另一方面，坚持专群结合，推动基层公共卫生治理群策群力。围绕"群众——公共卫生专业机构——行政机关"专群结合，构建基层公共卫生事项协商共治机制。公共卫生服务与健康促进不是普通的群防群控工作，也不是纯粹医学专业技术，相关政策及法律的实施需要建立在对群众实际需求和医疗卫生科学综合分析的基础上。一是需要乡镇街道通过党建引领，加强公共卫生委员会充分发挥其在群防群控组织动员上的优势，建立公共卫生委员会参加社区党建联席会议的常态机制，及时反映居民公共卫生服务的需求和意见；二是将人民群众公共卫生自治与国家机关、公共卫生主管部门的管理相结合，健全由群众、公共卫生专业机构及行政机关的基本公共卫生服务等多方协商的制度保障，使人民群众确信其反映、提出的意见建议能够得到决策者的重视和及时反馈，促进群众意见、建议通过规范程序纳入公共卫生法规政策。

综上所述，公共卫生委员会构成了我国基层公共卫生治理体系中的重要组织架构，其强化建设不仅是对"以人民为中心"这一核心理念在公共卫生治理领域的实践响应，也是在现代基层社会治理体系与能力提升背景下，探索公共卫生风险防控创新路径，并坚持群众路线的具体展现。该委员会旨在不仅提升服务群众的质量，而且要积极依靠群众力量，促进构建基层公共卫生群策群防的治理新模式。展望未来，伴随"健康中国"战略的深入实施及我国医疗卫生体系逐步从治疗导向转型为预防导向，为满足民众对健康生活方式、健康社区环境及全面发展日益增长的需求，公共卫生委员会需要持续向精细化、标准化、现代化方向迈进。这要求通过优化组织结构、健全运行机制，确保其在基层公共卫生管理中的专业职责得到充分履行，进而增强公共卫生风险的日常预防与紧急应对能力。同时，通过激活并整合基层社会的群防群控资源，推动公共卫生相关事务的民主协商与监督机制有效运行，从而促进形成基层公共卫生共建、共治、共享的治理格局。

第三节 完善基层群众协商民主的制度供给

民主协商作为全过程人民民主的要求之一,对于克服基层治理风险交流自觉力不足具有十分重要的意义,也是公众参与重大传染病防控公共决策的重要机制。① 民主协商作为基层群策群力制度化的重要内容,是社会成员行使知情权、参与权的客观要求,也是行政机关加强权力自我限制、自我约束的内在要求。其运行机理是公众广泛参与社会治理进行利益表达的政社协同,通过对人民群众最关心的问题展开意见交涉,弥补行政决策易产生的向下互动不足的短板,使群众能够在充分表达和有效参与中自觉认可并积极配合风险预防政策的实施(即使在面对某些权利克减的政策时),推动行政决策保持低成本高效的良好状态。重大传染病风险预防基层治理民主协商,是城乡社区村民、居民就其公共卫生服务、全民健康促进享有权和公共卫生风险防范参与权、知晓权等方面的需求表达意见和建议,推动专家与非专家之间、群众与行政机关间协同共治防范化解风险的民主实践。较之医疗卫生机构在研究诊断救治上的专业性和行政机关在统筹施策上的治理势能,民主协商的优势是其作为连接自下而上、专群结合协商共治的纽带,能够推动医疗卫生服务、行政决策与公民健康发展需求之间形成充分的风险沟通。具体运行机制是,及时发掘、充分反映群众公共服务需求及其对公共卫生策略、政策实施效果的评价,推动群众与公共卫生决策者、医疗卫生专业人员间开展风险沟通,并依法将群众的意见和建议融入公共卫生治理的政策规范中。从提高治理的民主性及科学性入手,将协商民主的完整环节与合理程序嵌入治理过程,在根本上凸显了治理的民主色彩,还在相当大的程度上增强了民众对治理过程及事务的认同感,

---

① 中共中央《法治社会建设实施纲要(2020~2025年)》:"四、加强权利保护(十二)明确规定:健全公众参与重大公共决策机制。制定与人民生产生活和现实利益密切相关的经济社会政策和出台重大改革措施,要充分体现公平正义和社会责任,畅通公众参与重大公共决策的渠道,采取多种形式广泛听取群众意见,切实保障公民、法人和其他组织合法权益。"

从而有利于提高治理的效率、效力及效益。① 党的十八大以来，协商民主更加健康发展，新时代发展全过程人民民主也需要一个广泛、多层、制度化的发展模式。② 未来，需要立足完善全过程人民民主下互信互助协作的基层公共卫生风险共治体制机制建设，加强民主协商形式的需求传达和信息交流法治化、制度化建设，推动民主协商过程顺利高效有序开展，也要保障协商成果严格依法规范实现。

一、保障民主协商充分开展

（一）专群结合促进民主协商科学开展

重大传染病领域风险防范所涉及的公共卫生服务与健康促进方案不是普通的群防群控工作，也不是纯粹的公共卫生医疗诊断技术，实现重大传染病风险干预的科学性和准确性，需要将社区群众事实判断感性认知与社区卫生机构理性判断相结合。曾经有学者以若干个条件不理想的社区为研究对象，对公共卫生治理领域协商模式进行实证研究，其中，针对社区中集中出现的健康问题，建议成立一些公民协会（如嗜酒者互戒协会、反家暴协会），后来针对小镇出现惊人的乳腺癌发病率，公民协会反馈给当地卫生专家，最终协力制定了方案，专家决定在一年内增加20%的癌症筛检次数，这在很大程度上降低了癌症死亡率。③ 可以看到，专业指导和群众参与共同发挥作用，围绕社区具体问题开展风险交流的公共协商，并在此基础上形成具有针对性的解决方案，是对特定风险感知与发现的重要方式。

重大传染病风险预防民主协商的重要目的之一是激发群众主动参与到对身边公共卫生问题的探讨和解决中来，包括向政府及公共卫生部门积极

---

① 参见张师伟：《基层党组织的领导功能：农村协商民主的规范完善与规则耦合》，载《探索》2021年第4期，第59-69页。
② 佟德志：《全面发展人民民主的复合结构与战略选择》，载《政治学研究》2022年第1期，第28页。
③ ［美］詹姆斯·郝圣格：《当代美国公共卫生：原理、实践与政策》，赵莉、石超明译，社会科学文献出版社2015年版，第142页。

反应问题,表达需求、反馈情况甚至提出意见和建议。因此,增加群众关心关切的事项与当地公共卫生服务事项的关联度,能够使协商问题有效聚焦,既能够防止因缺乏参与感而不愿意参加公共卫生事务,又能够帮助政府或医疗卫生机构准确找到问题,对症下药。公共卫生是一项对专业性要求较高的领域,群防群控无法解决核心技术问题,但群众的主观价值需求却是政府制定基层公共卫生服务政策和医疗机构研判公共卫生问题的重要来源和考量因素。因此,在基层重大传染病风险预防协商共治体制中,除了需要由基层政权和居民委员会指导建立业主委员会外,还需要医疗卫生专业机构指导,社区组建各类疾病预防与健康促进的协会,选任代表定期召开会议,加强风险沟通的针对性,推进专群结合的公共卫生治理高效开展。

(二) 党建引领政府主导推动民主协商充分开展

"群众事群众议"是基层民主协商的内在逻辑,也是完善群防群控制度供给的重要内容。坚持预防为主,立足全民健康促进和提供全生命周期卫生与健康服务,通过民主协商的表达机制将群众意见需求充分嵌入公共卫生政策法规,促进基层社会在重大传染病风险预防领域的群防群控规范高效,是自下而上推进社会治理体系和治理能力现代化的内在要求,需要通过政社协同的群策群力协商共治予以实现。

当前的主要困境是群众在民主协商中的参与度不足,群防群控作用发挥不充分。一方面,从实质要件看,需要加强群众参与民主协商的积极性。社区民主协商的开展多基于被动维权而非主动议事,即只有当居民认为其权益被侵犯时才有进行民主协商的意愿,对于社区日常管理事项缺乏参与的主动性和主人翁意识。另一方面,从形式要件看,需要提高社区居民参与民主协商的可行性。例如,乡镇街道及居委会要加强对民主协商充分开展的支持,发挥党建引领在力量组织和行动动员上的优势,通过党建工作联席会议,及时关注业主大会或其他便于居民参与社会自治和意见表达的机制,保障居民对民主协商的知晓率、参与率,此外,还须为民主协商的定期或临时开展提供、规划特定场所,推动构建居民想参与、能参与的良性互动机制。

因此，推进基层社会治理现代化背景下，重大传染病群防群控的政社协同民主协商需要政府给予充分的制度支持、营造良好的群策群力氛围。一方面，坚持党建引领，将社区党建工作联席会议作为基层民主协商充分有效的制度保障，进而提升以社区居民委员会主导、以业主委员会为主体、由物业服务企业和社会力量共同参与的多方民主协商机制的积极性和互动性。① 另一方面，随着政府职能进一步转型，充分释放社会治理中社会本身的红利，完善公民有效参与社会治理的体制机制，如针对基层治理中网格管理与服务标准因由政府单方制定，致使网格治理因缺乏社会基础而产生效能不高的问题，应由政府负责落实社会成员有效参与网格化管理与服务标准建立的制度保障。②

二、保障民主协商规范有序

基层社区是国家治理、社会治理在基层运行的基本单元，社区成员的非科层化、社区事务的弱政治性、社区共同利益的朴素性，决定了社区治理应是社区主体以互动、协商的方式充分参与的治理模式。"参与有着更为广泛的功能，对于建立和维持民主政体是关键的，民主是一种'参与性的社会'。"③ 根据个人与制度环境之间的关联而建立起来的参与式民主理论，为

---

① 《国务院办公厅关于印发"十四五"城乡社区服务体系建设规划的通知》国办发〔2021〕56号："二、完善城乡社区服务格局（六）健全党建引领机制。压实乡镇（街道）党（工）委责任，建立健全街道党工委牵头、驻区单位党组织负责人参加的社区党建工作联席会议制度，加强党对城乡社区服务体系建设的全面领导。全面健全村（社区）党组织引领，基层群众性自治组织主导，村（社区）居民为主体，群团组织、社区社会组织、社会工作者和驻区单位共同参与、协同开展社区服务的体制机制。全面落实党领导下的城乡社区协商制度，围绕群众关心的服务事项广泛开展议事协商。全面加强党建引领社区服务体系建设，扎实做好服务群众、教育群众、凝聚人心工作，组织引领群众听党话、跟党走。全面落实在职党员到社区报到为群众服务制度机制，推动党政机关、企事业单位到村（社区）开展服务。推动有物业服务的社区建立健全党建引领下的社区居民委员会、业主委员会、物业服务企业协调运行机制，强化社区党组织领导能力、居民委员会指导能力、物业服务企业服务能力。健全党建引领社区社会组织工作机制，乡镇（街道）党（工）委和村（社区）党组织加强对社区社会组织参与社区服务的领导。"

② 马怀德：《行政法前沿问题研究：中国特色社会主义法治政府论要》，中国政法大学出版社2018年版，第85页。

③ 卡罗尔·佩特曼：《参与和民主理论》，陈尧译，上海世纪出版集团2006年版，第18页。

参与型社会的构建提供了理论基础。① 西方参与式民主理论将参与作为核心和构建基础，在一定程度上忽略了参与现实和人们对参与的真实需要。② 全过程人民民主的重大理念③应是我国基层社会治理民主协商的重要理论范式。全过程人民民主贯通民主选举、民主协商、民主决策、民主管理、民主监督各环节。④ 全过程人民民主的真实性体现在人民群众的广泛参与上，具体落实在基层群众自治制度上，通过人民群众自治展示了大众参与的真实民主形象。⑤

基层民主协商有效参与行政决策需要严格规范的程序保障，充分运用制度支持开展民主协商，提升居民关于参与权、知情权的法治素养和法律意识，防止"有协商、无反馈""先行决策、程序后补"情况的出现，挫伤群众建言献策的积极性，是调动基层治理的内生力量，推动群防群控有效开展的客观要求。在行政决策和管理中充分体现出利害关系人的相关诉求与主张，保障公众的参与权，通过共治改造全能政府、塑造智慧型政府。

（一）明确协商共治的基本形式

近年来，聚焦推动民主协商与行政决策的良性互动，中央和地方出台了相关规范性文件，进一步对公众参与协商议事的内容和程序予以明确。2019年颁布实施的《重大行政决策程序暂行条例》已经对公众参与民主协商予以明确要求和规定，提出行政机关应当为公众参与行政决策，提供便利条件，保障公众能够充分听取意见，从具体方式看，既可以通过座谈会、听证会等较为正式的方式，也可以通过实地走访、书面征求意见、向社会公开征求意见、问卷调查、民意调查等更为灵活的方式开展。2021年4月，

---

① 申建林、蒋田鹏：《从代议走向参与——卡罗尔·佩特曼对参与式民主的追求》，载《广西大学学报（哲学社会科学版）》，2012年第6期，第88页。
② 陈尧：《西方参与式民主：理论逻辑与限度》，载《政治学研究》2014年第3期，第18页。
③ 习近平：《在中央人大工作会议上发表重要讲话强调坚持和完善人民代表大会制度不断发展全过程人民民主》，载《人民日报》2021年10月15日，第1版。
④ 支振锋：《全过程人民民主具有强大生命力》，载《理论导报》2022年第3期，第55页。
⑤ 张爱军、雷燕妮：《全过程人民民主与国家民主形象建构》，载《河南师范大学学报（哲学社会科学版）》2022年第2期，第42页。

《中共中央、国务院关于加强基层治理体系和治理能力现代化建设的意见》中明确提出，民主协商应当定期开展，协商的事项必须聚焦群众所想所需的民生实事，协商应当在乡镇（街道）的主导和组织下，以座谈会、听证会等方式切实开展。2020年成都市颁布实施《成都市社区发展治理促进条例》，规定了市人民代表大会常务委员会、市人民政府可以通过在有条件的城乡社区设立基层立法联系点的方式，充分听取居民对制定、修改法规规章等立法活动的意见建议。从上述规定中可以看出，基层公共卫生治理的民主协商中，涉及群众切身利益的公共卫生事项的决策，议事协商是决策的前置程序，具体实施方式可以是正式形式的听证会、书面征求意见，也可以是非正式形式的座谈会、实地走访、调查问卷、民意调查等；对于立法修法而言，还包括设立基层立法联系点。

（二）完善听证制度

听证会是民主协商中较为正式的公众参与形式，其目的在于为行政决策提供价值性信息、增强行政过程的民主性和行政决策的可接受性，但其运行成本较高、效率较低的特点决定了其并不适合大范围广泛采用。因此，越是与公众利益密切相关的行政决策，听证在其制定与实施过程中所占有的比重就越大。目前，过于严格的程序会阻碍听证"听取意见"功能的发挥，应当允许行政机关根据决策事项对公众权利的影响情况，采取灵活多样的形式多样组织听证。一方面，可简化听证的程序性要求，在不影响公众意见交换和表达的基础上，考虑通过非正式听证方式开展听证。另一方面，对于复杂性事项的决策，应尽可能组织多次听证，以最大限度凝聚共识，保障决策的可接受性。此外，基于公共听证是围绕多价值性问题而展开的民主协商，即便是涉及技术性议题的听证，也无须将专家列为听证参加人，因为专家表达的是决策科学性的意见，其意见应当通过专家咨询会或论证会的方式得以呈现，而非在公众和利害关系人表达价值性诉求的听证会中呈现。[①]

[①] 参见马怀德：《行政法前沿问题研究：中国特色社会主义法治政府论要》，中国政法大学出版社2018年版，第153-155页。

参考文献

一、著作

1. 习近平：《习近平谈治国理政（第二卷）》，外文出版社2017年版。

2. 习近平：《习近平谈治国理政（第三卷）》，外文出版社2020年版。

3. 习近平：《论坚持依法治国》，中央文献出版社2020年版。

4. 习近平：《在全国抗击新冠肺炎疫情表彰大会上的讲话》，人民出版社2020年版。

5. 习近平：《论坚持推动构建人类命运共同体》，中央文献出版社2018版。

6. 中共中央党史和文献研究院：《习近平关于防范风险挑战、应对突发事件论述摘编》，中央文献出版社2020年版。

7. 习近平法治思想概论编写组：《习近平法治思想概论》，高等教育出版社2021年版。

8. 全国人大常委会法制工作委员会、法规备案审查室：《规范性文件备案审查理论与实务》，中国民主法制出版社2020年版。

9. 陈云良：《卫生法学》，高等教育出版社2019年版。

10. 崔钧：《改革开放以来的卫生事业》，北京人民出版社2019年版。

11. 党东升：《中国综治体制演进研究》，法律出版社2020年版。

12. 樊立华：《中华医学百科全书（公共卫生学卫生法学卫生监督学）》，中国协和医科大学出版社2018年版。

13. 范春、赵冉等：《公共卫生史》，厦门大学出版社2021年版。

14. 费孝通：《乡土中国》，人民出版社2015年版。

15. 冯磊：《社会变革与卫生法治：事件、制度及其学术想象》，中国政法大学出版社 2012 年版。

16. 傅华、李枫：《现代健康促进理论与实践》，复旦大学出版社 2003 年版。

17. 高小平、刘一弘：《中国应急管理制度创新：国家治理现代化视角》，中国人民大学出版社 2020 年版。

18. 龚向前：《传染病控制国际法律问题研究》，法律出版社 2011 年版。

19. 关保英：《行政法时代精神之解构》，北京大学出版社 2017 年版。

20. 郭之文：《抗疫简史》，上海科学文献出版社 2020 年版。

21. 韩大元、莫于川：《应急法制论》，法律出版社 2005 年版。

22. 黄瑞祺：《再见福柯：福柯晚期思想研究》，浙江大学出版社 2008 年版。

23. 季卫东、程金华：《风险法学的探索——聚焦问责的互动关系》，上海三联书店 2018 年版。

24. 季卫东：《法的跨界——规范、事实以及学科的交叉》，法律出版社 2022 年版。

25. 江必新：《国家治理现代化与行政法治》，中国法制出版社 2016 年版。

26. 江必新、王红霞：《国家治理现代化与制度构建》，中国法制出版社 2016 年版。

27. 姜明安：《行政法与行政诉讼法（第七版）》，北京大学出版社、高等教育出版社 2019 年版。

28. 姜晓萍：《社会风险治理》，中国人民大学出版社 2017 年版。

29. 劳东燕：《功能主义的刑法解释》，中国人民大学出版社 2020 年版。

30. 李旭东：《当代治理理论：辅助性原则研究》，华南理工大学出版社 2021 年版。

31. 李雪峰：《防范化解社会领域重大风险》，国家行政管理出版社 2020 年版。

32. 林鸿潮：《〈突发事件应对法〉修订研究》，中国法制出版社 2021 年版。

33. 林鸿潮：《应急法概论》，应急管理出版社 2020 年版。

34. 李广德：《请求共济与健康权的司法开展》，北京大学出版社 2022 年版。

35. 刘权：《比例原则》，清华大学出版社 2022 年版。

36. 刘建军：《社区中国》，天津人民出版社 2020 年版。

37. 卢现祥：《寻找一种好的制度》，北京大学出版社 2013 年版。

38. 马宝成、吕洪业等：《坚持底线思维着力防范化解重大风险》，国家行政管理出版社 2020 年版。

39. 马怀德：《行政法前沿问题研究：中国特色社会主义法治政府论要》，中国政法大学出版社 2018 年版。

40. 马忠法：《创新型国家建设背景下的科技成果转化法律制度研究》，上海人民出版社 2013 年版。

41. 孟涛：《我国非常法律研究》，清华大学出版社 2012 年版。

42. 莫于川、胡锦光：《基本权利及其公法保障》，法律出版社 2013 年版。

43. 莫于川：《应急预案法治论——突发事件的应急预案的法治理论与制度构建》，法律出版社 2020 年版。

44. 彭飞荣：《风险与法律的互动：卢曼系统论视角》，法律出版社 2018 年版。

45. 戚建刚：《中国行政应急法律制度研究》，北京大学出版社 2010 年版。

46. 任颖：《环境健康风险治理研究：法理基础、类型分析与制度建设》，人民出版社 2019 年版。

47. 申卫星：《〈中华人民共和国基本医疗卫生与健康促进法〉理解与适用》，中国政法大学出版社 2020 年版。

48. 申卫星：《卫生法学原论》，人民出版社 2022 年版。

49. 沈岿：《食品安全风险治理与行政法》，北京大学出版社 2018 年版。

50. 苏玉菊：《"新公共卫生"法律规制模式研究——基于治理的视角》，法律出版社 2015 年版。

51. 宋亚辉：《超越公私二分：风险领域的公私法合作理论》，商务印书馆 2022 年版。

52. 田刚、陈莹：《20 世纪 30 年代苏区卫生防疫研究》，中国财富出版社 2017 年版。

53. 钱亚梅：《风险社会的责任分配初探》，复旦大学出版社 2014 年版。

54. 汪世荣、褚宸舸：《枫桥经验：基层社会治理体系和能力现代化实证研究》，法律出版社 2018 年版。

55. 王晨光：《健康法治的基石：健康权的源流、理论与制度》，北京大学出版社第 2020 年版。

56. 王宇、杨功焕：《中国公共卫生（理论卷）》，中国协和医科大学出版社 2013 年版。

57. 吴翠丽：《风险社会与协商治理》，南京大学出版社 2017 年版。

58. 魏礼群：《中国社会治理通论》，北京师范大学出版社 2019 年版。

59. 谢志勇：《卫生法学通论》，中国政法大学出版社 2019 年版。

60. 许树强、王宇：《突发事件公共卫生风险评估理论与实践》，人民卫生出版社 2017 年版。

61. 薛刚凌：《法治视野下的政府权力结构和运行机制研究——决策权、执行权、监督权的制约与协调问卷调查数据分析》，中国人民大学出版社 2021 年版。

62. 薛澜：《危机管理》，清华大学出版社 2003 年版。

63. 袁杰、丁巍、赵宁：《中华人民共和国基本医疗卫生与健康促进法释义》，中国民主法制出版社 2020 年版。

64. 杨彤丹：《权力与权利的纠结——以公共健康为名义》，法律出版社 2014 年版。

65. 杨杰：《部分国家卫生基本法研究》，法律出版社 2017 年版。

66. 杨开峰：《统筹失策：疫情之后的公共卫生之治》，中国人民大学出版社 2020 年版。

67. 杨宗科：《国家安全法治保障述论》，知识产权出版社 2019 年版。

68. 叶必丰：《行政法与行政诉讼法》，中国人民大学出版社 2015 年版。

69. 叶必丰：《行政行为原理》，商务印书馆 2019 年版。

70. 叶冬青：《公共卫生发展简史》，人民卫生出版社 2016 年版。

71. 尹艳红：《地方政府间公共服务合作机制》，国家行政学院出版社 2013 年版。

72. 俞可平：《治理与善治》，社会科学文献出版社 2000 年版。

73. 张博源：《卫生公共政策与法治的衔接》，北京大学出版社 2015 年版。

74. 张海滨：《全球化时代的公共卫生法治：国别区域公共卫生法治动态》，法律出版社 2022 年版。

75. 张康之、张乾友：《公共行政的概念》，中国社会科学出版社 2013 年版。

76. 张广利：《当代西方风险社会理论研究》，华东理工大学出版社 2019 年版。

77. 张晓丽：《当代中国突发公共卫生事件研究》，东南大学出版社 2019 年版。

78. 张永强：《预防性犯罪化及其限度研究》，中国社会科学出版社 2020 年版。

79. 赵鹏：《风险社会的行政法回应以健康、环境风险规制为中心》，中国政法大学出版社 2018 年版。

80. 朱凤才、沈孝兵：《公共卫生应急——理论与实践》，东南大学出版社 2017 年版。

81. 林志欣：《风险规制视域下我国政府应急管理回应模式研究》，上海交通大学出版社 2018 年版。

82. 张笑宇：《技术与文明：我们的时代与文明》，广西师范大学出版社 2021 年版。

83. 郑永年、邱道隆：《技术赋权：中国的互联网国家与社会》，东方出版社 2014 年版。

84. 翟晓梅、邱仁宗：《公共卫生伦理学》，中国社会科学出版社 2016 年版。

85. ［德］迪特尔·格林：《风险规制德国的理论与实践》，刘刚（编译），法律出版社 2012 年版。

86. ［德］哈贝马斯：《在事实与规范之间：关于法律和民主法治国的商谈理论》，童世骏译，生活·读书·新知三联书店 2020 年版。

87. ［德］费迪南·滕尼斯：《共同体与社会》，张巍卓译，商务印书馆 2019 年版。

88. ［德］尼克拉斯·卢曼：《风险社会学》，孙一洲译，广西人民出版社 2020 年版。

89. ［德］乌尔里希·贝克：《风险社会》，何博闻译，译林出版社 2004

年版。

90. [德] 乌尔里希·贝克：《风险社会：新的现代性之路》，张文杰、何博闻译，译林出版社 2018 年版。

91. [加拿大] 马克·扎克、塔尼亚·科菲：《因病相连：卫生治理与全球政治》，晋继勇译、张晓立校，浙江大学出版社 2011 年版。

92. [美] 凯瑟琳·雅各布森：《健康研究方法导论（第二版）》，马露等译，人民出版社 2020 年版。

93. [美] 凯斯·R. 孙斯坦：《风险与理性：安全、法律及环境》，师帅译，中国政法大学出版社 2005 年版。

94. [美] 约翰·艾伯斯：《瘟疫：历史上的传染病大流行》，徐依儿译，中国工人出版社 2021 年版。

95. [美] 奥斯特罗姆：《制度激励与可持续发展》，毛寿龙译，上海三联书店 2000 年版。

96. [美] 卡罗尔·佩特曼：《参与和民主理论》，陈尧译，上海世纪出版集团 2006 年版。

97. [美] 凯斯特·R. 桑斯坦：《最差的情形》，刘坤轮译，中国人民大学出版社 2010 年版。

98. [美] 凯斯·R. 桑斯坦：《恐惧的规则：超越预防原则》，王爱民译，北京大学出版社 2011 年版。

99. [美] 劳伦斯·高斯汀、林赛·威利：《公共卫生法：权力·责任·限制》，苏玉菊、刘碧波、穆冠群译，北京大学出版社 2020 年版。

100. [美] 罗伯特·恩格尔：《预见相关性：风险管理新范例》，王成璋等译，机械工业出版社 2015 年版。

101. B. 盖伊·彼得斯《政府未来的治理模式》，吴爱明、夏宏图译，中国人民大学出版社 2013 年版。

102. [美] 托马斯·C. 谢林：《选择与后果》，田峰、杨光译，机械工业出版社 2015 年版。

103. [美] 约翰·罗尔斯：《作为公平的正义：正义新论》，姚大志译，中国社会科学出版社 2011 年版。

104. ［美］詹姆斯·郝圣格:《当代美国公共卫生:原理、实践与政策》,赵莉、石超明译,社会科学文献出版社 2015 年版。

105. ［英］Ross C. Brownson:《循证公共卫生》,余小英、袁恒乐译,人民卫生出版社 2019 年版。

106. ［英］阿兰·斯密勒:《冲突与合作——制度与行为经济学》,刘璨、吴水荣译,格致出版社 2017 年版。

107. ［英］安东尼·吉登斯:《现代性的后果》,田禾译,译林出版社 2011 年版。

108. ［英］科林·斯科特:《规制、治理与法律:前沿问题研究》,安永康译,清华大学出版社 2018 年版。

109. ［英］谢尔顿·克里姆斯基、多米尼克·戈尔丁:《风险的社会理论学说》,徐元玲、孟毓焕、徐玲译,北京出版社 2005 年版。

110. ［英］约翰·科根、基思·赛雷特、A. M. 维安:《公共卫生法:伦理、治理与规制》,宋华琳、李芹、李鹇译,译林出版社 2021 年版。

111. ［英］珍妮·斯蒂尔:《风险与法律理论》,韩永强译,中国政法大学出版社 2012 年版。

二、期刊论文

1. 习近平:《全面提高依法防控依法治理能力,健全国家公共卫生应急管理体系》,载《求是》2020 年第 5 期。

2. 习近平:《在中央党校(国家行政学院)中青年干部培训班开班式上发表重要讲话强调年轻干部要提高解决实际问题能力想干事能干事干成事》,载《旗帜》2020 年第 10 期。

3. 爱德华·P. 理查兹、李广德:《作为行政法的公共卫生法》,载《法治社会》2022 年第 2 期。

4. 常健:《疫情防控中的人权保障》,载《学术界》2020 年第 2 期。

5. 迟福林:《以人民健康至上的理念推进公共卫生治理体系变革》,载《行政管理改革》2020 年第 4 期。

6. 陈柏峰：《风险社会的技术治理与应急决策》，载《中国法律评论》2020年第2期。

7. 陈锋、侯同佳：《政府购买社会服务的悖论——对社会组织参与社区治理的观察》，载《文化纵横》2020年第1期。

8. 陈光：《嵌入国家制定法的立法技术——以社区治理的相关规范为例》，载《地方立法研究》2018年第3期。

9. 陈景辉：《捍卫预防原则：科技风险的法律姿态》，载《华东政法大学学报》2018年第1期。

10. 陈雷：《传染性公共卫生领域事权与支出责任划分的法治进路》，载《行政法学研究》2021年第2期。

11. 陈瑞华：《论国家监察权的性质》，载《比较法研究》2019年第1期。

12. 陈剩勇：《协商民主理论与中国》，载《浙江社会科学》2005年第1期。

13. 陈尧：《西方参与式民主：理论逻辑与限度》，载《政治学研究》2014年第3期。

14. 陈云良：《促进公共卫生法律体系向公共卫生法治体系转化》，载《法学》2021年第9期。

15. 褚宸舸、王阳：《突发公共卫生事件政府预警信息发布制度的完善——兼论我国〈传染病防治法〉的修订》，载《厦门大学法律评论》2022年第1期。

16. 褚宸舸：《基层社会治理的标准化研究——以"枫桥经验"为例》，载《法学杂志》2019年第1期。

17. 崔俊杰：《公共行政任务取向的疾病预防控制体系改革》，载《行政法学研究》2020年第5期。

18. 戴昕、张永健：《比例原则还是成本收益分析法学方法的批判性重构》，载《中外法学》2018年第6期。

19. 董幼鸿、叶岚：《技术治理与城市疫情防控：实践逻辑及理论反思——以上海市X区"一网统管"运行体系为例》，载《东南学术》2020年第3期。

20. 邱晓星：《构建社区共同体：应对重大公共卫生事件的路径思考》，载《学习与探索》2023年第3期。

21. 丁远朋：《弹性化治理："工作组"机制的运行及治理逻辑探究》，载

《社会主义研究》2018年第1期。

22. 范如国：《平台技术赋能、公共博弈与复杂适应性治理》，载《中国社会科学》2021年第12期。

23. 方世荣、孙思雨：《公共卫生事件"前预警期"的地方政府应对权配置》，载《云南社会科学》2020年第3期。

24. 房慧颖：《预防性刑法的具象考察与理念进路》，载《法学论坛》2021年第6期。

25. 冯冬冬：《乡村振兴背景下农业知识产权软法保护》，载《西北农林科技大学学报（社会科学版）》2022年第2期。

26. 费太安：《健康中国 百年求索——党领导下的我国医疗卫生事业发展历程及经验》，载《管理世界》2021年第11期。

27. 冯峥：《从全球治理、国家治理到地方治理：重大疫情应对中的三层治理角色及其互动》，载《东北亚论坛》2020年第5期。

28. 付子堂、庞新燕：《我国公共卫生体系搭建历程与逻辑进路：以健康权保障为研究视角》，载《人权》2021年第6期。

29. 宫倩、刘雪莲：《从"脆弱性"到"韧性"：全球公共卫生合作治理的风险与应对》，载《人文杂志》2023年第8期。

30. 高德胜、周笑宇：《美国〈国家生物安全防御战略〉文本解读及其对我国生物安全建设的启示》，载《求是学刊》2020年第2期。

31. 高其才、张华：《习惯法视角下突发公共卫生事件应急指挥机构的组织和运行规范——以新冠肺炎疫情防控工作领导小组和指挥部为对象》，载《学术交流》2020年第5期。

32. 高立伟、何苗：《人类命运共同体视阈下全球公共卫生治理谫论》，《厦门大学学报》（哲学社会科学版）2020年第5期。

33. 关保英：《疫情应对中行政规范性文件审查研究》，载《东方法学》2020年第6期。

34. 郭锋：《构建我国疫情防控法律体系的探讨》，载《财经法学》2020年第3期。

35. 何绍辉：《场共同体：陌生人社区建设的本位取向》，载《人文杂志》

2015 年第 4 期。

36. 何文胜、王炎：《超越碎片化：整体绩效观的源起、意涵和实现路径》，载《学海》2021 年第 6 期。

37. 胡晓翔：《浅议传染病疫情预警和信息发布机制》，载《南京医科大学学报（社会科学版）》2020 年第 1 期。

38. 黄文艺：《"平安中国"的政法哲学阐释》，载《法制与社会发展》2022 年第 4 期。

39. 黄文艺：《预防型法治》，载《法学研究》2024 年第 2 期。

40. 黄旸木、郭岩：《世界卫生大会全球卫生安全治理议题分析》，载《国际政治研究》2020 年第 3 期。

41. 季卫东：《法律与概率——不确定的世界与决策风险》，载《地方立法研究》2021 年第 1 期。

42. 何继新、荆小莹：《韧性治理：从公共物品脆弱性风险纾解到治理模式的创新》，载《经济与管理评论》2018 年第 1 期。

43. 陆自荣、陈兰英：《现代公共性概念立足点的缺陷及重构——基于公共性、共同体、理性协同演进逻辑的分析》，《湖南科技大学学报（社会科学版）》2019 年第 2 期。

44. 李灵珊、吴倩、方鹏：《社区卫生工作者参与突发公共卫生事件联防联控机制的角色及对策分析》，载《中国卫生事业管理》2023 年第 4 期。

45. 高秦伟、毋文：《健康中国建设背景下公共卫生法的发展及其课题》，载《学习与实践》2024 年第 12 期。

46. 龚向光：《卫生健康领域地方立法的进展和特点》，载《中国卫生法制》2024 年第 1 期。

47. 冀明武：《论党内监督法规与国家法律制度的衔接——以〈中国共产党党内监督条例〉与〈监察法〉为视点》，载《江汉学术》2020 年第 2 期。

48. 徐行、王娜娜：《构建社会治理共同体的行动逻辑与现实路径》，载《国家治理》2020 年第 33 期。

49. 解志勇：《公共卫生预警原则和机制建构研究》，载《中国法学》2021 年第 5 期。

50. 解志勇：《卫生法基本原则论要》，载《比较法研究》2019 年第 3 期。

51. 劳伦斯·O. 高斯汀、艾琳·L. 泰勒、郭晓明：《全球卫生法：一个定义和重大挑战》，载《法治社会》2022 年第 2 期。

52. 李广德：《我国公共卫生法治的理论坐标与制度构建》，载《中国法学》2020 年第 5 期。

53. 李宁、罗梁波：《国家的高地、社会的篱笆和社区的围墙——基于社区治理资源配置的一项学术史梳理》，载《甘肃行政学院学报》2020 年第 4 期。

54. 李雪枫、姜卉：《美英澳生物安全的发展路径及对中国的启示》，载《科技管理研究》2021 年第 2 期。

55. 李雪松、丁云龙：《健康码"码上加码"的形成机制与双重效应——一项基于制度性事实的解释》，载《公共管理学报》2021 年第 4 期。

56. 李雪伟、王瑛：《社会资本视角下的社区韧性研究：顾与展望》，载《城市问题》2021 年第 7 期。

57. 李佳、赵艺林、李媛：《基于人类安全理念的全球卫生治理升级》，载《国际展望》2020 年第 4 期。

58. 林鸿潮：《论应急预案的性质和效力——以国家和省级预案为考察对象》，载《法学家》2002 年第 2 期。

59. 刘剑文、侯卓：《事权划分法治化的中国路径》，载《中国社会科学》2017 年第 2 期。

60. 刘军：《预防性法律制度的理论阐述与体系建构》，载《法学论坛》2021 年第 6 期。

61. 刘丽：《论我国传染病防控公共卫生事权配置的优化》，载《湘潭大学学报（哲学与社会科学版）》2021 年第 3 期。

62. 刘明全：《环境司法中预防性责任方式的分层建构》，载《华中科技大学学报（社会科学版）》2019 年第 3 期。

63. 刘权：《比例原则的精确化及其限度——以成本收益分析的引入为视角》，载《法商研究》2021 年第 4 期。

64. 刘姝：《人类卫生健康共同体：认同意蕴、治理限度和中国推进》，载

《社会科学战线》2021 年第 10 期。

65. 刘松涛、李建会：《断裂、不确定性与风险——试析科技风险及其伦理规避》，载《自然辩证法研究》2008 年第 2 期。

66. 刘作翔：《论建立分种类、多层级的社会规范备案审查制度》，载《中国法学》2021 年第 5 期。

67. 吕冰洋、陈怡心：《财政激励制度与晋升锦标赛：增长动力的制度之辩》，载《财贸经济》2022 年第 6 期。

68. 吕冰洋：《现代财政制度的构建：一个公共秩序的分析框架》，载《管理世界》2021 年第 10 期。

69. 李一行、陈华静：《突发事件属地管理为主的异化及其对策》，载《行政管理改革》2021 年第 6 期。

70. 马丽：《技术赋能嵌入重大风险治理的逻辑与挑战》，载《宁夏社会科学》2022 年第 1 期。

71. 马长山：《数字社会的治理逻辑及其法治化展开》，载《法律科学》2021 年第 5 期。

72. 孟天广：《政府数字化转型的要素、机制与路径——兼论"技术赋能"与"技术赋权"的双向驱动》，载《治理研究》2021 年第 1 期。

73. 莫于川：《公共危机管理·行政指导措施·行政应急性原则——公共危机管理中的行政指导措施引出的行政法学思考片断》，载《公法研究》2005 年第 1 期。

74. 倪洪涛：《论"风险国家"及其行政应急治理》，载《东南法学》2020 年第 1 期。

75. 欧阳康，孟小非：《社会预警问题的哲学透析——多维内涵、系统结构及其认知发生过程》，载《哲学动态》2019 年第 11 期。

76. 彭勃：《技术治理的限度及其转型：治理现代化的视角》，载《社会科学》2020 年第 5 期。

77. 彭辉、杨力：《突发公共事件信息公开检讨：义务主体、公开范围与责任体系》，载《城市治理研究》2020 年第 1 期。

78. 戚建刚：《论突发公共卫生事件的"属地管理原则"》，载《当代法学》2020年第4期。

79. 戚建刚：《应急措施的行政法探讨》，载《人民检察》2020年第9期。

80. 任晓春：《论当代中国社区治理的主体间关系》，载《中州学刊》2012年第3期。

81. 任宇东、王毅杰：《指挥部的运作机制：基于"合法性—效率性"的视角》，载《公共行政评论》2019年第1期。

82. 上官丕亮：《生命权的全球化与中国公民生命权入宪研究》，载《金陵法律评论》2004年第1期。

83. 尚虎平：《国家治理现代化过程中科层组织的内生风险及防控——"秩序—绩效"的矛盾运动与调节》，载《学术月刊》2022年第1期。

84. 申建林、蒋田鹏：《从代议走向参与——卡罗尔·佩特曼对参与式民主的追求》，载《广西大学学报（哲学社会科学版）》2012年第6期。

85. 沈岿：《软硬法混合治理的规范化进路》，载《法学》2021年第3期。

86. 沈岿：《社会信用体系建设的法治之道》，载《中国法学》2019年第5期。

87. 沈立里、池忠军：《"去行政化"的限度：获得感视角下居委会社区治理困境论析》，载《理论月刊》2022年第3期。

88. 宋华琳、邹志：《突发公共卫生事件防控中全民预防接种的法治完善之道》，载《医学与法学》2021年第4期。

89. 宋华琳：《疾病预防控制机构法律地位的反思与重构》，载《探索与争鸣》2020年第4期。

90. 宋华琳、唐曼：《论行政许可事项的合理设定》，载《思想战线》2024年第2期。

91. 宋华琳：《可接受风险理念下行政制度的法律改革》，载《社会科学》2024年第6期。

92. 谭海波、蔡立辉：《论"碎片化"政府管理模式及其改革路径——"整体型政府"的分析视角》，载《社会科学》2010年第8期。

93. 陶鹏：《论突发事件联防联控制度多元建构的理论基础》，载《行政法学研究》2020年第3期。

94. 童星：《科技抗疫：科学态度、专业人才与技术手段》，载《公共管理与政策评论》2021年第3期。

95. 田亦尧、李欣冉：《科技伦理治理机制的法治因应与逻辑转换——由生物技术科技伦理规制问题展开》，载《科技进步与对策》2021年第2期。

96. 佟德志：《全面发展人民民主的复合结构与战略选择》，载《政治学研究》2022年第1期。

97. 童峰、徐林、陈瑞：《政府购买公共服务的福利型治理逻辑研究》，载《上海大学学报（社会科学版）》2021年第6期。

98. 涂永前：《重大公共活动中临时性行政措施的权限》，载《江海学刊》2020年第3期。

99. 汤宇斌、李芬富、张战赛等：《突发公共卫生事件应急预案制订中的问题原因及解决方案》，载《中国预防医学杂志》2011年第12期。

100. 唐有财、王天夫：《社区认同、骨干动员和组织赋权：社区参与式治理的实现路径》，在《中国行政管理》2017年第2期。

101. 汪世荣：《"枫桥经验"视野下的基层社会治理制度供给研究》，载《中国法学》2018年第6期。

102. 汪万发、许勤华：《推动生态文明建设与2030年可持续发展议程对接》，载《国际展望》2021年第4期。

103. 王晨光：《疫情防控法律体系优化的逻辑及展开》，载《中外法学》2020年第3期。

104. 王贵松：《风险行政的预防原则》，载《比较法研究》2021年第1期。

105. 王结发：《论制度认同》，载《兰州学刊》2009年第12期。

106. 王浦劬、汤彬：《基层党组织治理权威塑造机制研究——基于T市B区社区党组织治理经验的分析》，载《管理世界》2020年第6期。

107. 王浦劬：《中央与地方事权划分的国别经验及其启示——基于六个国家经验的分析》，载《政治学研究》2016年第5期。

108. 王万华：《我国行政法法典编纂的程序主义进路选择》，载《中国法学》2021年第4期。

109. 王昉、杨炬明：《改革开放以来公共卫生治理的现代化路径：范式转变与思想发展》，载《财经研究》2024年第6期。

110. 王旭：《重大传染病危机应对的行政组织法调控》，载《法学》2020年第3期。

111. 王岩、魏崇辉：《基层社会治理的理性认知与实践路径探究》，载《中国行政管理》2016年第3期。

112. 王轶：《行政许可的合法意义》，载《中国社会科学》2020年第5期。

113. 韦衫、王鹏：《突发公共卫生事件整体性韧性应急治理的建构机理与实现路径》，载《中国卫生事业管理》2024年第8期。

114. 武晋、张雨薇：《中国公共卫生治理：范式演进、转换逻辑与效能提升》，载《求索》，2020年第4期。

115. 魏庆坡：《〈国际卫生条例〉遵守的内在逻辑、现实困境与改革路径》，载《环球法律评论》2020年第6期。

116. 文宏、李慧龙：《府际关系视角下基层形式主义的本质与逻辑重思》，载《探索与争鸣》2019年第11期。

117. 吴晓林：《技术赋能与科层规制——技术治理中的政治逻辑》，载《广西师范大学学报（哲学社会科学版）》2020年第2期。

118. 夏文斌、程倩：《人类命运共同体的哲学透视》，载《江淮论坛》2022年第3期。

119. 肖林：《迈向"社区公共财政"？——城市社区服务专项资金政策分析》，载《社会发展研究》2020年第4期。

120. 肖永平：《论推动构建人类卫生健康共同体的法治方法》，载《东方法学》2022年第4期。

121. 邢昕：《论公共卫生治理的政府责任》，载《求是学刊》2024年第2期。

122. 谢晖：《论紧急状态中的国家治理》，载《法律科学》2020年第5期。

123. 谢志勇：《公共卫生预警原则和机制建构研究》，载《中国法学》2021年第5期。

124. 谢志勇：《卫生法基本原则论要》，载《比较法研究》2019年第3期。

125. 徐顽强、张婷：《公共危机治理中社会组织的角色审视与嵌入路径》，载《郑州大学学报（哲学社会科学版）》2021年第6期。

126. 徐晓林、刘帅、毛子骏、周博雅：《公共管理研究的非传统安全命题》，载《中国行政管理》2018年第10期。

127. 徐晓林：《公共管理研究的非传统安全命题》，载《中国行政管理》2018年第10期。

128. 杨雯：《我国公共卫生法预防为主原则的解释论》，载《法治社会》2024年第6期。

129. 杨春福：《风险社会的法理解读》，载《法制与社会发展》2011年第6期。

130. 杨宏山：《政策执行的路径——激励分析框架：以住房保障政策为例》，载《政治学研究》2017年第1期。

131. 杨彤丹：《公共卫生法之现代阐释》，载《学习与探索》2012年第12期。

132. 杨雪冬：《全球化：风险社会与复合治理》，载《马克思主义与现实》2004年第4期。

133. 易承志：《从刚性应对到弹性治理：韧性视角下城市应急管理的转型分析》，载《南京社会科学》2023年第5期。

134. 于文轩、魏炜：《数据的敏捷治理：价值重塑与框架构建》，载《广西师范大学学报》（哲学社会科学版）2022年第5期。

135. 尹志欣、朱姝：《英国生物安全立法与管理对我国的启示》，载《科技中国》2021年第3期。

136. 郁建兴、任杰：《中国基层社会治理中的自治、法治与德治》，载《学术月刊》2018年第12期。

137. 易承志、龙翠红：《风险社会、韧性治理与国家治理能力现代化》，载《人文杂志》2022年第12期。

138. 张爱军、雷燕妮：《全过程人民民主与国家民主形象建构》，载《河南师范大学学报（哲学社会科学版）》2022年第2期。

139. 张邦辉：《治理视域下社区共同体建构逻辑与完善策略——基于党的十九届五中全会社区治理案例解读》，载《北京航空航天大学学报（社会科学版)》2021年第2期。

140. 张宝:《从危害防止到风险预防:环境治理的风险转身与制度调适》,载《法学论坛》2020年第1期。

141. 张恩典:《数字接触追踪技术的实践类型、社会风险及法律规制》,载《法学论坛》2022年第3期。

142. 张恩、高鹏程:《城市治理中的多中心治理与整体性治理理论:以中国超大城市人口治理论争为例》,载《国家治理现代化研究》2020年第1期。

143. 张成福、李昊城、边晓慧:《跨域治理:模式、机制与困境》,载《中国行政管理》,2012年第3期。

144. 张剑源:《人们因何团结?——公共卫生危机中的科学主义、责任伦理与法治》,载《清华法学》2021年第2期。

145. 张捷、王海燕:《社区主导型市场化生态补偿机制研究——基于"制度拼凑"与"资源拼凑"的视角》,载《公共管理学报》2020年第3期。

146. 张开云、叶浣儿、徐玉霞:《多元联动治理:逻辑、困境及其消解》,载《中国行政管理》2017年第6期。

147. 张丽英:《人类卫生健康共同体视域下健康权法律问题的化解——以疫苗研发为切入点》,载《中国软科学》2021年第10期。

148. 张师伟:《基层党组织的领导功能:农村协商民主的规范完善与规则耦合》,载《探索》2021年第4期。

149. 张铮、李政华:《中国特色应急管理制度体系构建:现实基础、存在问题与发展策略》,载《管理世界》2022年第1期。

150. 张师伟:《中国共产党基层组织在乡村协商民主治理格局的中心角色与领导作用》,载《学海》2021年第5期。

151. 张守文:《公共卫生治理现代化:发展法学的视角》,载《中外法学》2020年第3期。

152. 张贤明、张力伟:《社会治理共同体:理论逻辑、价值目标与实践路径》,载《理论月刊》2021年第1期。

153. 张妍妍:《行政紧急权力行使中比例原则的适用位阶分析》,载《人权研究》2020年第1期。

154. 张志勋、郑小波：《论风险预防原则在我国环境法中的适用及完善》，载《江西社会科学》2010 年第 10 期。

155. 赵宏：《城市治理中的"良法善治"如何展开》，载《探索与争鸣》2021 年第 7 期。

156. 赵鹏：《疫情防控中的权力与法律——〈传染病防治法〉适用与检讨的角度》，载《法学》2020 年第 3 期。

157. 赵琼、徐建牛：《再组织化：社会治理与国家治理的联结与互动——基于对浙江省社区社会组织调研的思考》，载《学术研究》2022 年第 3 期。

158. 郑玉双：《破解技术中立难题——法律与科技之关系的法理学再思考》，载《华东政法大学学报》2018 年第 1 期。

159. 郑智航：《国家治理现代化的中国逻辑及其展开》，载《法制与社会发展》2021 年第 3 期。

160. 钟开斌：《重大风险防范化解能力：一个过程性框架》，载《中国行政管理》2019 年第 12 期。

161. 钟南山、曾益康、陈伟伟：《我国公共卫生治理现代化的法治保障》，载《法治社会》2022 年第 2 期。

162. 周庆智：《论中国社区治理——从威权式治理到参与式治理的转型》，载《学习与探索》2016 年第 6 期。

163. 邹焕聪：《社会合作规制与新行政法的建构——从疫情群防群控切入》，载《政治与法律》2022 年第 2 期。

164. 邹焕聪：《社会合作规制在突发公共卫生事件防控的运用》，载《法学》2022 年第 10 期。

165. 朱正威、刘莹莹：《韧性治理：风险与应急管理的新路径》，载《行政论坛》2020 年第 5 期。

166. 史增全：《论村委会在重大公共卫生风险防控中的法治化参与路径》，载《行政法学研究》2021 年第 3 期。

167. 曾光、黄始建：《公共卫生的定义和宗旨》，载《中华医学杂志》2010 年第 6 期。

168. 曾维和：《后新公共管理时代的跨部门协同——评希克斯的整体政府

理论》，载《社会科学》2012 年第 5 期。

169. ［美］James W. Holsinger Jr、赵莉等：《公共卫生与预防医学概念辨析》，载《现代预防医学》2011 年第 15 期。

三、报纸文章

1. 习近平：《努力全方位、全周期保障人民健康》，载《人民日报》2016 年 8 月 21 日，第 1 版。

2. 习近平：《努力用最小的代价实现最大的防控效果》，载《人民日报》2022 年 3 月 18 日，第 1 版。

3. 习近平：《构建起强大的公共卫生体系为维护人民健康提供有力保障》，载《人民日报》2020 年 6 月 3 日，第 1 版。

4. 习近平：《坚持预防为主改革完善疾病预防控制体系》，载《人民日报》2020 年 6 月 5 日，第 1 版。

5. 习近平：《在中央人大工作会议上发表重要讲话强调坚持和完善人民代表大会制度不断发展全过程人民民主》，载《人民日报》2021 年 10 月 15 日，第 1 版。

6. 习近平：《在第 73 届世界卫生大会视频会议开幕式上致辞》，载《人民日报》2020 年 5 月 19 日，第 1 版。

7. 习近平：《致信祝贺博鳌亚洲论坛全球健康论坛大会开幕》，载《人民日报》2019 年 6 月 12 日，第 1 版。

8. 王思北、施雨岑：《努力全方位、全周期保障人民健康——习近平总书记在全国卫生与健康大会上的讲话引起强烈反响》，载《人民日报》2016 年 8 月 23 日，第 1 版。

9. 汪晓东、张炜、赵梦阳：《为中华民族伟大复兴打下坚实健康基础——习近平总书记关于健康中国重要论述综述》，载《人民日报》2021 年 8 月 8 日，第 1 版。

10. 吴德兴：《整体性治理理论与实践启示》，载《学习时报》2017 年第 11 月 27 日，第 1 版。

四、英文文献

1. Janet E. Newman, *Modernizing Governance: New Labour, Policy and Society*, Sage Publications, 2001.

2. Schiavo R, *Health Communication: From Theroy to Practice*, Jossry-Bass, 2013.

3. Tom Quinn, *Flu: A social History of Influenza*, New Holland Publishers, 2008.

4. E. Belcore, et al., *A Methodology for the Vulnerability Analysis of the Climate Change in the Oromia Region*, Springer International Publishing AG, 2017.

5. Giulia Motta Zanin, et al., *A Preliminary Evaluation of the Public Risk Perception Related to the COVID-19 Health Emergency in Italy*, International Journal of Environmental Research and Public Health, Vol. 17, 2020.

6. *Arush Lal etal.*, Optimizing Pandemic Preparedness and Response Through Health Information Systems: Lessons Learned From Ebola to COVID-19, *Disaster Medicine and Public Health Preparedness*, Vol. 16, 2020.

7. *See N. Klinjunet al.*, Health promotion and disease prevention services before and duringthe COVID-19 pandemic: A nationwide survey from Thailand, *heliyon*, Vol. 8, 2022.

8. *Ernest Tambo, et al.*, Early stage risk communication and community engagement (RCCE) strategies and measures against the coronavirus disease 2019 (COVID-19) pandemic crisis, *Global Health Journal*, Vol. 5, 2021.

9. *Katz R., Kornblet S.*, Comparative Analysis of National Legislation in Support of the Revised International Health Regulation: Potential Models for Implememtation in the united states, *Public Health*, Vol. 100, 2010.

10. *Brian Salter, Mavis Jones*, Changing in the Policy Community of Human Genetics: A Pragmatic Approach to Open Governance, *Policy and Politics*, Vol. 34, 2006.

11. *Hornik R*, Public Health Communication: Evidence for Behavior Change, *The Public Opinion Quarterly*, Vol. 67, 2003.

12. *HW Cho and C. Chu*, Out of Afirca, into the Global Health Security Agen-

da, Public Health and Research Perspective, *Vol.* 5, 2014.

13. *Ian Bache*, Governing Through Governance: Education Policy Control Under New Labour, *Political Studies*, *Vol.* 51, 2003.

14. *Mays GP, Halverson PK, Scutchfield FD*, Behind the curve? What we know and need to learn from public health systems research, *J Public Health Manage Pract*, *Vol.* 9, 2003.

15. *Nutbeam D*, Health Literacy as a public health goal: A challenge for contemporacy health education and communication strategies into the 21st century, *Health Promotion International*, *Vol.* 15, 2000.

16. *Coker R. J.*, *Hunter B. M.*, *Rudge J. W.*, *Liverani m.*, *Hanvoravongchai P.*, Emerging Infections Diseases in Southeast Asia: Regional Challenges to Control, *lancet*, *Vol.* 377, 2011.

17. *Davies S. E.*, What Contribution can International Relations make to the Evoling Global Health agenda? *Int Aff*, *Vol.* 86, 2010.

18. *Taylor, A.*, "Governing the Globalization of Global Health", *Journal of Law, Medicine & Ethics*, *Vol.* 23, 2004.

19. *A. Hoffiund, M. Pautz*, Improving food Safety through Self-Regulation, *Food Studies*, *Vol.* 2, 2013.

20. *Daniel Lückerath, et al.*, The Resin Climate Change Adaptation Project and its Simple Modeling Approach for Risk-Oriented Vulnerability Assessment, *Simulation Notes Europe*, *Vol.* 28, 2018.

21. *D. Sarewitz, R. Pielke, M. Keykhah*, Vulnerability and Risk: Some Thoughts from a Political and Policy Perspective, *Risk analysis*, *Vol.* 23, 2003.

22. *Edward P, Richards*, Public Health Law as Adminstrative Law: Example lessons, *journal of health care law & policy*, *Vol.* 10, 2007.

23. *N. Nirupama*, Risk and Vulnerability Assessment: A Comprehensive Approach, *International Journal of Disaster Resilience in the Built Environment*, *Vol.* 3, 2012.

后 记

  提升重大传染病风险预防法效能是健康中国建设与推进国家治理体系和治理能力现代化建设的共同议题。重大传染病的发生具有较大的不确定性，预防为主旨在最大限度降低其发生的风险，而不可能将其完全消灭。基于预防的突发公共卫生风险治理应当妥善处理效率与公平的关系，合理分配法律规制的力度与限度。高效的重大传染病风险预防规范体系，应以全生命周期健康权保障为基本价值和伦理标准，以平衡权力行使和权利保障为基本内容，以实现从被动防控到主动应对的理念更新以及常态预防和非常态预防的动态衔接为基本逻辑，立足完善行政管理、专业研判、社会协同和群防群控的高效理性，推动制度建设体系化和规范内容系统化的不断完善。

  本书的研究回应了公共卫生依法治理领域建成法治国家、法治政府、法治社会需要什么样的重大传染病风险预防规范体系，并立足体制机制完善，将公共卫生治理对健康权保护的关注，国家治理对人民主体地位的关注，政府治理对权力制约和权利保障的关注，基层社会治理对群防群控、民主协商的关注及要求融入对当前重大传染病风险预防制度建设的审视，总结其中的特点，明确未来完善的方向，研究重大传染病作为一项可预测性低、不确定性高的公共议题，国家机关、基层社会和个人如何在理性规范系统的制度规范指引下，科学高效开展风险预防。

  首先，当前我国重大传染病风险预防法律制度处于已建立、待完善的阶段。目前，我国重大传染病风险预防法律制度是一个以《宪法》和《基本医疗卫生与健康促进法》为基础，以传染病防治及突发公共卫生事件领域相关法律、行政法规为主干，研究国家安全、社会安全、公共卫生、政府治理、基层群众自治多领域风险规制法律关系的法律、行政法规、部门规章、地方性法规、地方规章的多层次法律规范体系。但人类对重大传染病的认知能力是有限的,预防属于对风险不确定性进行积极准备的行为,用法律制度保障重大传染病风险预防工作,需要对预防目的正当性、手段正当性和结果正当性进行全面规制。其具体包括:基于预防的权责配置应当兼顾效率与公平、权利保障的实体法治和程序法治都应系统完备,科学组织预防、高效开展预防,离不开医疗卫生专业力量的有效参与和基层群众的积极协助与参与。

其次,未来提升我国重大传染病风险预防治理效能应重点围绕以下几个方面的内容进行完善。根据风险发生可能性由小到大,在科学高效防控策略的指引下,重大传染病风险预防依次可划分为日常基础预防和应急准备两个层面,其要求既要增强风险预防的常备不懈,也要保障能够与应急处置形成高效衔接。本书以此为逻辑主线,从政府治理和基层群众自治两个层面,研究在法治轨道上推进重大传染病风险预防的具体对策:第一,健全科学赋权、依法限权、权力监督制约体制机制的法规范,提升政府决策与执行的效能,促进政社间充分协同互动;第二,结合民法典健康权以及行政合法性合理性应急性的基本要求,完善规范性文件备案审查机制,确保政府通过行政规范性文件实施的权利限制行为合法;第三,健全完善基层群防群控风险预防的法律法规,明确基层党组织引领、乡镇政府及街道办事处领导、村(居)民委员会及其下设公共委员会、业主委员会、物业服务机构、社会组织等基层群众性自治组织积极协助和参与的基层群防群控组织机制和运行机制。

再次,提升重大传染病风险预防治理效能,要立足对公共卫生治理的研究,但也需要跳出公共卫生的视野去思考。重大传染病不是一个纯粹的医学问题,公共卫生伦理、社会治理经验模式以及人对健康的需求也是完善重大传染病风险预防治理效能需要考虑的因素。

最后,还需要看到,较之医学和科学技术的进展,制度指引,尤其是法律制度对于重大传染病风险预防的贡献是较为间接的。但是法律的规范作用和社会作用决定了法律制度是法治国家公共卫生领域实现良法善治的重要保障,也是健康中国稳步有序推进不可缺少的制度保障。完备的重大传染病风险预防法律制度能够为重大传染病预防的行为主体及其活动提供科学的规范和指引。任何一种法律制度都不可能一蹴而就,面对传染病防控的新问题、新挑战,传染病风险预防法律制度还需要适应现实不断调整完善。

本书为作者2021年承担的陕西省社会科学基金项目研究成果,项目名称:《完善突发公共卫生事件预防性立法制度研究》;立项号:2021E016。